러 시 아 어
TORFL
필 수 어 휘
2500

뿌쉬낀하우스 러시아어교육연구회

국내 러시아어 교육의 전문화를 위해 2008년 '러시아어 교수법 연구회'로 발족되어 정기적인 교수법 세미나와 강사 교육, 러시아어 전문 교육 프로그램 및 교재 개발 등에 힘쓰고 있다.

초판 1쇄 2019년 08월 30일
초판 3쇄 2024년 04월 15일

엮은이 뿌쉬낀하우스 러시아어교육연구회
펴낸이 김선명

펴낸곳 뿌쉬낀하우스
편집 엄올가, 소지은, 일로나 이스토미나, 엄새봄
디자인 김율하
주소 서울시 중구 동호로 15길 8, 리오베빌딩 3층
전화 02)2237-9387
팩스 02)2238-9388
이메일 book@pushkinhouse.co.kr
홈페이지 www.pushkinhouse.co.kr
출판등록 2004년 3월 1일 제 2004-0004호

ISBN 979-11-7036-025-4 13790

© Pushkin House, 2019

이 책의 저작권은 뿌쉬낀하우스에 있습니다.
저작권법에 의해 한국 내에서 보호를 받는 저작물이므로 무단 전재와 무단 복제를 금합니다.

※잘못된 책은 바꿔 드립니다.

А **Б** В Г Д Е Ё Ж З И Й К Л М Н О

баловáть **НСВ만**	너무 귀여워하다, 응석을 받아주다	어린아이들을 너무 귀여워하지 마세요. 그렇지 않으면 아이들이 까다로운 성격이 될 거예요.
баловáться **НСВ만**	장난치다	아이들은 장난치고 노는 것을 좋아한다.
банкéт	연회, 만찬	시장의 기념일을 기리기 위해 연회가 마련되었다.
банкúр	은행가	은행가의 일은 경제에 대한 해박한 지식이 필요하다.
банкомáт	ATM 기계	나는 항상 집 근처에 있는 ATM에서 돈을 인출한다.
банкрóт	파산자, 지급 불능자	레스토랑은 두 달도 채 영업을 못했는데 벌써 파산했다.
бáня	목욕탕	우리 다차(별장 또는 주말농장) 근처에는 목욕탕이 있다.
бар	바, 술집	술집은 14시부터 새벽 3시까지 문을 연다.
барабáн	북, 드럼	피아노, 바이올린, 북 연주자가 팀에 필요하다.

Она сдала чемодан в **багаж**.

Мой любимый вид спорта – **бадминтон**.

1) Знание алфавита – это **база** при изучении любого языка.
2) Работа с **базой** данных клиентов важна для успешных продаж.

На **базаре** можно купить продукты по низким ценам.

Проучившись четыре года в институте, Михаил получил степень **бакалавра**.

Бабушка готовит закуску из **баклажанов**, лука и красного перца.

В посольстве ежегодно проводится новогодний **бал**.

Анна привезла из России музыкальный сувенир – **балалайку**.

Ирина получила высокий **балл** на экзамене.

Б

бага́ж	수하물	그녀는 여행가방을 수하물로 맡겼다.
бадминто́н **단수만**	배드민턴	내가 가장 좋아하는 스포츠는 배드민턴이다.
ба́за	1) 기반, 기초 2) 재원의 총체	알파벳을 아는 것은 언어 학습의 기초다. 성공적인 판매를 위해 고객 정보의 데이터베이스 작업이 중요하다.
база́р	시장	시장에서는 낮은 가격에 식료품을 살 수 있다.
бакала́вр	학사	대학에서 4년을 공부한 후에 미하일은 학사 학위를 받았다.
баклажа́н	가지	할머니는 가지와 양파, 고추로 반찬을 만들었다.
бал	무도회	대사관에서는 해마다 신년 무도회가 열린다.
балала́йка	발랄라이카	안나는 러시아에서 기념품 악기 – 발랄라이카를 가져왔다.
балл	점, 점수	이리나는 시험에서 높은 점수를 받았다.

Археологи обнаружили следы первого человека.

Школьники, интересующиеся **археологией**, поступают на исторический факультет.

В СССР пропагандировалась идея **атеизма**.

Мария любит спорт и с детства занимается лёгкой **атлетикой**.

Экзамен по английскому языку состоит из пяти частей: говорение, письмо, чтение, грамматика и **аудирование**.

Через неделю откроется **аукцион** картин.

В Российском университете дружбы народов учатся студенты-**африканцы**.

Африканские слоны занесены в Красную книгу.

А

А Б В Г Д Е Ё Ж З И Й К Л М Н О

архео́лог	고고학자	고고학자들이 최초 인류의 흔적을 발견했다.
археоло́гия	고고학	고고학에 관심 있는 학생들은 역사학부에 진학한다.
атеи́зм	무신론	소비에트 연방에서는 무신론을 선전했다.
атле́тика **단수만**	운동	마리아는 운동을 좋아해서 어렸을 때부터 육상을 했다.
ауди́рование **단수만**	듣기, 청취	영어 시험은 말하기, 쓰기, 읽기, 문법, 듣기의 다섯 영역으로 되어 있다.
аукцио́н	경매	일주일 뒤에 미술품 경매가 열린다.
африка́нец, африка́нка	아프리카 사람	러시아 민족우호대학에서는 아프리카 학생들이 공부한다.
африка́нский	아프리카의	아프리카 코끼리는 멸종위기종으로 등재되어 있다.

Артист заслужил громкие зрительские **аплодисменты**.

Город Астрахань славится **арбузами**.

Папа каждое утро читает газету «**Аргументы** и факты».

В споре свою точку зрения необходимо **аргументировать**.

В новом бизнес-центре началась сдача офисов в **аренду**.

Это не наша квартира, мы её **арендуем**.

Преступник взят под **арест**.

Полиция **арестовала** убийцу.

Накануне Рождества в доме стоит удивительный **аромат** ёлки.

По утрам я пью чёрный **ароматный** кофе.

А Б В Г Д Е Ё Ж З И Й К Л М Н О

аплодисме́нты **복수만**	박수, 갈채	배우는 관객들의 우레와 같은 박수를 받을 만했다.
арбу́з	수박	아스트라한 시는 수박으로 유명하다.
аргуме́нт	논증, 논거	아빠는 매일 아침 신문 "Аргуме́нты и фа́кты(논증과 사실)"를 읽는다.
аргументи́ровать **НСВ만**	논증하다	논쟁에서는 자신의 견해를 논증할 수 있어야 한다.
аре́нда	임대	새 비즈니스 센터의 사무실 임대가 시작되었다.
арендова́ть **НСВ и СВ**	빌리다, 임차하다	여기는 우리 아파트가 아니다. 우리는 이 아파트를 빌리고 있다.
аре́ст	체포	범죄자는 체포되었다.
аресто́вывать арестова́ть	체포하다	경찰은 살인자를 체포했다.
арома́т	향기	성탄절 전에는 집에서 좋은 트리 향기가 난다.
арома́тный	향기의, 향기로운	아침마다 나는 향기로운 블랙커피를 마신다.

На Рождество мы готовим салат из **ананасов** и курицы.

Студенты медицинской академии слушают курс лекций по **анатомии человека**.

Мой **ангел**-хранитель всегда со мной.

Иван Алексеевич рассказал смешной **анекдот** во время ужина.

В Москве состоялся **антивоенный** конгресс.

Перед применением **антибиотиков** следует проконсультироваться с врачом.

Холокост – проявление **антисемитизма**.

В Греции сохранились **античные** памятники.

После первого акта балета объявили **антракт**.

Зрители **аплодировали** стоя.

А Б В Г Д Е Ё Ж З И Й К Л М Н О

ананáс	파인애플	크리스마스(파티)에 우리는 파인애플과 닭고기 샐러드를 만든다.
анатóмия человéка	인체 해부학	의과대학 학생들은 인체 해부학 과정을 듣는다.
áнгел	천사	나의 수호천사는 항상 나와 함께한다.
анекдóт	유머	저녁 식사 때 이반 알렉세예비치는 우스운 이야기를 해주었다.
áнти-	반(反)	모스크바에서 반전 대회가 열렸다.
антибиóтик	항생제	항생제를 사용하기에 앞서 의사와 상의해야 한다.
антисемитúзм	반유대주의	홀로코스트는 반유대주의가 발현된 것이다.
антúчный	고대의, 고전의	그리스에는 고대 유적지들이 남아 있다.
антрáкт	막간의 휴식	발레의 1막 후에 휴식을 알렸다.
аплодúровать **НСВ만**	박수치다	관객들은 기립박수를 보냈다.

Я сразу поняла, что Михаэль иностранец, так как он говорил с **акцентом**.

Закрытое **акционерное** общество создаётся для получения прибыли.

1) В центре Москвы прошла **акция** протеста.

2) Стоимость **акций** этой компании сильно поднялась.

Продажа **алкоголя** лицам до 18 лет запрещена.

У сестры **аллергия** на цветы.

Как приятно пройтись по берёзовой **аллее**!

В русском **алфавите** 33 буквы.

Альпинисты дошли до вершины горы за 4 дня.

А Б В Г Д Е Ё Ж З И Й К Л М Н О

акце́нт	악센트, 특수한 억양	나는 미하엘이 외국인이라는 것을 곧바로 알아챘다. 그가 외국인 억양으로 말했기 때문이다.
акционе́рный	주식의, 주권의	비상장 주식회사는 이익을 얻기 위해 설립된다.
а́кция	1) 행위, 주식 2) 주식, 증권	모스크바 중심부에서 반대 시위가 벌어졌다. 이 기업의 주가가 크게 올랐다.
алкого́ль 남	술, 알코올	18세 미만자에게 술을 판매하는 것은 금지되어 있다.
аллерги́я	알레르기	언니(누나, 여동생)에게는 꽃 알레르기가 있다.
алле́я	가로수길, 오솔길	자작나무 길을 걷는 건 정말 즐겁다!
алфави́т	알파벳	러시아어 알파벳에는 33개 글자가 있다.
альпини́ст	등산가	등산가들은 산 정상까지 나를 걸려 도달했다.

П Р С Т У Ф Х Ц Ч Ш Щ Ъ Ы Ь Э Ю Я

За курение в неположенных местах полагается **административный** штраф.

Администратор гостиницы выдала нам ключи от номера.

В школе запрещены **азартные** игры.

Академик Сергей Королёв был создателем советской ракетно-космической техники.

Дети рисуют **акварелью**.

Его почерк очень **аккуратный**.

Мы посмотрели балет в трёх **актах**.

Профессия **актёра** и сложна, и интересна одновременно.

Тот, кто будет работать на уроках **активно**, получит высокий балл на экзамене.

Сегодня самая **актуальная** тема среди женщин – это диета.

А Б В Г Д Е Ё Ж З И Й К Л М Н О

административный	행정의, 관리의	금지된 장소에서 흡연하는 것은 행정 과태료에 처해진다.
администратор	행정관, 관리자	호텔 관리자가 우리에게 객실 열쇠를 내주었다.
азартный	열중하는, 도박의	학교에서는 도박이 금지되어 있다.
академик	학술원(과학 아카데미) 회원	학술원 회원 세르게이 코롤료프는 소련의 우주 로켓 기술의 창시자였다.
акварель 여	물감	아이들은 물감으로 그림을 그린다.
аккуратный	정확한, 깔끔한	그의 필체는 매우 깔끔하다.
акт	행위, 규정, 막	우리는 3막으로 된 발레를 보았다.
актёр, актриса	배우	배우라는 직업은 어렵기도 하고 흥미롭기도 하다.
активно	활발히, 능동적으로	수업에 활발하게 참여하는 사람은 시험에서 높은 점수를 받을 것이다.
актуальный	실제의, 당면한	오늘날 여성들에게 가장 실질적인 테마는 다이어트이다.

П Р С Т У Ф Х Ц Ч Ш Щ Ъ Ы Ь Э Ю Я

Здравствуйте! С вами говорит **автоответчик**. Оставьте своё сообщение после сигнала.

После скандала **авторитет** политика резко упал.

Агент по недвижимости помог нам найти хороший дом.

С каждым годом растёт число брачных **агентств**.

Из-за компьютерных игр дети становятся **агрессивными**.

Жить в одной комнате общежития вшестером — настоящий **ад**.

Иностранные студенты должны **адаптироваться** к русской погоде.

На суде его будет защищать лучший **адвокат** города.

При пожаре главное — это **адекватное** поведение: следует немедленно позвонить в пожарную службу.

автоотве́тчик	자동응답기	안녕하세요! 자동응답기입니다. 신호 후에 메시지를 남겨 주세요.
авторите́т	권위	스캔들 후에 정치인의 권위가 급격히 떨어졌다.
аге́нт	대리인, 중개인, 요원	부동산 중개인이 우리가 좋은 집을 찾도록 도와주었다.
аге́нтство	대리점, 에이전시	해마다 결혼 대행업체의 수가 늘고 있다.
агресси́вный	공격적인	컴퓨터 게임 때문에 아이들이 공격적이 되어 간다.
ад	지옥	기숙사 방 하나에 여섯 명이 함께 사는 것은 완전히 지옥이다.
адапти́роваться -ся (НСВ и СВ)	적응하다	외국 학생들은 러시아 기후에 적응해야 한다.
адвока́т	변호사	재판에서는 시의 뛰어난 변호사가 그를 변호할 것이다.
адеква́тный	적합한, 적절한	화재 발생 시 중요한 것은 적절한 행동이다: 즉시 소방서로 전화해야 한다.

В этой статье пять **абзацев**.

Число **абортов** в России ежегодно снижается.

Каждое лето мама готовит варенье из **абрикосов**.

Всё, что она сказала, – **абсолютная** правда.

Не говори **абстрактными** понятиями, скажи ясно, что ты хочешь.

Подарить мужу на день рождения букет цветов – это полный **абсурд**.

Ситуация казалась мне **абсурдной**.

В результате **аварии** пострадали 5 человек.

Дверь автобуса открывается **автоматически**.

Город Биробиджан является центром Еврейской **автономной** области.

A

абза́ц	문단	이 기사에는 문단이 다섯 개 있다.
або́рт	낙태	낙태 건수가 러시아에서 매해 감소하고 있다.
абрико́с	살구	매해 여름에 엄마는 살구잼을 만든다.
абсолю́тный	절대적인, 완전한	그녀가 말한 모든 것은 완전한 사실이다.
абстра́ктный	추상적인	추상적인 개념으로 말하지 말고 네가 원하는 것을 명확히 말해라.
абсу́рд	난센스, 터무니없는 것	남편에게 생일에 꽃다발을 선물하는 것은 완전히 난센스이다.
абсу́рдный	부조리한, 터무니없는	내게는 터무니없는 상황으로 여겨졌다.
ава́рия	사고, 조난	사고로 다섯 사람이 다쳤다.
автомати́чески 부	자동으로	버스 문은 자동으로 열린다.
автоно́мный	자치의, 자치권을 가진	비로비잔시는 유대 자치주의 주도이다.

О	278
П	316
Р	400
С	430
Т	478
У	496
Ф	516
Х	522
Ц	530
Ч	532
Ш	536
Щ	542
Э	542
Ю	550
Я	552

〉〉〉 차례 〈〈〈

일러두기	004
머리말	005
이 책의 구성과 특징	006
А	010
Б	024
В	056
Г	104
Д	124
Е	148
Ж	150
З	156
И	174
К	192
Л	224
М	236
Н	252

3. 헷갈리기 쉬운 명사의 성, 수, 격 변화형 등을 추가로 제시했습니다.

4. 불완료상으로만 쓰이는 동사는 НСВ만, 완료상으로만 쓰이는 동사는 СВ만, 두개의 상으로 동시에 쓰이는 동사는 НСВиСВ 로 표기하였고, 모든 동사의 불완료상과 완료상을 함께 표기했습니다. 함께 사용하는 격과 주요 표현도 함께 수록했습니다.

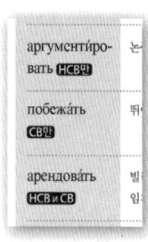

5. 형용사의 단어비형은 성 · 수에 따른 어미 변화를 표기하였습니다.

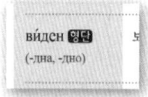

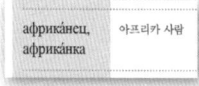

6. 직업이나 국적을 나타내는 경우 남성과 여성의 형태를 모두 기재했습니다.

7. 동사가 특정한 전치사를 요구하는 경우 +전치사 격형태를 표기했습니다.

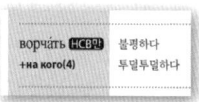

이 책의 구성과 특징

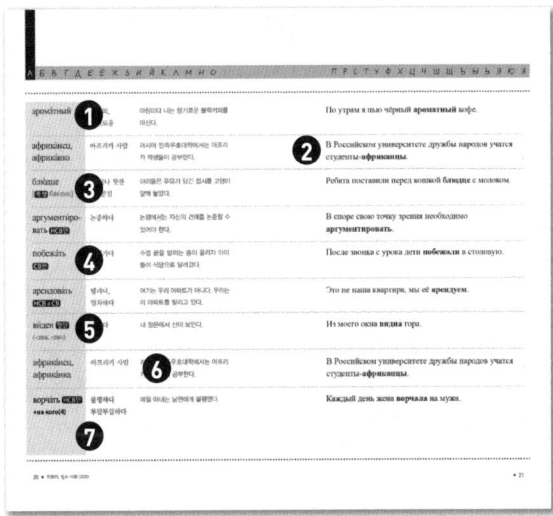

1. 예문을 보면서 러시아어로 문장을 만들어 보고 다음 페이지에서 확인해 보세요. 표제어와 예문을 다른 페이지로 분리하여 효과적으로 회화와 작문을 연습할 수 있습니다.

| ароматный | 향기의, 향기로운 | 아침마다 나는 향기로운 블랙커피를 마신다. | По утрам я пью чёрный **ароматный** кофе. |

2. 예문에 쓰인 표제어를 강조해 문장에서 어떻게 쓰이는지를 볼 수 있습니다.

> В Российском университете дружбы народов учатся студенты-**африканцы**.

머리말

어휘부터 장전하자!

흔히 외국어 교육 현장에서 '문법은 총이고, 어휘는 총알이다'라고 합니다. 군인이 총알 없이는 총을 쏠 수 없듯이, 토르플 시험에 있어 어휘를 기본으로 하지 않는 영역은 없습니다. 토르플 2급 시험을 준비할 때 반드시 암기해야 할 필수 어휘 2500개를 모았습니다.

뒤집어서 외우자!

단어를 암기할 때는 예문과 함께 외우는 것이 효과적입니다. 그런데 단어 옆에 예문이 같이 있으면 그냥 스쳐 지나가기 쉽습니다. 이제 한글 예문을 보고 직접 러시아어 문장을 만들어 보세요. 눈이 아니라 머리로 예문을 외울 수 있습니다.

일러두기

명사 – 명
남성 명사 – 남
여성 명사 – 여
중성 명사 – 중
단수 – 단
복수 – 복
단수만 사용하는 단어 – 단수만
복수만 사용하는 단어 – 복수만
불변 명사 – 불변
집합 수사 – 집합
단수 생격 – 단생
복수 생격 – 복생
불완료상만 – HCB만
완료상만 – CB만

불완료상과 완료상 – HCB и CB
과거시제 – 과
형용사 – 형
형용사의 단어미형 – 형단
부사 – 부
전치사 – 전
주격 지배 – **кто-что(1)**
생격 지배 – **кого-чего(2)**
여격 지배 – **кому-чему(3)**
대격 지배 – **кого-что(4)**
조격 지배 – **кем-чем(5)**
전치격 지배 – **ком-чём(6)**

러시아어 토르플 2급 완전정복

토르플 2급대비

ToRFL 필수어휘 2500

뿌쉬낀하우스 러시아어교육연구회

뿌쉬낀하우스

П Р С Т У Ф Х Ц Ч Ш Щ Ъ Ы Ь Э Ю Я

Не **балуйте** маленьких детей, а то у них будет трудный характер.

Дети любят шалить и **баловаться**.

В честь юбилея мэра города был организован **банкет**.

Работа **банкира** требует хорошего знания экономики.

Я всегда снимаю деньги в **банкомате** около дома.

Ресторан не проработал даже двух месяцев, а уже **банкрот**.

Рядом с нашей дачей стоит **баня**.

Бар открыт с 14:00 до 03:00.

В группу требуются музыканты, играющие на пианино, скрипке, **барабане**.

А **Б** В Г Д Е Ё Ж З И Й К Л М Н О

бара́н	숫양	시골길에서는 소, 염소, 양을 만날 수 있다.
бара́нина **단수만**	양고기	아빠는 양고기로 볶음밥을 만든다.
бара́нка	바란카 (고리 모양의 빵)	오늘은 바란카와 차를 마실 것이다.
бас	(성악) 베이스	빅토르는 베이스(톤)으로 노래한다.
бастова́ть забастова́ть	파업하다	공장 노동자들은 낮은 임금 때문에 파업 중이다.
бегу́н, бегу́нья	경주자, 육상 선수	자메이카의 육상 선수가 세계기록을 세웠다. 그는 200미터를 19초에 완주했다.
беда́	불행, 재난	마리나에게 불행이 닥쳤다: 아끼는 강아지가 없어졌다.
бедне́ть обедне́ть	가난해지다	(경제) 위기로 인해 많은 백만장자들이 가난해졌다.
бе́дствие	재해, 재난	자연재해로 인해 공장에 사고가 발생했다.
бе́жевый	베이지색의	베이지색이 그녀에게 잘 어울린다.

П Р С Т У Ф Х Ц Ч Ш Щ Ъ Ы Ь Э Ю Я

В деревне на улице можно встретить коров, коз, **баранов**.

Папа готовит плов из **баранины**.

Сегодня будем пить чай с **баранками**.

Виктор поёт **басом**.

Рабочие на заводе **бастуют** из-за низкой зарплаты.

Мировой рекорд установил **бегун** с Ямайки: он пробежал 200 метров за 19 секунд.

У Марины случилась **беда**: потерялась любимая собака.

Из-за кризиса многие миллионеры **обеднели**.

В результате стихийного **бедствия** произошла авария на заводе.

Бежевый цвет ей к лицу.

А **Б** В Г Д Е Е Ё Ж З И Й К Л М Н О

бе́женец, бе́женка	피난민	피난민들은 구호 캠프에 수용되었다.
безвку́сный	맛이 없는, 취미나 특성이 없는	다른 레스토랑으로 가자. 여기 음식은 좀 별로야.
безвы́ходный	출구가 없는, 어찌할 도리가 없는	긍정적으로 봐! 어쩔 수 없는 상황이라는 건 없어.
безгра́мотный	문맹의, 문법적 오류가 많은	할머니는 전쟁 중에 태어나 어디에서도 배우지 못해서 문맹이었다.
безграни́чный	끝이 없는, 무한한	나는 아들이 태어난 것을 알고 끝없는 행복을 느꼈다.
безда́рный	재능이 없는, 서툰	이 그림은 즉시 내 마음에 들지 않았다. 나는 이 그림이 재미없고 서툴다고 여겼다.
безде́йствовать **НСВ만**	아무것도 하지 않다, 활동하지 않다	아무것도 하지 않고 침묵해서는 안 된다. 자신의 권리를 지켜야 한다.
безде́льничать **НСВ만**	무위하게, 나태하게 지내다	그만 빈둥대고 일을 시작해!

П Р С Т У Ф Х Ц Ч Ш Щ Ъ Ы Ь Э Ю Я

Беженцев разместили в специальных лагерях помощи.

Давай пойдём в другой ресторан. Еда здесь какая-то **безвкусная**.

Будь оптимистом! **Безвыходных** ситуаций не бывает.

Бабушка родилась во время войны, нигде не училась, поэтому была **безграмотная**.

Я почувствовал **безграничное** счастье, когда узнал о рождении сына.

Эта картина мне сразу не понравилась: я посчитал её скучной и **бездарной**.

Нельзя молчать и **бездействовать**, нужно защищать свои права.

Хватит **бездельничать**! Берись за работу!

А Б В Г Д Е Ё Ж З И Й К Л М Н О

безде́тный	자녀가 없는	아동 입양에 관한 강의에 자녀 없는 부부들을 초대합니다.
безду́шный	비정한	함께 일한 10년 동안 그녀는 내게 한 마디도 하지 않았다. 나는 그녀가 차갑고 냉혹한 여자라고 생각했다.
беззабо́тный	걱정하지 않는, 태평한	그들은 무심한 표정을 하고 공원을 거닐었다.
беззащи́тный	무방비의	어린아이들은 완전히 무방비하다.
безлю́дный	사람이 없는	나는 저녁에 인적 없는 거리를 다니는 게 겁이 난다.
безнадёжный	가망없는, 절망적인	돈도 서류도 없이 낯선 도시에 있는 상황이 그에게는 절망적으로 여겨졌다.
безнра́вственный	부도덕한	그는 아무도 도와주지 않았고 타인의 불행에도 무관심하며 부도덕한 삶을 살았다.
безобра́зный	보기 흉한, 추한	크고 두꺼운 입술, 교활해 보이는 작은 눈, 펑퍼짐한 코 때문에 그는 추해 보였다.
безопа́сность 여	안전	학생들에게 도로 안전 규칙을 설명했다.

Приглашаем **бездетных** супругов на лекцию по усыновлению детей.

За десять лет совместной работы она не сказала мне ни слова. Я считал её холодной и **бездушной** женщиной.

С **беззаботным** видом они прогуливались по парку.

Маленькие дети абсолютно **беззащитны**.

Я боюсь ходить вечером по **безлюдным** улицам.

Ситуация его казалась **безнадёжной** – остаться в чужом городе без денег и документов.

Он никогда не помогал никому, не интересовался чужими бедами - жил **безнравственной** жизнью.

С большими толстыми губами, маленькими хитрыми глазами, широким носом он выглядел **безобразным**.

Школьникам рассказали правила **безопасности** на дороге.

А **Б** В Г Д Е Ё Ж З И Й К Л М Н О

безопа́сный	안전한	자동차에서 안전한 자리는 뒤쪽이다.
безрабо́тица	실업	경제 위기로 인해 실업률이 상승했다.
безрабо́тный	직업이 없는	경제 위기 시기에 실업자 수가 증가한다.
безусло́вно 🔵	물론, 단연코	단연코 여름은 여행객들에게 가장 사랑받는 계절이다.
беко́н	베이컨	아침으로 나는 달걀 후라이와 베이컨을 먹는다.
беле́ть побеле́ть	하얗게 되다	내리는 눈 때문에 도시가 하얗게 되었다.
бе́лка	청설모	공원에서는 진짜 청설모들이 나무를 따라 뛰어다닌다.
бело́к [복 белки́]	단백질, 달걀의 흰자	케익에 들어갈 크림을 만들기 위해 우선 달걀을 준비해서 노른자와 흰자를 분리하세요.
бельё	속옷, 가정용 시트나 보	세탁 후에 (침대) 시트는 발코니에서 말린다.

П Р С Т У Ф Х Ц Ч Ш Щ Ъ Ы Ь Э Ю Я

Безопасные места в машине находятся сзади.

В связи с экономическим кризисом в стране повысился уровень **безработицы**.

Количество **безработных** людей повышается в период экономического кризиса.

Безусловно, лето является самым горячим сезоном для туристов.

На завтрак я ем яичницу с **беконом**.

Из-за выпавшего снега город **побелел**.

В парке по деревьям прыгают настоящие **белки**.

Чтобы приготовить крем для торта, сначала возьмите яйцо, потом отделите **белок** от желтка.

После стирки **бельё** сушится на балконе.

А Б В Г Д Е Ё Ж З И Й К Л М Н О

бережли́вый	절약하는	알뜰한 주부는 겨울에 대비해 잼과 꿀, 피클을 저장한다.
бе́режно 🔁	조심스럽게, 세심하게	끼릴은 새 책의 페이지를 조심스럽게 넘겼다.
бере́менная	임신한	승객 여러분, 노약자와 임신부, 장애인에게 자리를 양보해 주세요!
бере́т	베레모	알렉산드르는 화가였고, 회색 베레모와 긴 코트를 입고 다녔다.
бесе́дка	원두막, 정자	피크닉에서 누군가는 대화를 나눴고, 누군가는 자연경관을 즐겼고, 누군가는 정자 아래에서 샤슬릭을 구웠다.
бесконе́чный	끝없는, 무한한	이 겨울이 계속되어 결코 끝날 것 같지가 않았다.
бескоры́стный	사욕이 없는, 청렴한	그녀는 아동 환자의 치료를 위해 기부했고, 이러한 사욕 없는 행위가 나 또한 자선을 하게 만들었다.
беспоко́ить побеспоко́ить	1) 걱정시키다 2) 방해하다	아이들의 운명은 부모를 항상 걱정하게 만든다. 방해하지 마세요, 저는 지금 바빠요.

П Р С Т У Ф Х Ц Ч Ш Щ Ъ Ы Ь Э Ю Я

Бережливая хозяйка запасает на зиму варенье, мёд, огурцы.

Кирилл **бережно** перелистывал страницы новенькой книги.

Уважаемые пассажиры, уступайте места людям престарелого возраста, **беременным** женщинам, инвалидам!

Александр был художником, он носил серый **берет** и длинное пальто.

На пикнике кто-то разговаривал, кто-то любовался природой, кто-то жарил шашлыки в **беседке**.

Мне казалось, что эта зима **бесконечная**, что она никогда не кончится.

Она пожертвовала деньги на лечение больных детей, и этот **бескорыстный** поступок подтолкнул меня тоже заняться благотворительностью.

1) Родителей всегда **беспокоит** судьба их детей.

2) Прошу не **беспокоить** меня, я занят.

беспоко́йный	불안한, 안정되지 않은	불안한 밤이었다: 나는 자주 잠에서 깼고, 알 수 없는 소음, 이웃들의 목소리가 들렸다.
бесполе́зный	무익한	오랫동안 가게들을 돌아다니는 건 불필요한 시간 낭비다.
беспо́мощный	아무도 도와주지 않는, 의지할 데 없는	새끼 고양이는 추위에 몸이 얼어 붙고 갈 곳이 없어 보여서 우리가 집으로 데리고 왔다.
беспоря́док	무질서, 혼란	학생 기숙사의 방들은 거의 항상 어지럽혀 있다.
беспра́вный	권리가 없는, 권리를 상실한	먼 옛날에 여성은 권리가 없는 상태였다.
бессмы́сленный	의미없는, 부조리한	– 내가... 난... 훔쳐갔어...모르겠어, 누가... – 무슨 일 있어? 네가 무슨 말을 하는지 이해할 수가 없어. 의미 없는 단어들만 늘어놓고 있잖아.
бессо́вестный	양심이 없는	그녀는 가장 치사한 방식으로 나를 속였다.
бессо́нница	불면증	할머니는 주요 대로변에 살았고 끝없는 소음으로 인해 불면증에 시달렸다.

Ночь была **беспокойная**: я то и дело просыпался, слышал какой-то шум, голоса соседей.

Ходить часами по магазинам – **бесполезная** трата времени.

Котёнок выглядел замёрзшим и абсолютно **беспомощным**, поэтому мы взяли его домой.

В комнатах студенческого общежития почти всегда **беспорядок**.

В древности у женщин было **бесправное** положение.

– Я... У меня... Украл... Не знаю, кто...
– Что случилось? Я не понимаю, что ты говоришь. Какой-то **бессмысленный** набор слов.

Она обманула меня самым **бессовестным** образом.

Бабушка жила около главного проспекта и от бесконечного шума страдала **бессонницей**.

А **Б** В Г Д Е Ё Ж З И Й К Л М Н О

бессро́чный	무기한의	우리 은행에서 무기한의 대출을 받으실 것을 제안합니다.
беста́ктный	재치없는, 우둔한	여성의 나이를 묻는 것은 눈치 없는 짓이다.
бесцве́тный	무색의, 평범한	이상한 무색 수프를 점심으로 내와서 나는 먹지 않았다.
бесце́нный	매우 비싼, 귀중한	귀중한 시간을 텔레비전에 낭비해선 안 된다.
бесшу́мный	조용한	이 세탁기의 강점은 조용하다는 데 있다.
бето́н	콘크리트	콘크리트로 만든 건물은 목조 건물보다 싸다.
Би́блия	성경	매주 일요일에 교회에서는 성경을 읽는다.
билья́рд	당구	퇴근 후에 당구 치러 가자.
би́ржа	거래소, 소개소	실업자는 직업소개소에 등록을 할 수 있다.
благода́рный	감사하는	성탄 선물을 받고 나는 감사하는 마음으로 답장을 썼다.

П Р С Т У Ф Х Ц Ч Ш Щ Ъ Ы Ь Э Ю Я

Предлагаем вам оформить **бессрочный** кредит в нашем банке.

Вопрос о возрасте женщины считается **бестактным**.

На обед принесли странный **бесцветный** суп, который я не стал есть.

Не стоит тратить **бесценное** время на телевизор.

Плюс этой стиральной машины в том, что она **бесшумная**.

Дом из **бетона** дешевле, чем дом из дерева.

Каждое воскресенье в церкви читают **Библию**.

Давайте сходим после работы поиграть в **бильярд**.

Безработный может встать на **биржу** труда.

Получив подарок на Рождество, я с **благодарным** чувством написал ответное письмо.

А **Б** В Г Д Е Ё Ж З И Й К Л М Н О

благоро́дный	고결한, 고상한	훌륭한 사람은 자신에게는 엄격히 대하고 다른 사람에게는 관대하게 대한다.
благотвори́тельный	자선의	시내에 자선 시장이 열렸다: 도서 판매로 얻은 모든 수입은 동물 보호소 건설에 보내질 것이다.
бледне́ть побледне́ть	창백해지다	알렉산드르는 끔찍한 소식을 알고난 후 창백해졌다.
блесте́ть (НСВ만) (-щу, -стишь)	빛나다, 반짝이다	아침에는 풀잎에서 이슬이 반짝인다.
блестя́щий	1) 번쩍번쩍 빛나는, 화려한	이 가수는 빛나는 검정 드레스를 입고 있었다.
	2) 찬란한, 훌륭한	그는 올림픽에서 훌륭한 결과를 보여주어 유럽 챔피언이 되었다.
близне́ц	쌍둥이	나와 내 형은 쌍둥이라 꼭 닮았다.
блин	블린(러시아식 팬케이크)	마슬레니짜에는 버터와 스메타나, 꿀을 넣은 블린을 만든다.
блок	1) (종이 따위의) 묶음	책상 위에는 메모 작성을 위한 종이 한 묶음이 있다.
	2) 건축용 블록	이 집은 블록으로 지어졌다.
	3) (정치, 경제상의) 권	우리 정당은 좌파이다.

П Р С Т У Ф Х Ц Ч Ш Щ Ъ Ы Ь Э Ю Я

Благородный человек к себе относится строго, а к другим терпеливо.

В городе открылась **благотворительная** ярмарка: все собранные от продажи книг деньги будут отправлены на строительство приюта для животных.

Узнав страшную новость, Александр **побледнел**.

Утром на траве **блестит** роса.

1) На певице было **блестящее** чёрное платье.

2) Он стал чемпионом Европы, показав на Олимпиаде **блестящие** результаты.

Мы с братом-**близнецом** похожи как две капли воды.

На Масленицу готовят **блины** с маслом, сметаной, медом.

1) На столе лежит **блок** бумаги для заметок.

2) Этот дом построен из **блоков**.
3) Наша партия вступила в левый **блок**.

А **Б** В Г Д Е Ё Ж З И Й К Л М Н О

блокно́т	수첩	컨퍼런스에 수첩과 펜을 가져와.
блонди́н, блонди́нка	금발인 사람	나는 키가 크고 늘씬한 금발들을 좋아한다.
блу́зка	블라우스	사무실에서 근무하는 여성들은 단정한 블라우스와 치마를 입는다.
блю́дце [**복생** блю́дец]	(컵이나 찻잔의) 받침	아이들은 우유가 담긴 접시를 고양이 앞에 놓았다.
богате́ть разбогате́ть	부유해지다	많은 사람들이 자신의 노력 덕분에 부자가 되었다.
боеви́к	액션 영화	영화관에서 새 미국 액션영화가 상영되고 있다.
бок [**목** бока́]	옆, 측면	우리는 회사에서 7년을 함께 일했다.
бока́л	(와인, 샴페인 등의) 잔	(오늘) 명명일을 맞은 사람의 건강을 위해 축배를 듭니다.
бокс	권투	그는 어렸을 때부터 권투를 하고 있다.
боксёр	권투 선수	마이크 타이슨은 훌륭한 권투 선수 가운데 하나로 여겨진다.

П С С Т У Ф Х Ц Ч Ш Щ Ъ Ы Ь Э Ю Я

Возьми с собой на конференцию **блокнот** и ручку.

Мне нравятся высокие стройные **блондины**.

Офисные работники носят строгие **блузки** и юбки.

Ребята поставили перед кошкой **блюдце** с молоком.

Многие **разбогатели** благодаря своему старанию.

В кинотеатрах показывают новый американский **боевик**.

Мы проработали в компании **бок о бок*** семь лет.
*бок о бок(관용어): 함께

Я поднимаю **бокал**, чтобы выпить за здоровье именинника.

Он с детства занимается **боксом**.

Майк Тайсон считается одним из лучших **боксёров** мира.

А **Б** В Г Д Е Ё Ж З И Й К Л М Н О

боло́тистый	습한, 늪지대의	클라우드베리는 툰드라의 습한 지역에서 자란다.
боло́то	늪, 습지	습지는 서 시베리아 땅의 높은 비율의 지역을 차지하고 있다.
болта́ть поболта́ть	말을 많이 하다, 수다를 떨다	마리나는 친구들과 전화로 오랫동안 이야기할 수 있다.
боль 여	아픔, 통증	미끄러웠다. 올가는 빙판에 넘어져 팔에 심한 통증을 느꼈다.
бо́мба	폭탄	건물에 숨겨둔 폭탄에 대한 제보가 경찰서에 들어왔다.
бомби́ть НСВ만	공습하다	전쟁 때 독일군은 레닌그라드를 폭격했다.
бомж	노숙자	지하철 환승로 바닥에서 노숙자들이 자고 있다.
боре́ц [복 борцы́]	투사, 선수	세계 역사에는 자유와 독립을 위해 싸운 많은 투사들이 있었다.
борщ	보르쉬 (스프)	러시아 레스토랑에는 보르쉬와 만두, 블린이 있다.

П Р С Т У Ф Х Ц Ч Ш Щ Ъ Ы Ь Э Ю Я

Ягода морошка растёт в тундре, в **болотистых** местах.

Болота занимают большой процент территории Западной Сибири.

Марина готова часами **болтать** по телефону с подругами.

Было скользко. Ольга упала на лёд и почувствовала острую **боль** в руке.

В полицию поступило сообщение о заложенной в здании **бомбе**.

В войну немцы **бомбили** Ленинград.

На полу в переходах метро спят **бомжи**.

В мировой истории было много **борцов** за свободу и независимость.

В русском ресторане подают **борщ**, пельмени и блины.

А **Б** В Г Д Е Ё Ж З И Й К Л М Н О

босоно́жки [복 босоно́жка]	샌들	그녀는 가벼운 옷과 샌들을 걸치고 바다로 갔다.
бота́ник	식물학자, 공부벌레	그는 밤낮으로 공부했고, 항상 수업 준비가 되어 있었다. 그로 인해 그를 비웃었고 공부벌레라 불렀다.
бота́ника	식물학	식물학은 식물에 관한 학문이다.
брак¹	결혼	올렉과 스베틀라나는 7월 12일에 결혼했다.
брак²	불량품, 결함	영수증과 신분증이 있어야 불량품을 교환할 수 있습니다.
брасле́т	팔찌	유명한 러시아 작가 알렉산드르 쿠프린은 중편 『석류석 팔찌』를 썼다.
бре́дить **НСВ만**	잠꼬대하다, 헛소리하다	높은 열 때문에 환자는 잠꼬대를 했다.
брести́ **НСВ만** (-ду, -дёшь)	어슬렁거리다, 천천히 걷다	개는 컴컴한 거리를 따라 느릿느릿 돌아다녔다.
бриллиа́нт	다이아몬드	다이아몬드 반지는 내게 너무 비싸다.
бри́тва	면도기, 면도용품	출장 준비를 하면서 나는 옷과 서류, 면도기를 여행가방에 던져 넣었다.

Она надела лёгкое платье и **босоножки** и пошла к морю.

Он занимался днём и ночью, всегда был готов к урокам, и за это над ним смеялись и прозвали **ботаником**.

Ботаника – это наука о растениях.

Олег и Светлана вступили в **брак** 12 июля.

При наличии чека и паспорта вы можете обменять товар с **браком**.

Известный русский писатель Александр Куприн написал повесть «Гранатовый **браслет**».

Из-за высокой температуры больной **бредил** во сне.

Собака медленно **брела** по тёмной улице.

Кольцо с **бриллиантом** мне не по карману.

Собираясь в командировку, я бросил в чемодан одежду, документы и **бритву**.

бро́ви [🇷 бровь]	눈썹	소식을 듣고 옐레나는 놀라 눈썹을 추켜올렸다.
броди́ть HCB만 (-жу, -дишь)	돌아다니다, 천천히 걷다	우리는 몇 시간이나 시내를 돌아다녔지만 필요한 집을 찾지 못했다.
брони́ровать заброни́ровать	예약하다	한 달 후 우리는 로마에 갈 계획이라 이미 티켓도 샀고 호텔 객실도 예약해 두었다.
бронхи́т	기관지염	건축 현장에서 비와 눈을 맞으며 일하다가 그는 기관지염에 걸렸다.
брошь 여	브로치	엄마는 할머니로부터 보석이 박힌 예쁜 브로치를 선물 받았다.
брюне́т, брюне́тка	머리가 갈색인 사람	내 남편은 크고 검은 눈을 가진 키가 큰 갈색머리이다.
будди́зм	불교	불교는 인도에서 창시되었다.
будди́ст	불교신자	길에서는 밝은 색의 긴옷을 입은 불교 수도승들을 만날 수 있다.
буди́льник	자명종, 알람	자명종이 작동하지 않아서 나는 수업에 늦었다.

П Р С Т У Ф Х Ц Ч Ш Щ Ъ Ы Ь Э Ю Я

Услышав новость, Елена удивлённо подняла **брови**.

Мы несколько часов **бродили** по городу, но так и не нашли нужный дом.

Через месяц мы вылетаем в Рим, уже купили билеты и **забронировали** номер в отеле.

Работая на стройке в дождь и снег, он заболел **бронхитом**.

Мама получила от бабушки в подарок красивую **брошь** с дорогим камнем.

Мой муж – высокий **брюнет** с большими чёрными глазами.

Буддизм зародился в Индии.

На улице можно встретить монахов-**буддистов** в длинной светлой одежде.

Будильник не сработал, и я опоздал на урок.

буди́ть разбуди́ть	깨우다	매일 아침 고양이가 나를 깨운다.
бу́дни **복수만**	평일	평일은 항상 똑같다: 집, 직장, 집
бу́дто бы	마치 ~처럼, ~인 것 같다	내년에는 교통비가 오른다고 들었던 것 같다.
буке́т	꽃다발	생일에 남편은 아내에게 큰 장미 꽃다발을 선물했다.
бу́лка	둥근 빵	둥근 빵 하나, 바게트 두 개 주세요.
бульва́р	가로수길, 산책길	우리는 가로수길을 산책하며 꽃들을 즐겼다.
бульо́н	국물	수프는 고기 국물로 만들어졌다.
бума́жник	지갑	내 지갑에는 신용카드와 현금, 가족 사진이 있다.
бума́жный	종이로 된	선물을 포장지로 싸 주세요.
буржуа́зный	부르주아의	18세기에 프랑스에서 부르주아 혁명이 일어났다.

Каждое утро меня **будит** кошка.

Будни всегда одинаковые: дом, работа, дом.

Я слышала, **будто бы** в следующем году повысится плата за проезд.

На день рождения муж подарил жене огромный **букет** роз.

Дайте, пожалуйста, **булку** и два батона.

Мы гуляли по **бульвару** и любовались цветами.

Суп приготовлен на мясном **бульоне**.

В моём **бумажнике** есть кредитная карта, наличные деньги и семейное фото.

Будьте добры, упакуйте подарок в **бумажный** пакет.

В 18 веке во Франции произошла **буржуазная** революция.

А Б В Г Д Е Ё Ж З И Й К Л М Н О

бу́ря	폭풍, 격동	하늘은 검은 비구름으로 덮였고, 강한 바람이 불기 시작했다. 폭풍이 시작되고 있었다.
бу́сы **복수만**	유리 구슬, 비즈 목걸이	저녁 파티에 비즈 목걸이와 석류석 귀걸이를 하고 가.
буха́нка	식빵	알료샤는 가게에서 식빵 다섯 개를 샀다.
бык	황소	들판에는 황소와 암소, 염소와 양 들이 풀을 뜯고 있었다.
быт **단수만**	생활, 관습	매일 우리는 일상에서 비누와 샴푸 같은 화장품들을 사용한다.
бытово́й	생활의, 관습의	남편이 늦게 퇴근해서 아내가 잔소리를 시작하는 것은 전형적인 생활 모습이다.
бюдже́т	예산	가계 예산을 누가 담당하고 있는가: 남편인가 아내인가?
бюро́ **단수만**	관청, 사무소	관광 프로그램을 선택하기 위해 우리는 여행 안내소로 왔다.
бюрокра́т	관료	공무직은 관료들로 가득 차 있다.

П Р С Т У Ф Х Ц Ч Ш Щ Ъ Ы Ь Э Ю Я

Небо затянуло чёрными тучами, подул сильный ветер, начиналась **буря**.

Надень на вечеринку **бусы** и серьги из граната.

Алёша купил в магазине пять **буханок** хлеба.

На поле паслись **быки**, коровы, козы и овцы.

Каждый день в **быту** мы пользуемся косметическими средствами: мылом и шампунем.

Типичная **бытовая** ситуация: муж вернулся с работы поздно, жена начала ругаться.

Кто в семье отвечает за **бюджет**: муж или жена?

Чтобы выбрать экскурсию, мы пришли в туристическое **бюро**.

Государственные службы переполнены **бюрократами**.

В

вальс	왈츠	신혼부부는 결혼식 왈츠를 추었다.
валю́та	화폐 단위, 외화	역에는 환전소가 있다.
ва́нна	욕조	목욕은 식사 전에 하거나 식사 후 2시간이 지난 후에 하는 것이 권장된다.
ва́режки 복 [단 ва́режка]	벙어리 장갑	미샤! 장갑을 껴. 안 그러면 손이 얼 거야.
варе́нье	잼	나는 딸기잼을 넣은 블린을 좋아한다.
варёный	끓인, 삶은	나는 아침으로 삶은 달걀을 먹는다.
вариа́нт	대안, 다른 방법	주거지 선택에는 많은 종류가 있다.
ва́та	솜	주사 맞은 곳에 간호사는 솜을 얹었다.
ватру́шка	크림이나 잼을 얹은 빵	뜨보로그(커드)를 넣은 할머니의 크림빵은 세상에서 가장 맛이 있다.
ва́фля [복생 -ель]	와플, 웨이퍼	카페에서 우리는 차와 초콜릿 와플을 주문했다.
вбега́ть вбежа́ть	뛰어들다	그는 집으로 뛰어들어 왔을 때 마리야가 이미 떠났음을 알았다.

Молодожёны танцевали свадебный **вальс**.

На вокзале есть пункт обмена **валют**.

Принимать **ванну** рекомендуют до еды или через 2 часа после еды.

Миша! Надень **варежки**, а то руки замёрзнут.

Я люблю блины с клубничным **вареньем**.

Я ем на завтрак **варёное** яйцо.

При выборе жилья есть много **вариантов**.

На место укола медсестра положила **вату**.

Бабушкины **ватрушки** с творогом – самые вкусные на свете.

В кафе мы заказали чай и **вафли** с шоколадом.

Когда он **вбежал** в дом, то увидел, что Мария уже уехала.

вводи́ть
ввести́
	1) 데리고
	   들어가다
	2) 도입하다
	3) 입력하다,
	   주입하다
		선생님이 아이들을 반으로 데리고
		들어갔다.
		러시아에서는 새로운 교통(도로) 규칙
		이 도입되었다.
		번역가들은 방대한 양의 텍스트들을
		입력한다.

ввоз	반입, 수입	5리터 이상의 술을 러시아로 반입하 는 것은 금지되어 있다.
ввози́ть ввезти́	반입, 수입하다	러시아로 자동차를 수입하기 위해서 는 세금을 내야 한다.
вгля́дываться вгляде́ться	응시하다, 보다	나는 그의 얼굴을 자세히 보고서 옛 친구라는 걸 알았다.
вдали́ 🖼	멀리, 먼 곳에	멀리 자동차가 보였다.
вдаль 🖼	멀리, 먼 곳으로	알렉산드르는 먼 곳을 바라보며 무언 가에 대해 생각했다.
вдво́е 🖼	2배로, 이중으로	차비가 2배로 올랐다.
вдове́ц, вдова́	홀아비, 과부	홀아비가 된 후에 그는 다시는 재혼 하지 않았다.
вдоль 🖼	~을 따라	길을 따라 관목이 자라고 있다.

1) Учитель **ввёл** детей в класс.

2) В России **ввели** новые правила дорожного движения.

3) Переводчики **вводят** большой объём текста.

Ввоз в Россию более пяти литров алкоголя запрещён.

Чтобы **ввезти** в Россию автомобиль, нужно заплатить налог.

Я **вгляделся** в его лицо и узнал в нём старого друга.

Вдали показалась машина.

Александр смотрел **вдаль** и о чём-то думал.

Стоимость проезда выросла **вдвое**.

После того, как он стал **вдовцом**, он уже никогда не женился снова.

Вдоль дороги растут кусты.

А Б **В** Г Д Е Ё Ж З И Й К Л М Н О

вдохнове́ние	영감	시인은 영감이 떠오를 때 시를 쓴다.
вегетариа́нец, вегетариа́нка	채식주의자	나는 올바르게 섭취하기로 결정하고 채식주의자가 되었다.
ведро́ [복 вёдра]	양동이	문 옆에 쓰레기통이 있다.
веду́щий[1]	사회자, 진행자	여러분은 «스포츠 뉴스»를 보고 계십니다. 저는 여러분들과 함께 할 진행자 알렉산드르 클리모프입니다.
веду́щий[2]	중요한, 선도하는	그는 회사에서 수석 엔지니어 기사였다.
везти́ повезти́	1) 운송하다 2) 운이 좋다	무거운 짐들은 차로 가져가는게 더 좋다. 그는 직장 운이 좋았다.
везу́чий	운이 좋은	그는 놀라울 만큼 운이 좋은 사람이다.
ве́ко	눈꺼풀	파티 화장을 할 때는 눈꺼풀에 어두운 색 새도우를 바른다.
великоле́пный	근사한, 멋진	연극은 정말 멋졌다!
велого́нка	자전거 경주	1948년에 세계 최초의 자전거 경주가 열렸다.

П Р С Т У Ф Х Ц Ч Ш Щ Ъ Ы Ь Э Ю Я

Поэт пишет стихи, когда к нему приходит **вдохновение**.

Я решил питаться правильно и стал **вегетарианцем**.

Около двери стоит мусорное **ведро**.

Вы смотрите программу «Новости спорта», и с вами я, её **ведущий**, Александр Климов.

Он был **ведущим** инженером компании.

1) Тяжёлые вещи лучше **везти** на машине.

2) Ему **повезло** с работой.

Он невероятно **везучий** человек.

При вечернем макияже на **веки** накладываются тёмные тени.

Спектакль был просто **великолепный**!

В 1948 году прошла первая **Велогонка** Мира.

А Б **В** Г Д Е Ё Ж З И Й К Л М Н О

велосипеди́ст, велосипеди́стка	자전거 선수, 자전거를 타는 사람	유감스럽게도 우리 도시에는 자전거 전용 도로가 없다.
ве́ник	먼지떨이, 총채	러시아 목욕탕에서는 자작나무 채를 사용한다.
венча́ться обвенча́ться	결혼하다, 대관식을 하다	그들은 결혼식 다음 날에 정교회 의식에 의해 결혼예배를 올렸다.
ве́ра	믿음, 신념, 신앙	삶에서 나에게 도움을 주는 것은 선에 대한 믿음이다.
верблю́д	낙타	아프리카를 여행하면서 우리는 많은 낙타들을 보았다.
верёвка	줄, 끈	욕실에는 속옷을 말리기 위한 끈이 있다.
вермише́ль 여	소면	나는 소면을 넣은 닭고기 수프를 좋아한다.
ве́рность 단수만 여	충실, 정확, 정조	결혼 생활에서 가장 중요한 것은 서로에 대한 정절이다.
вероя́тно	아마도, 필시	대비를 잘 했더라면 나는 분명 시험을 잘 봤을 것이다.

П Р С Т У Ф Х Ц Ч Ш Щ Ъ Ы Ь Э Ю Я

К сожалению, в нашем городе нет отдельной дороги для **велосипедистов**.

В русской бане можно париться берёзовым **веником**.

Они **обвенчались** на следующий день после свадьбы.

В жизни мне помогает **вера** в добро.

Путешествуя по Африке, мы видели много **верблюдов**.

В ванной есть **верёвка** для сушки белья.

Мне нравится куриный суп с **вермишелью**.

Главное в семейной жизни – это **верность** друг другу.

Вероятно, я сдал бы экзамен, если бы хорошо подготовился.

А Б В Г Д Е Ё Ж З И Й К Л М Н О

вероя́тность 여	있을 법한 일, 확률	수업에서 우리는 확률론 문제를 풀었다.
ве́рсия	설, 이설	인터넷에서 이 사건에 대한 여러 설들을 찾을 수 있다.
вертика́льный	수직의	그림에는 수직선과 수평선만 있었다.
вертолёт	헬리콥터	고층빌딩(마천루)의 옥상에는 헬기 착륙장이 있다.
ве́рующий 명	신자	이리나 페트로브나는 신자였고, 매 휴일마다 교회에 갔다.
верх	위, 정점	이상은 완벽의 정점이다.
верши́на	정상, 절정	산 정상까지는 10미터 조금 넘게 남았다.
вес	무게	사람의 몸무게는 그가 먹는 음식 종류에 좌우된다.
весели́ться	즐기다, 놀다	아플 때는 놀 수가 없다.
весе́нний	봄의	봄 기분이 난다.

П Р С Т У Ф Х Ц Ч Ш Щ Ъ Ы Ь Э Ю Я

На уроке мы решали задачи по теории **вероятности**.

В Интернете можно найти различные **версии** этого события.

На картине были только **вертикальные** и горизонтальные линии.

На крыше небоскрёба есть посадочная площадка для **вертолётов**.

Ирина Петровна была **верующей**.
Она каждые выходные ходила в церковь.

Идеал – это **верх** совершенства.

До **вершины** горы осталось чуть более десяти метров.

Вес человека зависит от типа его питания.

Невозможно **веселиться** во время болезни.

У меня **весеннее** настроение.

А Б **В** Г Д Е Ё Ж З И Й К Л М Н О

ве́сить **НСВ만**	무게가 나가다	중간 정도의 수박이 5킬로그램 나간다.
вести́ привести́	이끌다, 하다, 진행하다	마리야는 자신의 생각을 적어 두는 일기를 쓴다.
весы́ **복수만**	저울	소포를 저울에 올리세요.
ветера́н	노병, 퇴역 군인	퍼레이드에는 노병들이 참가했다.
ве́тка	나뭇가지	태풍이 지나간 후 땅에는 나뭇가지와 잎이 널려 있었다.
ветчина́	햄	오늘의 요리는 치즈를 넣은 블린과 햄이다.
вечери́нка	파티	오늘 대학교에서 신년 파티가 있다.
ве́чный	영원한, 불변의	군인들을 기리기 위해 공원에는 «꺼지지 않는 불꽃»이 타고 있다.
ве́шалка	옷걸이, 행어	나는 옷이 많아서 집에 옷걸이가 많다.
взаи́мный	서로의, 상호 관계가 있는	그의 사랑은 상호적이다.
взаи́мо-	상호-	우리 가정에는 항상 평화와 상호이해가 있다.

П Р С Т У Ф Х Ц Ч Ш Щ Ъ Ы Ь Э Ю Я

Средний арбуз **весит** пять килограммов.

Мария **ведёт** дневник, куда записывает свои мысли.

Поставьте, пожалуйста, посылку на **весы**.

В параде принимали участие **ветераны** войны.

После тайфуна на земле было много листьев и **веток**.

Блюдо дня: блины с сыром и **ветчиной**.

Сегодня в университете будет новогодняя **вечеринка**.

В память о солдатах в парке горит **вечный** огонь.

У меня много одежды, поэтому дома много **вешалок**.

Его любовь **взаимная**.

В нашей семье всегда мир и **взаимопонимание**.

взве́шивать взве́сить	저울질하다, (무게를) 달다	– 제가 어디서 과일 무게를 달 수 있나요? – 1층 계산대 옆에서요.
взволно́ванный	흥분한, 동요한	그가 방으로 들어왔을 때, 그는 흥분한 기색이었다.
взгля́дывать взгляну́ть	보다, 바라보다, 시선을 향하다	표트르 1세 때 세워진 건물을 봐주세요.
вздра́гивать вздро́гнуть	몸을 떨다, 전율하다	그녀는 심하게 울었고, 그녀의 어깨는 들썩였다.
вздыха́ть вздохну́ть	깊이 숨쉬다, 한숨쉬다	한 주동안 열심히 일한 후에는 한숨 돌리고 휴식을 취해도 된다.
взлета́ть взлете́ть	날아오르다, 이륙하다	우리 비행기는 잠시 지연됐다가 마침내 이륙했다.
взро́слый	성인의, 성숙한	진지하게 이야기합시다. 우리 모두는 성인입니다.
взрыв	폭발	레닌그라드에는 매일 폭음이 울려 퍼졌다.
взрыва́ть взорва́ть	폭파하다, 폭발하다	테러리스트들이 상점 폭파를 시도했다.

- Скажите, пожалуйста, где я могу **взвесить** фрукты?

- На первом этаже, около кассы.

Когда он вошёл в комнату, у него был **взволнованный** вид.

Взгляните на здание, которое было построено при Петре Первом.

Она сильно плакала, её плечи **вздрагивали**.

После тяжёлой трудовой недели можно **вздохнуть** и расслабиться.

После небольшой задержки наш самолёт, наконец, **взлетел**.

Давайте говорить серьёзно. Мы все **взрослые** люди.

Каждый день в Ленинграде раздавались **взрывы**.

Террорист пытался **взорвать** магазин.

А Б **В** Г Д Е Ё Ж З И Й К Л М Н О

взя́тка	뇌물	뇌물죄로 그를 구속했다.
вид	모양, 풍경	창문으로부터 아름다운 풍경이 펼쳐진다.
ви́ден **형단** (-дна, -дно)	보이다	내 창문에서 산이 보인다.
видеока́мера	비디오 카메라	모든 버스에는 CCTV가있다.
видеомагни- тофо́н	비디오테이프 리코더	비디오테이프 리코더와 카세트는 이미 구식이다(낡았다).
ви́деться уви́деться	보다, 만나다	안녕! 내일 보자!
ви́димо	아마, 짐작컨데	비가 온다. 아마 우리는 아무데도 안 갈 것이다.
визи́т	방문	대통령은 중국을 공식방문했다.
визи́тка	명함	안녕하세요! 저는 회사의 대리 입니다. 여기 저의 명함입니다.
винегре́т	생채 요리, 샐러드	샐러드를 만들기 위해서는 비트가 필요하다.

П Р С Т У Ф Х Ц Ч Ш Щ Ъ Ы Ь Э Ю Я

Его посадили в тюрьму за **взятки**.

Из окна открывается прекрасный **вид**.

Из моего окна **видна** гора.

В каждом автобусе есть **видеокамеры**.

Видеомагнитофон и кассеты уже устарели.

Пока! **Уви́димся** завтра!

Идёт дождь. **Видимо**, мы никуда не пойдём.

Президент с официальным **визитом** приехал в Китай.

Здравствуйте! Я менеджер компании. Вот моя **визитка**.

Для приготовления **винегрета** нужна свёкла.

А Б **В** Г Д Е Ё Ж З И Й К Л М Н О

виноват (-a, -o, -ы)	유죄다, 잘못이 있다	그의 문제에는 어느 누구도 잘못이 없다.
ви́рус	바이러스	바이러스 때문에 컴퓨터가 작동을 안 한다.
висо́к [복 виски́]	관자놀이	그의 관자놀이에 흰머리가 있다.
витами́н	비타민	의사들은 봄에 비타민을 마실 것을 권장한다.
витри́на	진열장, 쇼윈도	그녀는 고가 매장의 쇼윈도를 보는 것을 좋아한다.
ви́шня	버찌, 벚	버찌 파이를 사자!
вкла́дывать вложи́ть	투자하다, 집어넣다	부모들은 아이들 교육에 돈을 투자한다.
вкус	맛	약은 쓴맛이 난다.
владе́лец [복 владе́льцы]	소유(권)자, 경영자	작년에 그는 은행 소유주가 되었다.
владе́ть овладе́ть	소유하다, 능통하다	나는 영어를 완벽히 구사한다.

П Р С Т У Ф Х Ц Ч Ш Щ Ъ Ы Ь Э Ю Я

В его проблемах никто не **виноват**.

Компьютер не работает из-за **вируса**.

На **висках** у него седые волосы.

Врачи рекомендуют пить **витамины** весной.

Ей нравится рассматривать **витрины** дорогих магазинов.

Давай купим пирог с **вишней**!

Родители **вкладывают** деньги в образование детей.

У лекарств горький **вкус**.

В прошлом году он стал **владельцем** банка.

Я в совершенстве **владею** английским языком.

А Б **В** Г Д Е Ё Ж З И Й К Л М Н О

вла́жный	습한, 눅눅한	한국은 여름에 공기가 매우 습하다.
вла́стный	권력이 있는, 위엄있는, 오만한	그녀는 심각하고 위엄있는 얼굴을 하고 있었다.
вле́во 부	왼쪽으로, 왼쪽에	우리는 정류장으로부터 왼쪽으로 갔다.
влета́ть влете́ть	날아 들어오다	비행기는 러시아 영토에 진입했다.
влия́ние	영향	할아버지가 나에게 큰 영향을 끼쳤다.
влия́ть повлия́ть	영향을 미치다	날씨는 건강에 영향을 미친다.
влюблённый	사랑에 빠진, 연인	연인들이 공원에서 손을 잡고 산책하고 있다.
влюбля́ться влюби́ться	사랑에 빠지다	이고리는 나타샤에게 첫눈에 반했다.
вме́сто 전 кого-чего(2)	대신에	형이 아파서 내가 그 대신 경기에 갈 것이다.
вме́шиваться вмеша́ться	간섭하다, 참견하다	언니는 항상 내 일에 참견한다.

П Р С Т У Ф Х Ц Ч Ш Щ Ъ Ы Ь Э Ю Я

В Корее летом воздух очень **влажный**.

У неё было серьёзное **властное** лицо.

Мы пошли **влево** от остановки.

Самолёт **влетел** на территорию России.

Большое **влияние** на меня оказал дедушка.

Погода **влияет** на здоровье.

По парку гуляют за руку **влюблённые**.

Игорь **влюбился** в Наташу с первого взгляда.

Брат болеет, поэтому я поеду на соревнования **вместо** него.

Сестра всегда **вмешивается** в мои дела.

А **Б** В Г Д Е Ё Ж З И Й К Л М Н О

внача́ле 🖲	최초의, 맨 처음의	맨 처음 그들은 식당에 갔고, 그다음에 도서관에 갔다.
внеза́пный	돌연한, 갑작스러운	그의 갑작스러운 전화가 나를 놀라게 했다.
вне́шний	외면의	여자들은 그들의 외모를 신경쓴다.
вне́шность 여	외관, 외모	인간에게 무엇이 더 중요한가 - 외모인가, 성격인가?
вничью́ 🖲	무승부로	양팀은 무승부 경기를 펼쳤다.
вноси́ть внести́	가지고 들어가다	종업원은 홀로 많은 음식을 가지고 들어왔다.
води́тель, води́тельница	운전사, 운전자	그가 대사로 일했을 때, 그에게는 개인 운전사가 있었다.
водопа́д	폭포	보통 여행객들은 오랫동안 나이아가라 폭포에 도취되어 본다.
возвраща́ть возврати́ть	돌려주다	나는 친구에게 그의 책을 돌려주어야 한다.
возвраща́ться возврати́ться	돌아오다	동료는 출장에서 돌아왔다.

Вначале они пошли в столовую, потом в библиотеку.

Меня удивил его **внезапный** звонок.

Женщин волнует их **внешний** вид.

Что важнее в человеке – **внешность** или характер?

Команды сыграли **вничью**.

Официант **внёс** в зал большое блюдо.

Когда он работал послом, у него был личный **водитель**.

Обычно туристы подолгу любуются Ниагарским **водопадом**.

Мне нужно **возвратить** другу его книгу.

Сотрудник **возвратился** из командировки.

А Б **В** Г Д Е Ё Ж З И Й К Л М Н О

возглавля́ть возгла́вить	앞장서다, 지휘하다	유명한 사업가가 회사를 이끌고 있다.
во́зле 🔴 кого-чего(2)	~주위에	집 근처에 누군가의 차가 세워져 있다.
возмо́жность 🔵	기회, 가능성	해외 유학은 많은 가능성을 열어 준다.
возмо́жный	가능한, 잠재적인	가게가 문을 닫게된 유력한 원인은 파산인 것 같다.
возмуща́ться возмути́ться кем-чем(5)	분개하다	나는 그의 행동에 분개했다.
возника́ть возни́кнуть	일어나다, 생기다	우리 사이에 신뢰가 생겼다.
возража́ть возрази́ть кому-чему(3)	반대하다	부모님께 대들면 안된다.
возрожде́ние	부흥, 부활	르네상스는 부흥의 시대라고도 불린다.
волево́й	의지의, 단호한, 고집있는	스포츠맨들에게는 끈기가 있다.

П Р С Т У Ф Х Ц Ч Ш Щ Ъ Ы Ь Э Ю Я

Компанию **возглавляет** известный бизнесмен.

Возле дома стоит чья-то машина.

Обучение за границей открывает большие **возможности**.

Возможная причина закрытия магазина – банкротство.

Я **возмутился** его поведением.

Между нами **возникло** чувство доверия.

Не стоит **возражать** родителям.

Ренессанс ещё называют эпохой **Возрождения**.

У спортсменов **волевой** характер.

волейболи́ст, волейболи́стка	배구 선수	배구 선수들은 매일 체육관에서 훈련이 있다.
волна́	파도, 물결	바다에는 아름다운 파도가 있다.
волне́ние	불안, 걱정, 초조, 긴장	표가 이미 다 팔렸을지도 모르겠다는 불안이 갑자기 나를 엄습했다.
волнова́ть взволнова́ть	걱정시키다, 흥분시키다	지구의 환경 문제가 학자들을 근심케 한다.
во́ля	의지	의지력이 성공에 이르게 해준다.
вон 🔖	바로(먼 곳을 지칭)	대학교는 바로 저기, 길 반대편에 있다.
воображе́ние	상상력	아이들에게 창의적인 상상력이 발달되어 있다.
вообще́ 🔖	대체로, 항상, 전혀	나는 생선을 전혀 먹지 않는다.
вооружённый	무장한	무장한 군인들이 건물을 점령했다.
вопреки́ 🔖 кому-чему(3)	~에 반하여	어머니의 조언과는 반대로 아들은 다른 도시로 떠났다.
вор	도둑	경찰이 도둑을 잡았다.

П Р С Т У Ф Х Ц Ч Ш Щ Ъ Ы Ь Э Ю Я

У **волейболистов** каждый день тренировки в спортивном зале.

На море красивые **волны**.

Меня вдруг охватило **волнение**: а если все билеты уже раскупили?

Учёных **волнует** вопрос экологии планеты.

Сила **воли** помогает добиться успеха.

Университет **вон** там, на другой стороне дороги.

У детей развито творческое **воображение**.

Я **вообще** никогда не ем рыбу.

Вооружённые солдаты захватили здание.

Вопреки совету матери сын уехал в другой город.

Полиция поймала **вора**.

воробе́й	참새	(속담)말은 참새가 아니니 날아가면 잡을 수 없다. (한 번 입 밖에 낸 말은 돌이킬 수 없다.)
ворова́ть сворова́ть	훔치다	아이들이 이웃 과수원에서 사과를 훔쳤다.
воро́на	회색 까마귀	집 지붕에 크고 검은 까마귀 두 마리가 앉아있었다.
воро́та	대문	주인이 대문을 열자 자동차가 마당으로 들어왔다.
воротни́к	카라, 깃	마샤에게 큰 깃이 달린 스웨터를 사주었다.
ворча́ть **НСВ만** +на кого(4)	불평하다 투덜투덜하다	매일 아내는 남편에게 불평했다.
воскре́сный	일요일의	우리는 텔레비전 앞에서 일요일 저녁을 보냈다.
воспи́танный	교양 있는, 예의바른	마샤, 교양 있는 사람이 되어라, 숟가락으로 접시를 치지 마라.
восстана́вливать восстанови́ть	복구하다	당신이 여권을 잃어버렸다면 그것을 재발급받아야 한다.

П Р С Т У Ф Х Ц Ч Ш Щ Ъ Ы Ь Э Ю Я

Слово не **воробей**, вылетит – не поймаешь.

Дети **воровали** яблоки в соседском саду.

На крыше дома сидели две большие чёрные **вороны**.

Хозяева открыли **ворота**, и машина въехала во двор.

Маше купили свитер с большим **воротником**.

Каждый день жена **ворчала** на мужа.

Мы провели **воскресный** вечер дома, перед телевизором.

Маша, будь **воспитанной** девочкой, не стучи ложкой по тарелке.

Если вы потеряли паспорт, вам нужно его **восстановить**.

А Б **В** Г Д Е Ё Ж З И Й К Л М Н О

восста́ние	반란	1825년 페테르부르크에서는 데카브리스트의 난이 일어났다.
восхища́ться восхити́ться кем-чем(5)	매혹되다, 감탄하다	나는 당신의 아름다움에 매료되었다.
восхо́д	일출	새벽에 일출을 맞으러 바닷가로 가자.
впечатли́тельный	예민한, 민감한, 섬세한	딸아, 너는 무서운 영화를 보면 안돼. 너는 매우 예민하잖니.
впи́сывать вписа́ть	적다, 기입하다	여기에 본인의 성을 써주세요.
вполго́лоса 🜛	낮은 목소리로	할머니가 주무셨기 때문에 우리는 낮은 목소리로 이야기했다.
вполне́ 🜛	완전히, 충분히	저녁은 아주 맛있었다.
впосле́дствии 🜛	이후, 나중에, 그 결과로	나는 의과대학에서 공부하기로 결정했지만 후에 자신의 결정에 대해 후회했다.
впра́во 🜛	오른쪽으로, 오른쪽에	집에서 우리는 오른쪽으로 갔고, 곧 우리가 찾는 정류장을 보았다.

П Р С Т У Ф Х Ц Ч Ш Щ Ъ Ы Ь Э Ю Я

В 1825 году в Петербурге состоялось **восстание** декабристов.

Я **восхищаюсь** вашей красотой!

Давайте поедем ночью на берег океана встречать **восход**.

Дочка, тебе нельзя смотреть страшные фильмы, ты очень **впечатлительная**.

Пожалуйста, **впишите** сюда свою фамилию.

Бабушка спала, поэтому мы говорили **вполголоса**.

Ужин был **вполне** вкусным.

Я решил учиться в медицинском институте, но **впоследствии** пожалел о своём решении.

От дома мы пошли **вправо** и скоро увидели нужную нам остановку.

А Б **В** Г Д Е Ё Ж З И Й К Л М Н О

впуска́ть впусти́ть	들여 보내다, 입장시키다	나는 초인종을 눌렀고, 친구는 바로 나를 집으로 들여보내 주었다.
вражде́бный	적의 있는	그는 나를 적개심에 찬 시선으로 바라보았다.
враждова́ть **НСВ만**	적의를 품다, 반목하다	나는 절대로 이웃들과 척을 지지 않는다.
врата́рь 남	골키퍼	이 축구팀의 골키퍼는 유명한 선수이다.
врать навра́ть	거짓말하다	계속 거짓말을 하는 사람을 믿을 사람은 아무도 없다.
вре́менный	일시적인, 임시적인	마리나는 잠깐 일할 곳을 찾았다.
вруча́ть вручи́ть кому(3)+что(4)	수여하다	작가에게 문학상을 수여했다.
вряд ли	거의 ~아니다	나는 너희들과 영화관에 못갈 것 같아. 이틀 뒤에 시험이 있거든.
всего́	총, 모두	서점에서 우리는 총 300루블을 지불했다.

П Р С Т У Ф Х Ц Ч Ш Щ Ъ Ы Ь Э Ю Я

Я нажал на кнопку звонка, и друг сразу **впустил** меня в дом.

Он смотрел на меня **враждебным** взглядом.

Я никогда не **враждую** с соседями.

Вратарь этой футбольной команды – известный спортсмен.

Тому, кто постоянно **врёт**, никто не верит.

Марина нашла **временную** работу.

Писателю **вручили** литературную премию.

Вряд ли я смогу пойти с вами в кино, у меня экзамен через два дня.

В книжном магазине мы заплатили **всего** 300 рублей.

А Б **В** Г Д Е Ё Ж З И Й К Л М Н О

всеми́рный	세계적인	오늘은 세계 축구의 날이다.
всео́бщий	일반적인, 전반적인, 전체의	한국에서는 모두가 군사적 의무를 가진다.
всерьёз 🟦	진지하게	나한테 화내지 마. 나는 진지하게 얘기한 게 아니야.
всесторо́нний	전면적인	이 문제의 해결을 위해서는 전면적인 분석을 해야 한다.
всё-таки	어쨌든, 그래도, 그럼에도 불구하고	지마는 수업에 거의 오지 않았지만 그래도 시험에 통과했다.
вскипа́ть вскипе́ть	끓기 시작하다	물이 끓기 시작하면 주전자를 꺼주렴.
вско́ре 🟦	얼마 안 있어	대학 졸업 후 얼마 안 있어 그는 일자리를 얻었다.
всле́дствие 🟦	~때문에	병 때문에 그는 다섯 개의 수업을 놓쳤다.(결석했다)
всма́триваться всмотре́ться +в кого́-что(4)	자세히 보다, 들여다보다	올렉 이바노비치는 내 얼굴을 빤히 들여다봤지만, 나를 알아보지 못했다.

Сегодня **Всемирный** день футбола.

В Корее действует **всеобщая** воинская обязанность.

Не обижайся на меня, я сказал не **всерьёз**.

Для решения этого вопроса нужно провести **всесторонний** анализ.

Дима почти не ходил на занятия, но **всё-таки** сдал экзамен.

Пожалуйста, выключи чайник, когда вода **вскипит**.

Вскоре после окончания университета он устроился на работу.

Он пропустил пять уроков **вследствие** болезни.

Олег Иванович **всматривался** в моё лицо, но не узнавал меня.

вставля́ть вста́вить	삽입하다, 끼워 넣다	삼촌은 이야기 중간에 잘 들어맞는 농담을 끼워 넣을 줄 안다.
вступа́ть вступи́ть +во что(4)	가입하다	대학생이었을 때 나는 음악동아리에 가입했다.
вступле́ние	1) 가입, 취임 2) 서론	그의 사장 취임식이 연기되었다. 에세이는 서론, 본론, 결론으로 구성되어 있다.
вся́кий	온갖, 갖가지	시장에서 우리는 온갖 과일을 샀다.
в-тре́тьих	셋째로	첫째로 우리는 표를 사야 한다. 둘째로 호텔을 예약해야 한다. 셋째로 관광 계획을 세워야 한다.
втроём 🖲	셋이서	그들은 셋이서 프랑스로 떠났다.
вуз	대학	모스크바국립대학교는 러시아의 제일의 명문대학이다.
вулка́н	화산	캄차카에는 화산이 많다.
вульга́рный	저속한, 야비한	그녀의 행동은 나에게 야비하게 느껴졌다.

П Р С Т У Ф Х Ц Ч Ш Щ Ъ Ы Ь Э Ю Я

Дядя умел **вставить** в разговор удачную шутку.

Будучи студентом, я **вступил** в музыкальный кружок.

1) Его **вступление** в должность директора было отложено.
2) Эссе состоит из **вступления**, основной части и заключения.

На рынке мы накупили **всяких** фруктов.

Во-первых, нам нужно купить билеты. Во-вторых, забронировать гостиницу. **В-третьих**, составить план экскурсий.

Во Францию они полетели **втроём**.

МГУ – самый престижный **вуз** России.

На Камчатке много **вулканов**.

Её поведение мне казалось **вульгарным**.

А Б **В** Г Д Е Ё Ж З И Й К Л М Н О

в ча́стности	특히, 그중에서도	우리는 러시아를 여행했는데, 그중에서도 특히 모스크바, 페테르부르크 그리고 예카테린부르크를 보았다.
въезжа́ть въе́хать +во что(4) +на что(4)	1) 안으로 들어가다 2) 타고 오르다 3) 입주하다	기차가 터널 안으로 들어갔다. 우리 차는 언덕을 어렵게 타고 올랐다. 새해 전에 페트로프 가족은 새 아파트에 입주했다.
выбега́ть вы́бежать +из чего(2)	뛰어나오다	소음을 듣고, 아빠는 집에서 마당으로 뛰어나왔다.
вы́бор	선택	꽃가게에는 꽃 선택의 폭이 넓다.
выбра́сывать вы́бросить	버리다	우리 이웃은 절대로 오래된 물건을 버리지 않기 때문에 그녀의 집은 작은 박물관과 비슷하다.
вывози́ть вы́везти	실어나가다, 반출하다, 수출하다	무엇이 러시아로부터 반출 금지되어 있는지는 인터넷에서 찾아볼 수 있다.
выводи́ть вы́вести	꺼내다, 데리고 나가다, 화나게 하다	저리 가, 화나게 하지 마.

П Р С Т У Ф Х Ц Ч Ш Щ Ъ Ы Ь Э Ю Я

Мы путешествовали по России, видели, **в частности**, Москву, Петербург и Екатеринбург.

1) Поезд **въехал** в туннель.

2) Наша машина с трудом **въехала** на холм.

3) Перед Новым годом семья Петровых **въехала** в новую квартиру.

Услышав шум, папа **выбежал** из дома во двор.

В цветочном магазине большой **выбор** цветов.

Наша соседка никогда не **выбрасывает** старые вещи, поэтому её дом похож на небольшой музей.

В Интернете можно прочитать, что запрещено **вывозить** из России.

Пожалуйста, уходи, не **выводи** меня из себя.

А Б **В** Г Д Е Ё Ж З И Й К Л М Н О

вы́воз	반출, 수출, 실어내는 것	수요일마다 쓰레기를 내 놓는다.
вы́глядеть **НСВ만**	보이다	너는 얼굴이 좋아 보이는구나!
вы́годный	유리한, 유익한	우리는 아파트를 경제적인 가격에 구입했다.
выгоня́ть вы́гнать	쫓아내다	예전에는 안 좋은 성적표를 받은 학생들을 학교에서 쫓아냈다.
выдава́ть вы́дать	발급하다	출입국관리사무소에서 당신에게 여권을 발급할 것이다.
выжива́ть вы́жить	살아남다	소수의 사람들이 전쟁 후에 살아남았다.
выключа́тель **남**	스위치	이곳은 너무 어두워서 나는 스위치를 찾을 수가 없다.
вылета́ть вы́лететь	날아오르다, 이륙하다	비행기는 모스크바에서 12시 정각에 이륙한다.
вылива́ть вы́лить	따라내다	여자가 양동이에서 더러운 물을 길에 따라냈다.

П Р С Т У Ф Х Ц Ч Ш Щ Ъ Ы Ь Э Ю Я

Вывоз мусора производится по средам.

Ты отлично **выглядишь**!

Мы купили квартиру по **выгодной** цене.

Раньше школьников **выгоняли** из школы за плохие оценки.

Паспорт вам **выдадут** в миграционной службе.

Немногие **выжили** после войны.

Тут так темно, я не могу найти **выключатель**.

Самолет **вылетает** из Москвы ровно в 12 часов.

Женщина **вылила** из ведра грязную воду на дорогу.

А Б **В** Г Д Е Ё Ж З И Й К Л М Н О

выноси́ть вы́нести	반출하다	오늘은 쓰레기를 내 놓아야 한다.
вынима́ть вы́нуть	꺼내다	세르게이는 호주머니에서 안경을 꺼냈다.
выно́сливый	인내심이 강한	군인은 강하고, 인내심이 강한 사람이어야 한다.
выпи́сывать вы́писать +из чего(2)	1) 발췌하다, 인용하다 2) 제명하다, 퇴원시키다 3) 서류 작성하다, 발급하다	나는 그의 보고서에서 가장 중요한 부분을 발췌하였다. 내 친구는 오래전에 병원에서 퇴원했다. 공장 출입증을 작성해 주세요.
вы́пуск	1) 생산, 발행 2) 시리즈 중 1회 또는 1권 3) 동시에 생산된 제품, 동시에 졸업한 학생	이 공장의 제품 생산이 중단되었다. 당신은 저녁 뉴스 송출분을 보고 있습니다. 우리 학년에는 25명의 졸업생이 있었다.
выпуска́ть вы́пустить	1) 놓아주다 2) 생산하다, 발행하다	팬더를 동물 육성 시설에서 키운 후에 자유를 주어 내보냈다. 공장들은 매일 제품을 생산한다.

П Р С Т У Ф Х Ц Ч Ш Щ Ъ Ы Ь Э Ю Я

Сегодня надо **вынести** мусор.

Сергей **вынул** из кармана очки.

Солдат должен быть сильным и **выносливым** человеком.

1) Я **выписала** самые важные места из его доклада.

2) Моего друга давно **выписали** из больницы.

3) **Выпишите** мне пропуск на фабрику.

1) **Выпуск** продукции на этом заводе приостановлен.
2) Вы смотрите вечерний **выпуск** новостей.

3) В нашем **выпуске** было 25 человек.

1) Панду вырастили в питомнике и **выпустили** на свободу.
2) Заводы ежедневно **выпускают** продукцию.

выпускни́к, выпускни́ца	졸업생	졸업생들은 학교 졸업 증명서를 받았다.
вырази́тельный	표정(표현)이 풍부한	그녀는 표정이 풍부한 얼굴을 가지고 있다.
выра́щивать вы́растить	기르다, 재배하다	할머니는 시골에서 토마토와 오이를 기르고 있다.
выселя́ть вы́селить	추방하다, 이주시키다	월세 미납으로 세입자를 아파트에서 쫓아냈다.
выска́зывать вы́сказать	발언하다, 진술하다	올가는 그에 대해 생각한 모든 것을 진술했다.
выслу́шивать вы́слушать	충분히 듣다, 끝까지 듣다	내 말을 끝까지 들어 봐. 내가 모든 것을 설명할게.
высота́	높이	우리 비행기는 2000미터 상공을 날고 있다.
высо́тный	고층의	지역이 고층 집들로 가득 지어져 있다.
высыха́ть вы́сохнуть	마르다	비 온 후에 젖은 옷이 벌써 다 말랐다.

П Р С Т У Ф Х Ц Ч Ш Щ Ъ Ы Ь Э Ю Я

Выпускники получили сертификаты об окончании школы.

У неё **выразительное** лицо.

Бабушка в деревне **выращивает** помидоры и огурцы.

Жильца **выселили** из квартиры за неуплату.

Ольга **высказала** всё, что думала о нём.

Пожалуйста, **выслушай** меня, я хочу всё объяснить.

Наш самолёт находится на **высоте** 2000 метров.

Район застроен **высотными** домами.

Мокрая после дождя одежда уже **высохла**.

А Б **В** Г Д Е Ё Ж З И Й К Л М Н О

высыпа́ться вы́спаться	충분히 자다	나는 매우 피곤하다. 늦게 잠자리에 들어 일찍 일어났으니, 당연히 푹 자지 못했다.
выта́скивать вы́тащить	끌어 내다, 뽑다, 꺼내다	우리는 오래된 물건들을 베란다로 끌어 냈다.
вытира́ть вы́тереть	닦다	엄마는 점심 준비를 했고, 아빠는 다림질을 했고, 형은 먼지를 닦아 냈다.
выходно́й	휴일	휴일 잘 보내세요!
вышива́ть	수 놓다	엄마는 십자수를 잘한다.
выясня́ть вы́яснить	해명하다, 밝히다	먼저 누가 이 일을 했는지를 밝히고, 그 다음에 경찰서에 전화를 해야 한다.
вью́щийся	곱슬곱슬한	줄리아 로버츠는 긴 곱슬머리를 가지고 있다.
вя́заный	짜서 만든, 뜬	막심에게 생일에 따뜻하게 뜬 스웨터를 선물했다.
вяза́ть связа́ть	실로 뜨다, 짜다	할머니는 손자에게 겨울 양말과 벙어리 장갑을 떠주셨다.

П Р С Т У Ф Х Ц Ч Ш Щ Ъ Ы Ь Э Ю Я

Я устал как собака, поздно лёг спать, рано встал и, конечно, не **выспался**.

Мы **вытащили** старые вещи на веранду.

Мама готовила обед, папа гладил одежду, брат **вытирал** пыль.

Желаем вам хороших **выходных**!

Мама хорошо **вышивает** крестиком.

Сначала нужно **выяснить**, кто это сделал, а потом звонить в полицию.

У Джулии Робертс длинные **вьющиеся** волосы.

Максиму на день рождения подарили тёплый **вязаный** свитер.

Бабушка **связала** внуку носки и варежки на зиму.

| вя́нуть завя́нуть | 시들다, 약해지다 | 아무도 꽃에 물을 주지 않아서 꽃이 당연히 시들었다. |

П Р С Т У Ф Х Ц Ч Ш Щ Ъ Ы Ь Э Ю Я

Никто не поливал цветы, и, разумеется, они **завяли**.

Г

газопрово́д	가스관	새 지역에 가스관을 설치하고 있다.
гаранти́ровать **НСВ만**	보증하다, ~을 확실히 하다	3인 가족 아파트 구함. 월세 지급 보장.
гара́нтия	보증, 보장	신발에 대한 보증기한은 구입일로부터 30일이다.
гардеро́б	1) (공공장소의) 의류 및 화물 보관소 2) 옷장	극장에서 옷은 보관소에 맡겨주세요. 그녀의 옷장에는 옷들이 흐트러짐 없이 걸려 있었다.
гармони́чный	조화로운, 질서정연한	발레리나의 움직임은 매끄럽고 조화로웠다.
гарни́р	곁들이는 야채, 가니쉬	구운 생선에 밥을 곁들여 주세요.
гаси́ть погаси́ть	(빛, 불 등을) 끄다	나는 전등을 끄고 자려고 누웠다.
га́снуть пога́снуть	(불 등이) 꺼지다	어두운 밤이 되었고, 가로등 불은 오래전에 꺼졌다.

В новом районе прокладывают **газопровод**.

Семья из трёх человек снимет квартиру. Своевременную оплату **гарантируем**.

Гарантия на обувь – 30 дней со дня покупки.

1) Одежду в театре сдавайте в **гардероб**.

2) У неё в **гардеробе** была аккуратно развешана одежда.

Движения балерины были плавными и **гармоничными**.

Будьте добры, жареную рыбу и на **гарнир** рис.

Я **погасил** свет и лёг спать.

Стояла тёмная ночь, фонари давно **погасли**.

А Б В **Г** Д Е Ё Ж З И Й К Л М Н О

гастро́ли **복수만**	순회공연	모스크바 극단은 순회공연을 하러 블라디보스토크에 도착했다.
гвозди́ка	카네이션	기념 퍼레이드에서 노병들은 빨간색 카네이션을 손에 들고 있었다.
гвоздь **남**	못	못도 못 박으면 그게 남자야?
где-ли́бо	어디에서든지	몇 명의 학생이 장학금을 받는지 어디든지 알 수 있는 곳이 있나요?
гель **남**	젤	선물 세트에는 샴푸, 비누, 샤워젤이 들어 있다.
ген	유전자	유전자 덕분에 우리는 우리의 부모님을 닮는다.
гене́тик	유전학자	니콜라이 이바노비치 바빌로프는 유전학자였다.
генети́ческий	유전적인	유전성 질환은 치료받기 어렵다.
гениа́льный	천재적인	나에게는 천재적인 생각이 떠올랐다.
ге́ний	천재	사샤야, 너는 정말 천재구나! 너는 어떻게 이런 어려운 질문에 답을 찾았니?

П Р С Т У Ф Х Ц Ч Ш Щ Ъ Ы Ь Э Ю Я

Московский театр приехал во Владивосток с **гастролями**.

На праздничном параде ветераны шли с красными **гвоздиками** в руках.

Если мужчина не может забить **гвоздь**, разве это мужчина?

Можно **где-либо** узнать, сколько студентов получают стипендию?

В подарочный набор входит шампунь, мыло и **гель** для душа.

Благодаря **генам** мы похожи на своих родителей.

Николай Иванович Вавилов был учёным-**генетиком**.

Генетические заболевания лечатся с трудом.

У меня появилась **гениальная** идея.

Саша, ты просто **гений**! Как ты нашёл ответ на такой трудный вопрос?

А Б В **Г** Д Е Ё Ж З И Й К Л М Н О

геноци́д	대학살, 인종말살	유럽에서 유대인 대학살은 〈홀로코스트〉라고 부른다.
герб	문장	러시아의 문장에는 독수리가 그려져 있다.
герои́ческий	영웅적인	영웅적인 행위로 그는 메달을 수여받았다.
ги́бель	파멸, 죽음	도시 거리의 폭동으로 20명이 사망했다.
ги́бкий	융통성이 있는, 유연한	점원을 모집합니다. 고보수에 업무 시간 조절 가능합니다.
ги́бнуть поги́бнуть	사망하다	사고로 3명이 사망했다.
гига́нтский	거대한	바다에서는 대왕 게와 오징어를 만날 수 있다.
гид	가이드, 안내자	가이드가 여러분께 도시의 역사를 설명해주고 유적지를 보여줄 것 입니다.
гидроэлектроста́нция	수력발전소	러시아 정부는 새 수력발전소 건설을 계획 중이다.

Геноцид евреев в Европе получил название «Холокост».

На **гербе** России изображён орёл.

За **героический** поступок он был награждён медалью.

Беспорядки на улицах города привели к **гибели** двадцати человек.

На работу приглашаются продавцы. **Гибкий** график работы, высокая зарплата.

В результате аварии **погибли** три человека.

В океане встречаются **гигантские** крабы и кальмары.

Гид расскажет вам об истории города и покажет достопримечательности.

Правительство России планирует построить новые **гидроэлектростанции**.

А Б В **Г** Д Е Ё Ж З И Й К Л М Н О

гимн	찬송가, 교가, 애국가	강당에 애국가가 울려 퍼지자 모두 일어났다.
гимна́ст, гимна́стка	체조선수	체조선수의 점프는 서커스 관객들을 놀라게 했다.
гинеко́лог	산부인과 의사	한 여자가 산부인과 진료에 접수했다.
гитари́ст, гитари́стка	기타연주자	콘서트에서 젊고 재능있는 기타연주자가 연주했다.
глава́	장, 머리, 우두머리	숙제는 소설 제 5장 읽기이다.
гла́дить погла́дить	쓰다듬다, 다림질하다	아가씨는 소파에 앉아서 고양이를 쓰다듬고 있었다.
гла́дкий	매끄러운	스케이트장의 얼음은 매우 매끄러웠고 햇빛에 반짝였다.
гли́на	점토, 찰흙	관광 중 우리에게 흙으로 도자기를 빚는 법을 알려줬다.
гло́хнуть огло́хнуть	청력을 잃다	아이가 병을 앓은 뒤, 청각을 잃었다.
глубина́	깊이	새우는 70미터 깊이까지 헤엄을 친다.

Когда в зале зазвучал **гимн**, все встали.

Прыжки **гимнаста** удивили зрителей в цирке.

Женщина записалась на приём к **гинекологу**.

На концерте выступали юные талантливые **гитаристы**.

Домашнее задание: прочитать пятую **главу** романа.

Девушка сидела на диване и **гладила** кошку.

Лёд на катке был очень **гладкий** и блестел на солнце.

На экскурсии нас научили лепить горшки из **глины**.

После болезни у ребёнка **оглохло** ухо.

Креветки плавают на **глубине** до 70 метров.

А Б В **Г** Д Е Ё Ж З И Й К Л М Н О

глу́пость ❹	어리석음	너는 예언을 믿니? 그런 어리석은 생각은 믿을 가치가 없어.
глухо́й	귀머거리의	할아버지는 93세였다. 그는 전쟁을 겪고 청력을 완전히 잃게 되었다.
гнать прогна́ть	몰다, 쫓다	오솔길을 따라 낙엽이 바람에 날리고 있다.
гна́ться угна́ться	뒤쫓다	경찰이 범인을 뒤쫓고 있다.
гнездо́	둥지	나무에 새들이 큰 둥지를 지었다.
гнило́й	썩은	사과들이 거의 2주 동안 창가에 놓여 있었고 완전히 썩어 버렸다.
говя́дина	쇠고기	레스토랑에서 우리는 메인식사로 채소를 곁들인 쇠고기를 주문할 것이다.
годовщи́на	기념일, 주기	주말에 부모님은 결혼기념일을 맞이한다.
гол	골, 득점	팀은 결승골을 성공시켰고 축구 월드컵 결승에 진출했다.
го́лод	기근	전쟁 중 국가 전역에 극심한 기근이 있었다.

П Р С Т У Ф Х Ц Ч Ш Щ Ъ Ы Ь Э Ю Я

Ты веришь в приметы? Не стоит верить в такие **глупости**.

Дедушке было 93 года, он пережил войну и был совсем **глухой**.

Ветер **гонит** листья по аллее.

Полиция **гонится** за преступником.

На дереве птицы сделали большое **гнездо**.

Яблоки пролежали на окне почти две недели и стали совсем **гнилые**.

На второе в ресторане мы закажем **говядину** с овощами.

В выходные родители будут отмечать **годовщину** свадьбы.

Команда забила решающий **гол** и вышла в финал чемпионата мира по футболу.

Во время войны по всей стране был страшный **голод**.

голода́ть **(НСВ만)**	굶다, 굶주리다	『살을 빼기 위해 올바르게 굶기』라는 책이 베스트셀러가 되었다.
гололёд	도로 위 살얼음	조심하세요, 길에 살얼음이 껴 미끄럽습니다!
голосова́ть проголосова́ть +за кого-что(4)	투표하다	당신은 대통령 선거에서 누구에게 투표하실 겁니까?
го́лубь 남	비둘기	비둘기들이 우리집 지붕에 앉아 있다.
го́лый	벌거벗은, 나체의	겨울에 나무들은 나뭇잎 하나 없이 완전히 벌거 벗는다.
го́льфы 복	무릎까지 오는 양말	최근에 축구팀은 반바지, 티셔츠, 양말, 축구화 등 유니폼을 바꿨다.
го́нка	경기	남자들 중에는 〈포뮬러 1〉 자동차 경주를 좋아하는 사람이 많다.
гора́здо 부	훨씬	휴가는 겨울에 떠나는 것이 훨씬 저렴 하다.
горбу́ша	연어의 일종	어머니는 연어로 탕요리를 하신다.

П Р С Т У Ф Х Ц Ч Ш Щ Ъ Ы Ь Э Ю Я

Книга «Как правильно **голодать**, чтобы похудеть» стала бестселлером.

Будьте осторожны: на улице скользко, **гололёд**!

За кого вы **проголосуете** на выборах президента?

Голуби сидят на крыше нашего дома.

Зимой деревья совершенно **голые**, нет ни одного листочка.

Недавно футбольная команда поменяла форму: шорты, футболки, **гольфы**, кроссовки.

Среди мужчин есть много любителей **гонки** «Формула 1».

Гораздо дешевле ехать в отпуск зимой.

Мама готовит уху из **горбуши**.

| А Б В **Г** Д Е Ё Ж З И Й К Л М Н О |

горизонта́ль-ный	가로의, 수평의	머리가 아프면 반듯한 자세를 취하고, 눈을 감고 조금 쉬십시오.
го́рничная 몡	메이드	호텔 메이드가 필요합니다.
горнолы́жный	산악스키의	산악인들이 선명한 등산복을 입고 있다.
го́рный	산의	산악 자전거는 보통자전거보다 튼튼하지만 가격은 더 비싸다.
горчи́ца	겨자	러시아 식당에서는 여러분에게 마요네즈나 겨자를 곁들인 만두를 추천할 것이다.
го́спиталь 몡	육군병원	육군병원에서는 전쟁 고참병들이 치료를 받고 있다.
гости́ная 몡	거실, 응접실	새 아파트에는 거실과 침실 2개, 총 3개의 방이 있다.
гра́бить огра́бить	강탈하다, ~에서 훔치다	도둑들이 은행을 털었다.
гравю́ра	판화	박물관에서 학생들은 그림들과 판화들을 접했다.

П Р С Т У Ф Х Ц Ч Ш Щ Ъ Ы Ь Э Ю Я

Если болит голова, примите **горизонтальное** положение, закройте глаза, немного отдохните.

На работу требуется **горничная** в отель.

У альпинистов яркие **горнолыжные** костюмы.

Горный велосипед надёжнее, чем обычный, но и стоит дороже.

В русском ресторане вам предложат пельмени с майонезом или **горчицей**.

В **госпитале** проходят лечение ветераны войны.

В новой квартире три комнаты: **гостиная** и две спальни.

Воры **ограбили** банк.

В музее школьники познакомились с картинами и **гравюрами**.

град	우박	갑자기 차가운 비가 우박과 함께 내렸다.
гра́дусник	온도계	창 밖의 온도계는 영하 10도의 온도를 가리키고 있다.
гра́мотный	교양있는	교양있는 언어습관을 배워야 한다.
грани́т	화강암	메인 광장에 화강암으로 동상을 세웠다.
грани́чить **НСВ만**	접경하다	러시아는 노르웨이, 핀란드, 에스토니아, 라트비아 등 다른 나라들과 접경하고 있다.
гра́фика	그래픽	영상은 컴퓨터 그래픽(CG)로 촬영됐다.
греть согре́ть	따뜻하게 하다	관광객들은 숲에서 모닥불 근처에 모여 손을 녹였다.
гре́ться согре́ться	불을 쬐다, 따뜻해지다	이런 추위에서 몸이 따뜻해지기 어렵다.
грех	죄	이런 좋은 삶을 불평하는 것은 죄다!
гре́чка	메밀	식당에서는 메밀밥을 곁들인 커틀렛과 과일청을 준다.

П Р С Т У Ф Х Ц Ч Ш Щ Ъ Ы Ь Э Ю Я

Неожиданно пошёл холодный дождь с **градом**.

Градусник за окном показывал температуру минус десять.

Грамотной речи нужно учиться.

На главной площади установили памятник из **гранита**.

Россия **граничит** с Норвегией, Финляндией, Эстонией, Латвией и другими странами.

Видео было снято при помощи компьютерной **графики**.

Туристы в лесу **грели** руки около костра.

На таком морозе трудно было **согреться**.

Грех жаловаться на такую хорошую жизнь!

В столовой дают **гречку** с котлетами и компот.

А Б В **Г** Д Е Ё Ж З И Й К Л М Н О

гриб	버섯	가을에 우리는 버섯 따러 숲에 갔다.
гроб	관	여배우는 살아있는 듯 관에 누워있었다.
гроза́	폭풍우	하늘이 어두워지고, 강한 바람이 불었고, 폭풍우가 시작되었다.
гром	천둥	우리는 하늘에서 번개를 보았고, 이어서 곧바로 천둥이 들렸다.
грома́дный	거대한	수백만 관광객들이 거대한 피라미드를 보기 위해 이집트에 온다.
груби́ть нагруби́ть кому(3)	무례하게 말하다, 폭언하다	부모님에게 무례하게 말해서는 안된다.
груз	화물	화물을 실은 선박은 해변에 정박했다.
грузови́к	화물차	이사를 위해서 당신은 화물차를 부를 수 있습니다.
гру́зчик	인부, 짐꾼	발레라는 창고에서 인부로 일했다.
грусти́ть **НСВ만**	슬픔에 잠기다	과거에 대해 슬퍼할 필요 없다.

П Р С Т У Ф Х Ц Ч Ш Щ Ъ Ы Ь Э Ю Я

Осенью мы пошли в лес собирать **грибы**.

Актриса лежала в **гробу**, совсем как живая.

Небо почернело, подул сильный ветер, началась **гроза**.

Мы увидели на небе молнию, и сразу же послышался **гром**.

Миллионы туристов приезжают в Египет посмотреть на **громадные** пирамиды.

Нельзя **грубить** родителям.

Корабль с **грузом** причалил к берегу.

Для переезда вы можете заказать **грузовик**.

Валера работал **грузчиком** на складе.

Не стоит **грустить** о прошлом.

А Б В Г Д Е Ё Ж З И Й К Л М Н О

грýсть	우울	나는 우울하게 나의 젊은 시절을 회상한다.
грýша	배	과일들 중에서 나는 배를 제일 좋아한다.
грязь ⓔ	불결물, 더러움, 진흙	밖에 비가 와서 길이 질척할 때는 집에 있고 싶어진다.
губá [복 гýбы]	입술	아가씨는 당황해서 얼굴이 붉어졌고 입술을 오므렸다.
губернáтор	주지사, 통치자	내년에 주지사의 선거가 시행된다.
гуля́ш	고기와 야채 스튜요리	나는 돼지고기로 만든 헝가리의 스튜요리를 좋아한다.
гумáнный	자비로운, 인도적인	우리 교수님은 자비롭고 동정심이 많은 사람이다.
густóй	짙은, 빽빽한	호텔에서 조식으로 걸쭉한 죽과 둥근빵, 커피가 제공된다.
гусь 男	거위	농장에는 오리, 거위, 닭이 돌아다닌다.

П Р С Т У Ф Х Ц Ч Ш Щ Ъ Ы Ь Э Ю Я

Я с **грустью** вспоминаю свою молодость.

Из фруктов я больше всего люблю **груши**.

Так хочется остаться дома, когда на улице дождь и **грязь**.

Девушка покраснела от смущения и поджала **губу**.

В следующем году пройдут выборы **губернатора** области.

Мне нравится венгерский **гуляш** из свинины.

Наш профессор – **гуманный**, отзывчивый человек.

На завтрак в отеле подают **густую** кашу, булочку и кофе.

По двору ходят утки, **гуси**, курицы.

Д

давле́ние	압력, 혈압	날씨가 바뀌어서 할아버지의 혈압이 올라갔다.
да́лее 부	뒤에, 나중에	먼저 우리는 모스크바를 보고, 그 뒤에 페테르부르크로 출발할 것이다.
дальнови́дный	선견지명이 있는,	군사 책임자는 선견지명이 있는 사람이어야 한다.
да́ма	부인, 귀부인	수업에서 우리는 체호프의 단편 『개를 데리고 다니는 여인』을 읽었다.
да́нные 복수만	정보, 데이터	항공권을 구입하려면 본인의 여권 정보를 알아야만 합니다.
да́нный	주어진, 해당의	해당 기사는 한국의 경제에 대해 말하고 있다.
да́ром 부	헛되이, 공짜로	나에게는 당신의 도움이 절대(공짜로 준다고 해도) 필요 없어!
дво́рник	청소부, 문지기, 관리인	매일 아침 우리 집 근처에서는 관리인이 눈을 청소한다.
дворяни́н	귀족, 상류층	레프 톨스토이는 귀족이었다.
двою́родный	사촌의	내일은 나의 사촌 형제의 생일이다.

Погода изменилась, и у дедушки поднялось **давление**.

Сначала мы посмотрим Москву, **далее** отправимся в Петербург.

Начальник армии должен быть **дальновидным** человеком.

На уроке мы читали рассказ А.П. Чехова «**Дама** с собачкой».

Для покупки авиабилета вам нужно знать свои паспортные **данные**.

В **данной** статье говорится об экономике Кореи.

Мне ваша помощь **даром** не нужна!

Каждое утро **дворник** убирает снег около нашего дома.

Лев Толстой был **дворянином**.

Завтра день рождения моего **двоюродного** брата.

двухле́тний	2년의	기차에는 우리와 함께 부모와 두살배기 아들로 이루어진 젊은 가족이 타고 가고 있었다.
двухме́стный	2인승의, 두 자리의	호텔은 투숙객에게 1인실과 2인실 방을 제공한다.
двухты́сячный	2000의, 2000번째의	나는 2000년에 우리가 소치 바다로 휴가 다녀왔던 때를 기억해.
двухэта́жный	2층의	마을에는 나무로 만든 2층짜리 학교가 있다.
дегради́ровать НСВ и СВ	퇴화하다	인간은 사회 없이는 퇴화한다.
дежу́рный	당직의	토요일마다 병원에는 당직 의사가 근무한다.
дезодора́нт	탈취제	상점 '퍼퓸'이 제안하는 향수 및 탈취제 선택의 폭은 넓다.
де́йствовать поде́йствовать	작동하다, 영향을 미치다	타냐는 감기약을 먹었고, 그것은 효과가 있었다.
декора́ция	장식, 무대 배경	극장 무대장식이 멋지다.

П Р С Т У Ф Х Ц Ч Ш Щ Ъ Ы Ь Э Ю Я

С нами в поезде ехала молодая семья: родители и их **двухлетний** сын.

Отель предлагает своим гостям одноместные и **двухместные** номера.

Помню, как в **двухтысячном** году мы ездили отдыхать в Сочи, на море.

В деревне стоит деревянная **двухэтажная** школа.

Человек **деградирует** при отсутствии общества.

По субботам в больнице работает **дежурный** врач.

Магазин «Парфюм» предлагает большой выбор духов и **дезодорантов**.

Таня выпила лекарство от гриппа, и оно **подействовало**.

В театре замечательные **декорации**.

делега́т	대표자, 파견위원	정상 회담에 대표자들과 20개국 정상들이 왔다.
делика́тный	민감한	여성들에게 체중에 대해 물으면 안된다. 왜냐하면 이것은 민감한 질문이기 때문이다.
делово́й	상업의, 사무의, 직업적인	이리나는 대기업에서 일한다. 그녀는 커리어 우먼이다.
демаго́г	몽상가	몽상가가 되지 말고, 구체적인 증거들을 대라.
демографи́ческий	인구통계학의	러시아의 인구통계학적 상황이 개선됐다.
демокра́т	민주주의자	회의에 민주주의자, 자유주의자, 보수주의자들이 참석했다.
демократи́чный	민주적인, 서민적인	식료품 시장의 가격은 매우 합리적이다.
демонстри́ровать продемонстри́ровать	보여주다	미인 대회 참여자들은 이브닝 드레스를 선보였다.

П Р С Т У Ф Х Ц Ч Ш Щ Ъ Ы Ь Э Ю Я

На саммит приехали **делегаты** и лидеры двадцати стран.

Не принято спрашивать о весе у женщины, так как это **деликатный** вопрос.

Ирина работает в крупной компании, она **деловая** женщина.

Не будь **демагогом**, приведи конкретные доказательства.

Демографическая ситуация в России улучшилась.

В заседании приняли участие **демократы**, либералы и консерваторы.

Цены на продуктовом рынке очень **демократичные**.

Участницы конкурса красоты **продемонстрировали** вечерние платья.

А Б В Г **Д** Е Ё Ж З И Й К Л М Н О

депре́ссия	1) 우울증	북쪽 주민들은 흐린 날씨로 인해 자주 우울해한다.
	2) 불황	경기 침체는 국민들의 삶에 악영향을 끼쳤다.
держа́ться **НСВ만**	붙잡고 있다, 견디어 내다	존경하는 승객여러분! 손잡이를 붙잡아주세요.
десе́рт	후식	디저트로 케익과 과일을 주문하자.
дета́ль **여**	부품, 세부사항	아이들은 작은 부품들로 장난감 자동차를 조립했다.
дефе́кт	결점, 결함	어제 구입한 텔레비전에 결점이 확인됐다.
дешеве́ть подешеве́ть	값이 내려가다	봄에는 상점의 겨울옷이 눈에 띄게 싸지고, 할인되어 판매된다.
де́ятельность **여**	사업, 활동	회사는 불법사업으로 재판에 넘겨졌다.
джаз	재즈	목요일에 필하모닉 홀에서 재즈의 밤 행사가 열릴 것이다.
джем	잼	식당에서는 사과잼 블린을 판다.

П Р С Т У Ф Х Ц Ч Ш Щ Ъ Ы Ь Э Ю Я

1) Жители северных районов часто чувствуют **депрессию** из-за хмурой погоды.
2) Экономическая **депрессия** отрицательно влияла на жизнь народа.

Уважаемые пассажиры! **Держитесь** за поручни!

На **десерт** закажем торт и фрукты.

Дети собирали игрушечную машину из маленьких **деталей**.

Купленный вчера телевизор оказался с **дефектом**.

Весной зимняя одежда в магазине заметно **дешевеет**, продаётся со скидками.

Компания привлечена к суду за незаконную **деятельность**.

В пятницу в филармонии пройдёт вечер **джаза**.

В столовой продаются блины с яблочным **джемом**.

А Б В Г **Д** Е Ё Ж З И Й К Л М Н О

диабе́т	당뇨병	당뇨병은 가장 흔한 질병 중 하나다.
диа́гноз	진단	세르게이 이바노비치는 검진을 받았지만, 의사들은 그에게 아직 진단을 내리지 않았다.
дие́та	다이어트	마샤는 다이어트 중이여서 과일과 견과류만 먹는다.
диети́ческий	식사의, 영양의, 다이어트의	슈퍼마켓에 다이어트 음식 코너가 생겼다.
дизайнер	디자이너	디자이너가 되기 위해서는 창의적인 사고를 가져야 한다.
ди́кий	야생의, 사나운	오늘 밖에 사나운 추위가 기승을 부리고 있습니다. 따뜻하게 입으세요!
дикта́тор	독재자	독재자 대신에 새 대통령이 등장했다.
ди́ктор	아나운서	니콜라이는 라디오에서 아나운서로 일한다.
динами́чный	역동적인	청년들은 역동적인 음악에 맞춰 춤추는 것을 좋아한다.

П Р С Т У Ф Х Ц Ч Ш Щ Ъ Ы Ь Э Ю Я

Сахарный **диабет** является одним из самых распространённых заболеваний.

Сергей Иванович прошёл обследование, но врачи ему ещё не поставили **диагноз**.

Маша сидит на **диете**, ест только фрукты и орехи.

В супермаркете открылся отдел **диетических** продуктов.

Чтобы стать **дизайнером**, нужно иметь творческое мышление.

Сегодня на улице **дикий** холод. Одевайтесь тепло!

На смену **диктатору** пришёл новый президент.

Николай работает **диктором** на радио.

Молодёжь любит потанцевать под **динамичную** музыку.

А Б В Г **Д** Е Ё Ж З И Й К Л М Н О

диплом	졸업증서, 학위	학위논문 발표장에 모든 학과 교수님들이 모였다.
дипломатический	외교의	러시아 사절단이 중국을 외교방문했다.
дипломатичный	외교적인, 책략에 능한, 재치 있는	국회의원은 기자들의 질문에 재치있게 대답했다.
диск	디스크, CD	친구는 생일에 좋아하는 그룹의 노래 씨디를 받았다.
дискотека	디스코장	시험 뒤에 학생들은 클럽 디스코장에 갔다.
дискуссионный	토론의	대학교에서는 학생들의 토론 모임이 열렸다.
дневной	주간, 낮 동안의	마리나는 얼굴용 수분 데이크림을 사용한다.
дно	바닥	강 바닥으로부터 쓰레기 수 톤을 건졌다.
добираться добраться	도달하다	바람과 눈 때문에 관광객들은 펜션에 저녁 늦게야 도착했다.

На защите **дипломов** собрались все преподаватели кафедры.

Российская делегация посетила Китай с **дипломатическим** визитом.

Депутат дал **дипломатичный** ответ на вопрос журналистов.

Друг получил на день рождения **диск** с песнями любимой группы.

После экзамена студенты пошли в клуб на **дискотеку**.

В университете открылся студенческий **дискуссионный** клуб.

Марина использует **дневной** увлажняющий крем для лица.

Со **дна** реки достали несколько тонн мусора.

Из-за ветра и снега туристы **добрались** до базы отдыха только поздно вечером.

А Б В Г **Д** Е Ё Ж З И Й К Л М Н О

доброду́шный	마음씨가 착한	내 삼촌은 침착하고 착한 사람이다.
доброжела́-тельный	호의적인, 친절한	호텔에서 친절한 직원이 우리를 맞아 주었다.
добросо́вест-ный	정직한, 성실한	우리에게는 성실한 가이드가 있었다. 세 도시의 역사에 대해 자세하게 이야기 해주었고, 많은 흥미로운 박물관을 보여주었다.
дове́рие	신뢰, 믿음	행복한 가정은 사랑과 믿음으로 유지된다.
доверя́ть дове́рить	믿고 맡기다, 신뢰하다	좋은 친구에게는 어떤 비밀이든 털어놓을 수 있다.
дога́дываться догада́ться	추측하다	어린 미샤는 부모님이 사탕을 어디에 숨겼는지 금새 알아냈다.
догоня́ть догна́ть	따라잡다	경찰은 범죄자를 쫓았다.
догово́р	계약, 조약	어제 공식 회의에서는 두 회사 사이의 계약이 체결되었다.
доде́лывать доде́лать	마치다, 완성하다	학생들은 쪽지 시험을 시간 안에 끝내지 못했다. 시간이 너무 적었기 때문이다.

П Р С Т У Ф Х Ц Ч Ш Щ Ъ Ы Ь Э Ю Я

Мой дядя – спокойный, **добродушный** человек.

В отеле нас встретили **доброжелательные** работники.

У нас был **добросовестный** гид: подробно рассказал об истории города, показал многие интересные музеи.

Счастливая семья держится на любви и **доверии**.

Лучшей подруге можно **доверить** любой секрет.

Маленький Миша быстро **догадался**, куда родители спрятали сладости.

Полиция **догнала** преступника.

Вчера на официальной встрече был подписан **договор** между двумя компаниями.

Школьники не успели **доделать** контрольную работу, потому что было слишком мало времени.

А Б В Г **Д** Е Ё Ж З И Й К Л М Н О

дождли́вый	비가 많이 내리는	내일 비가 온다고 하더라.
дожива́ть дожи́ть	(~까지) 살다	고양이가 25살까지 살았다.
дозва́ниваться дозвони́ться	전화 연결되다	나는 항공사에 일곱 번 전화를 했지만, 끝내 연결되지 않았다.
доказа́тельство	증명, 증거	그가 범죄자라는 것을 모두가 확신했지만, 아직 증거가 없다.
долг	빚, 부채, 의무	한 달 전에 이웃이 나에게서 1000루블을 빌려갔는데, 아직 돌려주지 않았다.
до́лжность ⓐ	지위, 직무	교장선생님을 채용합니다. 조건 : 대졸, 학교 근무 경험.
доли́на	계곡, 골짜기	계곡은 사면이 산으로 둘러싸여 있다.
до́ллар	달러	은행에서 당신은 루블을 달러로 교환할 수 있습니다.
домофо́н	인터폰	방 2개짜리 아파트 매매합니다. 승강기, 인터폰, 주차장이 있습니다.

П Р С Т У Ф Х Ц Ч Ш Щ Ъ Ы Ь Э Ю Я

Завтра обещают **дождливую** погоду.

Кошка **дожила** до двадцати пяти лет.

Я звонила в авиакомпанию семь раз, но так и не **дозвонилась**.

Все уверены, что он преступник, но пока нет **доказательств**.

Месяц назад сосед взял у меня в **долг** тысячу рублей, но ещё не вернул.

Приглашаем на **должность** директора школы. Требования: высшее образование, опыт работы в школе.

Долина со всех сторон окружена горами.

В банке вы можете обменять рубли на **доллары**.

Продам двухкомнатную квартиру. Есть лифт, **домофон**, парковка.

домрабо́т-ница	가정부	전원주택에 가정부가 필요합니다. 월급은 한달에 최소 50,000루블입니다.
допи́сывать дописа́ть	쓰는 것을 마치다	여학생은 시험에서 에세이를 시간 안에 다 쓰지 못했다.
дополни́тель-ный	추가의	책 2권 구매시 선물로 수첩 하나를 추가 보너스로 받으실 수 있습니다.
дополня́ть допо́лнить	보충하다	올렉과 안나는 멋진 커플이다. 그들은 서로를 훌륭하게 보완한다.
дорожа́ть подорожа́ть	값이 오르다	식료품은 매년 값이 오른다.
досро́чный	기한 전의	변호사는 범죄자 조기 석방을 요구했다.
достава́ть доста́ть	1) 이르다, 닿다 2) 얻다, 획득하다	작은 꼬마는 문 손잡이에 손이 닿지 않았다. 나는 이 자주 볼 수 없는 콘서트의 표를 어렵게 구했다.
достига́ть дости́чь кого-чего(2)	~에 도달하다, 이르다	목적을 이루기 위해서는 많은 노력을 해야 한다.

П Р С Т У Ф Х Ц Ч Ш Щ Ъ Ы Ь Э Ю Я

Требуется **домработница** в загородный коттедж. Зарплата от 50 000 рублей в месяц.

Студентка на экзамене не успела **дописать** эссе.

При покупке двух книг вы получаете **дополнительный** бонус – блокнот в подарок!

Олег и Анна – отличная пара, они прекрасно **дополняют** друг друга.

Продукты **дорожают** с каждым годом.

Адвокат просил о **досрочном** освобождении преступника.

1) Маленький ребёнок не **доставал** до ручки двери.

2) Я с трудом **достал** билет на этот редкий концерт.

Чтобы **достичь** цели, нужно приложить много усилий.

досто́ин (-а, -о, -ы) **кого́-чего́(2)**	받을 가치가 있다	이 교수는 학장의 지위를 얻을 만하다.
досто́инство	자존감, 가치, 장점	그녀는 자존감이 있다.
достопримеча́тельность 여	관광지	모스크바로의 여행에 당신을 초대합니다! 당신은 도시의 주요 관광명소들을 볼 수 있습니다.
досу́г 단수만	여가	도시에는 극장, 박물관, 공원 등 여가를 보낼 수 있는 많은 장소가 있다.
дохо́д	수입, 소득	작은 회사는 수입이 적다.
драгоце́нный	비싼, 귀중한	기념일에 아빠는 엄마에게 보석 귀걸이를 선물했다.
дра́ка	싸움, 난투, 다툼	어제 지하철 역 근처에서 청소년들 사이에서 싸움이 일어났다.
дра́ма	극, 희곡	우리는 '드라마 극장' 표를 구입했다.
драмати́ческий	극의, 연극의	우리 도시에 연극 극장이 열렸다.
дра́ться подра́ться	싸우다, 서로 치고받다	아이들이 장난감 때문에 다퉜다.

П Р С Т У Ф Х Ц Ч Ш Щ Ъ Ы Ь Э Ю Я

Этот профессор **достоин** получения должности декана.

У неё есть чувство собственного **достоинства**.

Приглашаем вас на экскурсию в Москву! Вы сможете увидеть главные **достопримечательности** города.

В городе есть очень много мест, где можно провести **досуг**: театры, музеи, парки...

У маленькой фирмы небольшой **доход**.

Папа подарил маме на юбилей серьги с **драгоценными** камнями.

Вчера около станции метро произошла **драка** между подростками.

Мы купили билеты в Театр **Драмы**.

В нашем городе открылся **драматический** театр.

Дети **подрались** из-за игрушки.

А Б В Г **Д** Е Ё Ж З И Й К Л М Н О

дрожа́ть **НСВ만**	떨다	아가씨는 얇은 외투를 입어서 추위에 떨었다.
дру́жественный	우호적인	이 두 나라 사이의 관계는 우호적이다.
дуб	참나무	공원에 자작나무와 참나무가 자란다.
дублёнка	무스탕	곧 봄이다. 모피코트와 무스탕 염가 판매가 시작된다.
ду́ма 단수만	국가두마 (하원)	국가두마 건물은 모스크바 붉은광장 근처에 위치해 있다.
дуть **поду́ть**	바람이 불다	거리에 강한 바람이 불고 있다.
духо́вный	정신적인	인간은 발달 수준이 높을수록 정신적 생활도 풍부해진다.
ду́шно 부	답답하게, 답답하다 (공기가)	강의실 안은 답답했다. 그래서 학생들이 창문을 열었다.
дым	연기	공장의 안개가 하늘로 올라갔다.
ды́ня	메론	과일들 중에서 나는 수박과 메론을 선호한다.

П Р С Т У Ф Х Ц Ч Ш Щ Ъ Ы Ь Э Ю Я

На девушке было лёгкое пальто, и она **дрожала** от холода.

Между этими двумя странами **дружественные** отношения.

В парке растут берёзы и **дубы**.

Скоро весна. Начнётся распродажа шуб и **дублёнок**.

Здание Государственной **думы** находится около Красной площади в Москве.

На улице **дует** сильный ветер.

Чем более развит человек, тем богаче его **духовная** жизнь.

В аудитории было **душно**, и студенты открыли окно.

Дым от заводов поднимался в небо.

Из фруктов я предпочитаю арбуз и **дыню**.

дыра́	구멍	셔츠의 소매에 난 구멍을 꿰메야 한다.
дья́вол	악마	인간은 신과 악마 중 누구를 섬길지 선택한다.

П Р С Т У Ф Х Ц Ч Ш Щ Ъ Ы Ь Э Ю Я

Надо зашить **дыру** на рукаве рубашки.

Человек выбирает, кому служить – Богу или **дьяволу**.

Е Ё

Ева́нгелие	복음서	일요일에 교회에서 마가복음을 읽었다.
европе́ец, европе́йка	유럽인	러시어어학과에는 영국, 독일, 프랑스, 이탈리아인 등 유럽 학생들이 많다.
едини́ца	1점, 단위	아버지는 수학점수 1점(F)을 받아온 아들을 꾸짖었다.
едини́чный	단독의, 드문	나라에서 드문 질병인 조류독감이 발견됐다.
единогла́сный	일치된	회의에서 만장일치로 결정이 내려졌다.
единомы́шленник	의견을 같이 하는 사람	학생 철학 동아리에는 의견을 같이하는 사람들이 모인다.
ежеме́сячный	매달의	아버지는 월간 잡지 〈스포츠〉를 구독하신다.
еженеде́льный	매주의	안녕하세요! 여러분은 지금 제1채널 일요일 주간 뉴스를 보고 계십니다.
ель 여	전나무	크리스마스를 앞두고 우리는 집에서 큰 전나무를 장식했다.
ёж	고슴도치	형은 숲에서 진짜 고슴도치를 가지고 왔다.

В воскресенье в церкви читали **Евангелие** от Марка.

На кафедре русского языка много студентов-**европейцев**: англичане, немцы, французы, итальянцы.

Отец ругал сына, который получил **единицу** по математике.

В стране были отмечены **единичные** случаи заболевания птичьим гриппом.

На заседании принято **единогласное** решение.

В студенческом философском кружке собираются **единомышленники**.

Папа выписывает **ежемесячный** журнал «Спорт».

Здравствуйте! Вы смотрите **еженедельный** воскресный выпуск новостей на Первом канале.

Перед Рождеством мы нарядили дома большую **ель**.

Брат принёс из леса настоящего **ежа**.

Ж

жа́дность 여	탐욕, 욕심	그는 탐욕스럽게 접시에 있던 모든 것을 먹었다.
жа́дный	탐욕스러운, 욕심있는	욕심쟁이에게는 항상 모든 것이 부족하다.
жале́ть пожале́ть	1) 가엾게 여기다 2) 후회하다 3) 아끼다	여자가 거지를 가엾게 여겨 그에게 돈을 주었다. 그는 헛되이 시간낭비 한 것을 후회했다. 우리는 힘을 아끼지 않고 일을 했다.
жа́ловаться пожа́ловаться	불평하다	이웃들은 항상 삶에 대해 불평한다.
жа́лость 여	연민, 동정	나는 비에 젖은 개를 불쌍하게 쳐다봤다.
жара́	더위, 폭염	7월에 도시가 매우 더워 사람들은 도시를 벗어나 교외로 떠났다.
жарго́н	은어	젊은이들은 학생 은어를 자주 사용한다.
жа́ркий	더운	오늘은 1년 중 가장 더운 날이다. 대기 온도가 영상 35도 이상까지 올랐다.

Он с **жадностью** съел всё, что было на тарелке.

Жадному человеку всегда всего мало.

1) Женщина **пожалела** нищего и дала ему деньги.

2) Он **жалел** о напрасно потраченном времени.

3) Мы работали, не **жалея** сил.

Соседи всегда **жалуются** на жизнь.

Я с **жалостью** посмотрел на мокрую от дождя собаку.

В июле в городе стояла **жара**, люди уезжали за город, на природу.

Молодёжь часто использует студенческий **жаргон**.

Сегодня самый **жаркий** день в году: температура воздуха поднялась до 35 градусов выше нуля.

А Б В Г Д Е Ё Ж З И Й К Л М Н О

жарко́е 명	구운 것	비즈니스 런치 메뉴에 보르쉬와 돼지고기 구이, 차가 나온다.
жела́тельно 부	바람직하다, 바람직하게	여행 전까지 미리 호텔 방 하나를 미리 예약하는 것이 바람직하다.
железнодоро́жный	철도의	우리 도시에는 기차역이 두 군데 있다.
желе́зо	쇠, 철	공방은 나무와 철로 된 상품들의 선택의 폭이 넓다.
желте́ть пожелте́ть	노랗게 되다	10월에 나뭇잎들이 노래졌다.
же́мчуг	진주	알료나는 검은 원피스와 하얀색 진주 목걸이를 착용했다.
же́ртва	희생자, 희생, 제물	학교에서 〈범죄의 희생자가 되지 않는 법〉이라는 주제로 수업이 진행됐다.
же́ртвовать поже́ртвовать кем-чем(5)	1) 기부하다 2) 희생하다	사업가가 병원 건설에 수백만 루블을 기부했다. 소방관은 사람은 구조하기 위해 인생을 희생했다.
жест	손짓, 제스처	선생님은 지각한 학생에게 교실로 들어오라고 손짓하셨다.

П С Т У Ф Х Ц Ч Ш Щ Ъ Ы Ь Э Ю Я

В бизнес-ланч входит борщ, **жаркое** из свинины и чай.

Желательно забронировать номер в гостинице заранее, до путешествия.

В нашем городе два **железнодорожных** вокзала.

Мастерская предлагает большой выбор изделий из дерева и **железа**.

В октябре листья на деревьях **пожелтели**.

Алёна надела чёрное платье и белые бусы из **жемчуга**.

В школе прошёл урок на тему «Как не стать **жертвой** преступления».

1) Бизнесмен **пожертвовал** на строительство больницы несколько миллионов рублей.
2) Пожарник **пожертвовал** жизнью, спасая людей.

Преподаватель **жестом** разрешил опоздавшему студенту войти в аудиторию.

А Б В Г Д Е Ё Ж З И Й К Л М Н О

жёсткий	딱딱한, 엄한, 지독한	호텔의 침대는 너무 딱딱해서 다음 날 아침에 등이 아팠다.
жи́дкий	물이 많은, 액체의	할머니는 멀건 스프를 끓이셨다. 거기에는 물과 야채 밖에 없었다.
жи́дкость 여	액체	비행기에는 총 1리터 이하의 액체를 소지한 채 탑승 가능하다.
жизнера́достный	낙천적인	낙천적이고 쾌활한 사람과 이야기하는 것은 유쾌하다.
жило́й	주거의	체호프 거리의 새 주거용 빌딩에 있는 아파트를 판매합니다.
жир	기름, 지방	나는 기름 있는 소시지를 먹지 않는다.
жи́рный	기름의, 기름이 많은	저녁 식사 후 바지에 기름 자국이 생겼다.
жук	딱정벌레	별장에는 파리와 딱정벌레가 많다.
журнали́стика	언론계, 신문, 잡지, 방송계	언론학부 학생들은 1월 말까지 교과서를 도서관에 반납해 주시기 바랍니다.
жюри́ 불변	심사위원단	미인대회 심사위원단은 엄격하다.

П Р С Т У Ф Х Ц Ч Ш Щ Ъ Ы Ь Э Ю Я

Кровать в отеле была слишком **жёсткая**, поэтому наутро спина болела.

Бабушка сварила **жидкий** суп: в нём были только вода и овощи.

В самолёте разрешается провозить **жидкости** общим объёмом не более одного литра.

Приятно поговорить с оптимистичным, **жизнерадостным** человеком.

Продаются квартиры в новом **жилом** доме на улице Чехова.

Я не ем колбасу с **жиром**.

После ужина на брюках появилось **жирное** пятно.

На даче много мух и **жуков**.

Студентов факультета **журналистики** просим сдать учебники в библиотеку до конца января.

На конкурсе красоты строгое **жюри**.

забастóвка	파업	노동자들은 공장에서 파업을 시작했다.
забивáть забúть	1) 박다 2) 골을 넣다 3) 틀어막다, 메우다	이 못을 박을 힘이 나에게는 부족하다. 한 축구 선수가 세 번째 골을 넣어서 팀이 월드컵 결승에 진출했다. 겨울을 대비하여 창문틀을 솜으로 메웠다.
болéть заболéть чем(5)	병을 앓다	아이는 감기를 앓아서 학교에 가지 못했다.
забóр	울타리	대사관은 높은 울타리에 의해 길과 분리되어 있다.
забóтливый	잘 돌봐주는, 잘 보살펴주는	나는 우리가 아이였을 때, 아버지가 우리를 잘 보살펴 주셨던 것을 기억한다.
забывáть забы́ть	잊어버리다	아이들이 차고에서 놀았는데, 그 곳의 불을 끄는 것을 잊었다.
завáривать заварúть	우려내다, 차를 끓이다	실례합니다. 우리에게 차를 만들어주세요.
заворáчивать завернýть	포장하다, 틀어막다	꽃을 종이에 포장해 주세요.

Рабочие начали **забастовку** на заводе.

1) Мне не хватает сил, чтобы **забить** этот гвоздь.

2) Футболист **забил** третий гол, и команда вышла в финал чемпионата мира.
3) Оконные щели на зиму **забили** ватой.

Ребёнок **заболел** гриппом и не пошёл в школу.

Посольство отделено от дороги высоким **забором**.

Помню, что, когда мы были детьми, отец был очень **заботливым** по отношению к нам.

Дети играли в гараже и **забыли** выключить там свет.

Будьте добры, **заварите** нам чай.

Пожалуйста, **заверните** цветы в бумагу.

А Б В Г Д Е Ё Ж З И Й К Л М Н О

заводи́ть завести́	손에 넣다, 획득하다	우리는 개를 입양하기로 결정했다.
завеща́ние	유언장	유언장에는 집이 자녀들에게 유산으로 넘겨진다고 적혀있다.
зави́довать позави́довать кому-чему(З)	부러워하다, 질투하다	이웃들의 멋진 아파트를 부러워할 수밖에 없다.
за́висть 여	질투, 부러움	이리나는 친구의 비싼 반지를 부러워하며 바라보았다.
завоёвывать завоева́ть	1) 전취하다 2) 획득하다, 차지하다	도시는 적들에게 정복되었다. 친절한 남자는 모든 여자의 마음을 쉽게 차지한다.
за́втрашний	내일의	내일 근무는 힘들 것이다.
завя́зывать завяза́ть	(관계 등을) 맺다, 교제를 시작하다	외로운 여성은 남자들을 사귀어 볼 생각으로 바다에 가곤 한다.
вя́нуть завя́нуть	시들다, 약해지다	꽃이 책상에 5일간 있다가 시들었다.
зага́дочный	수수께끼 같은, 이상한	무슨 일이야? 왜 너는 그런 알 수 없는 표정을 하고 있니?

П Р С Т У Ф Х Ц Ч Ш Щ Ъ Ы Ь Э Ю Я

Мы решили **завести** собаку.

В **завещании** говорится, что дом переходит по наследству детям.

Шикарной квартире соседей можно только **позавидовать**.

Ирина с **завистью** посмотрела на дорогое кольцо подруги.

1) Город был **завоёван** врагами.
2) Галантный мужчина с лёгкостью **завоюет** сердце любой женщины.

Завтрашний рабочий день будет тяжёлым.

Одинокие женщины ездят на море, чтобы **завязать** знакомства с мужчинами.

Цветы стояли на столе пять дней и потом **завяли**.

Что случилось? Почему у тебя такой **загадочный** вид?

за́говор	음모, 책략	황제에 대한 음모에 관한 러시아 역사학자들의 책이 발표됐다.
заголо́вок	표제, 제목	기사는 〈마슬레니짜 : 태양의 축제〉라는 제목으로 나왔다.
загоре́лый	햇볕에 탄	아이들은 바다에서 휴가를 보낸 후 새카맣게 타서 돌아왔다.
загора́ть загоре́ть	햇볕을 쬐다	의사들은 오랫동안 햇볕을 쬐지 말라고 조언한다. 그것은 피부에 안 좋을 수도 있다.
заграни́чный	외국의	유럽 여행을 계획한 사람은 모두 외국 여권을 가지고 다녀야 한다.
загрязне́ние	오염	환경 오염 문제는 오늘날 가장 시급한 문제들 중 하나이다.
загрязня́ть загрязни́ть	더럽히다, 오염시키다	아이들은 젖은 모래를 가지고 놀며 손을 더럽혔다.
задава́ть зада́ть кому(3)+что(4)	(과제 등을) 주다	강의 후에 학생들은 교수에게 다양한 질문을 던졌다.

П Р С Т У Ф Х Ц Ч Ш Щ Ъ Ы Ь Э Ю Я

Опубликована книга российских историков о **заговоре** против царя.

Статья вышла под **заголовком** «Масленица: праздник солнца».

Ребята вернулись после отдыха на море **загорелыми**.

Врачи не советуют долго **загорать** на солнце, это может быть вредно для кожи.

Всем, кто планирует путешествовать по Европе, необходимо иметь при себе **заграничный** паспорт.

Загрязнение окружающей среды – одна из самых актуальных проблем сегодня.

Дети играли мокрым песком и **загрязнили** руки.

После лекции студенты **задавали** преподавателю разные вопросы.

А Б В Г Д Е Ё Ж З И Й К Л М Н О

заду́маться **СВ만** +о ком-чём(6)	심사숙고하다, 생각에 빠지다	우주에 대한 영화를 보고나서 우리는 우리 행성의 미래에 대한 생각에 잠겼다.
зажига́ть заже́чь	불 피우다	성탄절에 우리는 잘 차려진 식탁 앞에 모여앉아 촛불을 켠다.
зажига́лка	라이터	"실례합니다. 당신에게 담배와 라이터가 있나요?" "아니요. 저는 흡연하지 않습니다."
заинтересо́вывать заинтересова́ть	~의 관심을 끌다	선생님의 이야기는 학생들의 흥미를 끌었다.
заинтересо́вываться заинтересова́ться кем-чем(5)	관심을 갖기 시작하다	언어학자들은 보리스 아쿠닌의 신간 도서에 관심을 가지기 시작했다.
зака́нчивать зако́нчить	끝내다, 완성하다	지마는 다른 사람들보다 늦게 일을 마쳤다.
зака́нчиваться зако́нчиться	끝나다, 완성되다	연극이 끝나고, 관객들은 집으로 흩어졌다.

П Р С Т У Ф Х Ц Ч Ш Щ Ъ Ы Ь Э Ю Я

После просмотра фильма о космосе мы глубоко **задумались** о будущем нашей планеты.

В Рождество мы собираемся за праздничным столом и **зажигаем** свечи.

- Скажите, у вас есть сигарета и **зажигалка**?

- Нет, я не курю.

Рассказ учителя **заинтересовал** школьников.

Филологи **заинтересовались** новой книгой Бориса Акунина.

Дима **закончил** работу позже других.

Спектакль **закончился**, и зрители разошлись по домам.

А Б В Г Д Е Ё Ж З И Й К Л М Н О

закат	석양, 일몰, 최후	〈유럽의 몰락〉은 슈펭글러의 철학적 저작이다.
заключаться **НСВ만** +в чём(6)	~에 귀결되다, ~로 끝나다	문제는 인류가 쓰레기 없애는 법을 아직 모르고 있다는 데에 있다.
заключение	1) 결론 2) 구속 3) 체결	재판소는 이 문제와 관련하여 전문가의 판단을 요청했다. 그는 벌써 2년째 구속 수감 중이다. 계약 체결은 내일로 일정이 잡혀있다.
заключительный	최종의	오페라의 마지막 장면에서 여주인공은 마침내 자신의 연인을 만났다.
закономерный	합법적인, 당연한	탄생, 성장, 노화는 당연한 과정이다.
закрываться закрыться	닫히다	박물관은 7시 정각에 닫힌다.
залив	만	도시는 만에 인접해 있다.
заложник	인질	테러리스트들은 몇 사람을 인질로 붙잡았다.
заместитель 😀	대리인	소장님이 지금 안계시니, 부소장님과 말씀 나누세요.

П Р С Т У Ф Х Ц Ч Ш Щ Ъ Ы Ь Э Ю Я

«**Закат** Европы» – философский труд О. Шпенглера.

Проблема **заключается** в том, что человечество пока не знает, как избавляться от мусора.

1) Суд потребовал **заключение** специалиста по этому вопросу.
2) Он находится в **заключении** уже два года.
3) **Заключение** договора запланировано на завтра.

В **заключительной** сцене оперы героиня, наконец, встретилась со своим любимым.

Рождение, взросление, старение – это **закономерный** процесс.

Музей **закрывается** ровно в семь часов.

Город стоит на берегу **залива**.

Терорристы взяли в **заложники** несколько человек.

Директора сейчас нет, вы можете поговорить с его **заместителем**.

А Б В Г Д Е Ё Ж З И Й К Л М Н О

замеча́ние	의견, 지적, 주의	학생은 불량한 수업태도로 주의를 받았다.
замо́к	자물쇠	떠나기 전에 문을 자물쇠로 잠궈 주세요.
за́морозки **복수만**	냉기	우랄 지역은 이미 8월에 추워진다.
за́пах	냄새, 향기	9월 1일에 학교에서는 꽃향기가 난다.
запове́дник	보호구역, 보존지역	북극 보존 지역은 러시아에서 가장 큰 보존 지역이다.
запре́т	금지	러시아에서는 공공장소에서의 흡연이 금지됐다.
зараба́тывать зарабо́тать	돈을 벌다	유명한 작가와 배우들이 어떻게 첫 월급을 탔는지 이야기했다.
заража́ть зарази́ть	감염시키다	유치원에서 아이들은 독감을 서로 서로에게 옮겼다.
заража́ться зарази́ться **чем(5)**	감염되다	마을의 인구 절반 이상이 전염병에 감염되었다.

П Р С Т У Ф Х Ц Ч Ш Щ Ъ Ы Ь Э Ю Я

Ученик получил **замечание** за плохое поведение на уроке.

Перед уходом закройте дверь на **замок**.

Первые **заморозки** бывают на Урале уже в августе.

Первого сентября в школах стоит **запах** цветов.

Арктический **заповедник** – самый крупный в России.

В России установлен **запрет** на курение в общественных местах.

Известные писатели и актёры рассказали, как они **заработали** свой первый рубль.

В детском саду дети **заразили** друг друга гриппом.

Больше половины населения деревни **заразилось** инфекцией.

А Б В Г Д Е Ё Ж З И Й К Л М Н О

зара́нее 부	미리, 사전에	신혼여행은 사전에 생각해야 한다.
заседа́ние	회의	클럽 회원들의 회의는 화요일마다 진행된다.
засмотре́ться +на кого-что(4)	정신없이 바라보다	올가는 거울 속의 자신에 푹 빠져있었다.
застёгивать застегну́ть	(단추, 지퍼를) 채우다(타동사)	재킷을 잠궈라, 밖에 바람이 분다.
застёгиваться застегну́ться	(단추, 지퍼를) 채우다(자동사)	감기에 걸리지 않으려면 단추를 채워라.
засыпа́ть засну́ть	잠들다	아이는 엄마의 노래로 잠이 들었다.
заходи́ть зайти́	1) (뒤에) 들어가다 2) 들르다	코너를 돌아 들어가면 집 입구가 보일거예요. 대학교로 가는 길에 우리는 상점에 들렀다.
заче́м-то 부	왜인지	아냐, 무슨 일인지 사장님께 들르라고 하더라.
зачи́тываться зачита́ться чем(5)	독서에 몰두하다	젊은 시절 나는 프랑스 장편 소설에 빠져 있었다.

П Р С Т У Ф Х Ц Ч Ш Щ Ъ Ы Ь Э Ю Я

Медовый месяц стоит продумать **заранее**.

Заседания членов клуба проходят по вторникам.

Ольга **засмотрелась** на себя в зеркало.

Застегни куртку, ветер на улице.

Застегнись, чтобы не простудиться.

Ребёнок **заснул** под мамину песню.

1) **Зайдите** за угол и увидите там вход в дом.

2) По пути в университет мы **зашли** в магазин.

Аня, тебя **зачем-то** просят зайти к директору.

В юности я **зачитывалась** французскими романами.

А Б В Г Д Е Ё Ж **З** И Й К Л М Н О

защи́тник	보호자	2월 23일 러시아에서는 조국 수호자의 날을 기념한다.
заявля́ть заяви́ть	선언하다, 말하다	학자들이 새로운 행성을 발견했다고 말했다.
звуча́ть прозвуча́ть	울리다, 들리다	지금 베토벤 교향곡이 연주될 것이다.
зева́ть зевну́ть	하품하다	소파 위의 고양이는 늘어지게 하품했다.
зе́лень 여	풀, 잎, 채소	샐러드를 위해 우리는 토마토와 채소가 필요하다.
земно́й	지구의	지구는 두개의 반구로 나뉜다.
зли́ться разозли́ться +на кого-что(4)	화를 내다, 화가 나다	막심은 진실을 말하지 않은 자신에게 화를 냈다.
змея́	뱀	위험한 뱀이 동물원에서 사라졌다.
знако́мый	알고 있는, 아는 사람	거리에서 나는 오래된 지인을 만났다.

П Р С Т У Ф Х Ц Ч Ш Щ Ъ Ы Ь Э Ю Я

23 февраля в России отмечают День **защитника** Отечества.

Учёные **заявили**, что нашли новую планету.

Сейчас **прозвучит** симфония Бетховена.

Кот на кресле лениво **зевнул**.

Для салата нам нужны помидоры и **зелень**.

Земной шар делится на два полушария.

Максим **злился** на себя за то, что не сказал правду.

Из зоопарка сбежала опасная **змея**.

На улице я столкнулся со старым **знакомым**.

А Б В Г Д Е Ё Ж **З** И Й К Л М Н О

зна́чит	따라서, 즉	만약 체온이 오르고, 기침과 콧물 증상이 있다면, 그것은 당신이 독감에 걸렸다는 것이다.
значо́к	배지, 휘장	학생들은 학교 배지를 교복에 달았다.
зре́ние	시력	안경점에서 시력을 확인할 수 있다.
зри́тельный	시각의, 관객의	연극 시사회에서 관객석이 가득 찼다.
зря 🔲	헛되이, 쓸데없이	우리는 콘서트에 괜히 안 갔다. 공연은 매우 흥미로웠다고 한다.
зять 🔲	사위, 매부	장모님이 사위를 손님으로 초대했다.

Если поднялась температура, появился кашель, насморк, **значит**, у вас грипп.

Школьник прикрепил **значок** школы на форму.

Проверить **зрение** можно в магазине очков.

На премьере спектакля **зрительный** зал был полный.

Зря мы не пошли на концерт. Говорят, выступление было очень интересное.

Тёща пригласила **зятя** в гости.

игла́, иго́лка	바늘, 바늘침	안나, 바늘과 실을 가져와, 구멍을 꿰메야겠어.
идеа́л	이상	내 이상형은 파란 눈을 가진 키 큰 금발의 남자이다.
идеали́ст	이상주의자	이상주의자들은 대체적으로 엄청난 몽상가들이며 낭만가들이다.
идеа́льный	이상적인, 완벽한	상트페테르부르크는 휴식을 취하기에 이상적인 곳이다!
изба́	통나무집, 오두막집	박물관에서는 실제 19세기 러시아 통나무집을 볼 수 있다.
избира́тель 남	유권자, 투표자	대통령 선거에 많은 유권자들이 참여했다.
избира́тельный	선거의	선거 기간 동안 학교에 투표소가 열릴 것이다.
извиня́ть извини́ть	용서하다	나의 말에 대해 나를 용서해줘.
извиня́ться извини́ться +за кого-что(4) +перед кем-чем(5)	사과하다, 변명하다	학생은 지각에 대해 사과했다.

Анна, принеси **иголку** и нитки, надо зашить дырку.

Мой **идеал** – высокий блондин с голубыми глазами.

Идеалисты, как правило, большие мечтатели и романтики.

Санкт-Петербург – **идеальное** место для отдыха!

В музее можно увидеть настоящую русскую **избу** 19 века.

На выборы Президента пришло много **избирателей**.

На время выборов в школе откроется **избирательный** участок.

Извини меня за мои слова.

Студент **извинился** за опоздание.

А Б В Г Д Е Ё Ж З И Й К Л М Н О

издава́ть изда́ть	출판하다	모스크바에서는 최근에 숄로호프 단편 소설집이 출판됐다.
изда́тельство	출판사	출판사는 책, 사전, 교과서를 출판한다.
изме́на	배신, 배반, 불륜	불륜 때문에 가정이 깨졌다.
измене́ние	변화	기후의 변화는 홍수로 이어질 수 있다.
изменя́ть измени́ть	1) 바꾸다, 변화시키다 2) 배반하다, 배신하다	한 사람이 세상을 변화시킬 수 있다. 최근까지 남편은 그의 아내가 바람을 피웠다는 것을 믿을 수 없었다.
измеря́ть изме́рить	재다, 측정하다	당신은 (머리에) 열이 나네요. 체온을 재 봐야겠습니다.
изображе́ние	묘사, 표현, 형상	도스토옙스키의 소설에서 우리는 페테르부르크에 대해 어둡고 차갑게 묘사한 것을 볼 수 있다.
изобрета́тель 남	발명가	러시아의 라디오 발명가는 포포프이다.
изобрете́ние	발명, 발명품	중국은 종이, 도자기 등 위대한 발명품의 산지다.

П Р С Т У Ф Х Ц Ч Ш Щ Ъ Ы Ь Э Ю Я

В Москве недавно **издали** книгу рассказов Шолохова.

Издательство выпускает книги, словари, учебники.

Семья распалась из-за **измены**.

Изменение климата может привести к наводнению.

1) Даже один человек может **изменить** мир.

2) Муж до последнего не мог поверить в то, что жена **изменила** ему.

У вас горячая голова, нужно **измерить** температуру.

В романе Достоевского мы встречаем **изображение** тёмного, холодного Петербурга.

Изобретатель радио в России – А.С. Попов.

Китай – родина таких великих **изобретений**, как бумага и фарфор.

А Б В Г Д Е Ё Ж З И Й К Л М Н О

из-под 전 **кого-чего(2)**	1) 아래에서부터 2) ~용도의	침대 밑에서 여행가방을 꺼내줘 주스 곽 좀 버려줘.
изю́м	건포도	카페에서 건포도 빵을 판다.
изя́щный	우아한, 단아한	우아한 발레리나가 무대에 나왔다.
ико́на	성상화	수도원에서 우리는 성모 마리아 성상화를 샀다.
икра́	생선알	결혼식에서 안주로 연어알과 캐비어(철갑상어알)가 나왔다.
и́менно	즉, 바로	오늘 프로그램에서 당신은 러시아인들이 새해에 왜 하필 오렌지를 사는지 알게 될 것이다.
и́мидж	이미지	아리나는 이미지를 완전히 바꿨다. 머리를 염색하고, 화장을 하고, 밝은 원피스를 입었다.
иммигра́нт	이민자, 이주자, 타국에서 이민 온 사람	미국에는 유럽 이민자들이 많다.
иммигри́ро- **вать** **НСВ и СВ**	이주하다, 타국에서 들어 와 살다	내 친구는 카자흐스탄에서 러시아로 이민왔다.

П Р С Т У Ф Х Ц Ч Ш Щ Ъ Ы Ь Э Ю Я

1) Вытащи, пожалуйста, чемодан **из-под** кровати.
2) Выбрось, пожалуйста, коробку **из-под** сока.

В кафе продаются булочки с **изюмом**.

На сцену вышла **изящная** балерина.

В монастыре мы купили **икону** Девы Марии.

На свадьбе на закуску подали красную и чёрную **икру**.

В сегодняшней программе вы узнаете, почему **именно** апельсины русские покупают на Новый год.

Арина совершенно изменила **имидж**: покрасила волосы, сделала макияж, надела яркое платье.

В Америке много **иммигрантов** из Европы.

Мой друг **иммигрировал** в Россию из Казахстана.

иммуните́т	면역	면역력을 높이려면 매일 과일을 드세요.
ина́че 🖲	그렇지 않으면	당신은 외국 여권을 만드셔야 합니다. 그렇지 않으면 출국할 수 없을 겁니다.
инвали́д	장애인	중앙광장에서 장애인 시위가 진행됐다.
инвести́ровать НСВ и СВ	투자하다	회사는 경기장 건설에 투자한다.
инвести́ция	투자	의료부문 투자를 제안합니다.
инве́стор	투자자	바하마는 2015년 최대 대러 투자국이 됐다.
и́ндекс	지수, 지표	편지 봉투에 주소와 우편번호를 함께 적는 것을 잊지 마세요.
индивидуали́ст	개인주의자	개인주의자는 단체로 일하기 힘들다.
индивидуа́льный	개인적인	관광회사는 블라디보스토크 패키지 여행과 자유여행을 제공한다.
индуи́зм	힌두교	많은 힌두교인들은 채식주의자다.

Ешьте фрукты каждый день, чтобы укрепить **иммунитет**.

Вам нужно оформить заграничный паспорт, **иначе** вы не сможете улететь из страны.

На главной площади прошла акция протеста **инвалидов**.

Компания **инвестирует** в строительство стадиона.

Предлагаем **инвестиции** в медицинский бизнес.

Багамы в начале 2015 года стали главным **инвестором** в Россию.

Не забудьте указать на конверте адрес с **индексом**.

Индивидуалисту тяжело работать в группе.

Турфирма предлагает групповые и **индивидуальные** экскурсии по Владивостоку.

Многие последователи **индуизма** являются вегетарианцами.

А Б В Г Д Е Ё Ж З И Й К Л М Н О

индустриа́ль-ный	공업의, 산업의	모스크바는 러시아 경제, 교육, 문화 뿐만 아니라 산업의 중심지이기도 하다.
инициа́лы	이니셜, 머리글자	신청서에 본인 이름과 부칭의 이니셜과 성을 쓰세요.
инициати́ва	이니셔티브, 제안, 주도	학생들이 자신의 주도하에 탐험에 나섰다.
инициати́в-ный	주도하는, 이끄는	주도적인 사람은 다양한 행사에 적극 참여한다.
инспе́ктор	검사관, 감독관	도로안전청 검사관이 빨간불에 지나간 차를 멈춰 세웠다.
инспе́кция	감독, 검사, 감독기관	사업자들은 1월 말까지 세무서에 서류를 제출해 주시기 바랍니다.
инстру́кция	설명서, 지시서	기내에 안전 수칙이 마련돼 있다.
инструме́нт	기구, 도구	아빠는 악기점에서 기타를 구매하셨다.
интелле́кт	지능, 지성	지적 수준은 주변 환경에 의해 좌우된다.

П Р С Т У Ф Х Ц Ч Ш Щ Ъ Ы Ь Э Ю Я

Москва – не только экономический, образовательный, культурный, но и **индустриальный** центр России.

В заявлении напишите свои **инициалы** и фамилию.

Студенты поехали в экспедицию по своей **инициативе**.

Инициативный человек с радостью участвует в разных мероприятиях.

Инспектор ГАИ остановил машину, проехавшую на красный свет.

Предпринимателей просим до конца января подать документы в налоговую **инспекцию**.

В самолёте есть **инструкция** по правилам безопасности.

Папа купил гитару в магазине музыкальных **инструментов**.

Уровень **интеллекта** зависит от окружающей обстановки.

А Б В Г Д Е Ё Ж З **И** Й К Л М Н О

интеллектуа́л	지식이 풍부하고 지능이 높은 사람	'젊은 지식인 모임'에서 만 14~16세 학생들을 모집합니다.
интеллектуа́льный	지적인, 지능의	TV에서 퀴즈 프로그램이 나오고 있다.
интеллиге́нт	지성인	이 할아버지는 극장에 대해서도 잘 알고, 모든 초연에 참석하고, 문화 생활 관련 뉴스에 관심도 많은 지성인이었다.
интеллиге́нтный	지성인의, 엘리트의	지성인은 문화에 조예가 깊고 교육받은 사람이어야 한다.
интеллиге́нция	지식계급, 인텔리겐차	일부 지식계층은 소련정부를 인정하지 않고 유럽으로 망명했다.
интенси́вный	집중적인, 강한	살을 빼려면 운동을 집중적으로 해야 한다.
интерва́л	간격, 거리, 사이	버스의 배차 간격은 4분이다.
интервью́ **불변**	인터뷰	유명한 음악가가 인터뷰에서 자신의 개인사에 대해 이야기했다.
Интерне́т	인터넷	인터넷에서는 어떤 정보든 찾을 수 있다.

«Клуб юных **интеллектуалов**» приглашает школьников от 14 до 16 лет.

По телевизору идёт **интеллектуальная** игра.

Дедушка был **интеллигентом**: хорошо знал театр, посещал все премьеры, интересовался новостями культурной жизни.

Интеллигентный человек должен быть культурным и образованным.

Часть **интеллигенции** не приняла советскую власть и эмигрировала в Европу.

Чтобы похудеть, вам требуются **интенсивные** занятия спортом.

Интервал между автобусами составляет четыре минуты.

Известный музыкант дал **интервью**, в котором рассказал о своей личной жизни.

В **Интернете** можно найти любую информацию.

инти́мный	친밀한, 친근한, 거리낌 없는	첫사랑에 대한 질문은 아주 개인적이고도 친한 사이에서만 물을 수 있는 질문이다.
интона́ция	인토네이션, 억양	이리나 씨, 문장을 맞는 억양으로 읽어 보세요.
интуи́ция	직관, 직감	직감이 이 사람을 나의 운명이라고 말해주고 있다.
инфа́ркт	경색	환자가 경색을 앓았다.
инфе́кция	전염, 감염	유치원에서 아이들이 장염에 걸렸다.
информати́вный	정보가 있는	우리 대화는 매우 알차게 이루어졌다.
информацио́нный	정보의, 정보와 관련된	공항 인포메이션 데스크에서 무슨 질문이든 할 수 있습니다.
ирони́чный	반어의, 비꼬는	그녀는 얼굴에 비꼬는 듯한 미소를 띠고 있었다.
иро́ния	반어, 아이러니	수업에서 우리는 영화 '운명의 아이러니, 시원하시겠네요!'편을 봤다.
исключе́ние	예외, 제외	남자는 모두 액션영화를 좋아하며, 나 역시 예외가 아니다.

П Р С Т У Ф Х Ц Ч Ш Щ Ъ Ы Ь Э Ю Я

Вопрос о первой любви – очень личный, **интимный**.

Ирина, читайте предложение с правильной **интонацией**.

Интуиция мне подсказывает, что этот человек – моя судьба.

Пациент пережил **инфаркт**.

В детском саду дети заразились кишечной **инфекцией**.

Наша беседа получилась очень **информативной**.

Вы можете задать любые вопросы у **информационной** стойки в аэропорту.

На её лице была **ироничная** улыбка.

На уроке мы посмотрели фильм «**Ирония** судьбы, или С лёгким паром!».

Всем мужчинам нравятся боевики, и я не **исключение**.

А Б В Г Д Е Ё Ж З И Й К Л М Н О

исключа́ть исключи́ть кого(4)+из чего(2)	1) 제외하다 2) 쫓아내다	실패의 가능성을 배제해서는 안된다. 고학년 학생 한 명을 불성실한 학업을 이유로 퇴학시켰다.
исключи́тель- но 🖭	예외적으로, 특히	그녀는 오로지 스스로 노력한 덕에 시험에 붙었다.
и́скренний	진실한	기념일을 진심으로 축하 드립니다!
иску́сственн- ый	인공의, 인위적인	그녀는 인조실크로 만든 가벼운 원피스를 입고 있었다.
исла́м	이슬람	우리반에는 기독교, 이슬람, 불교 등 다양한 종교를 가진 학생들이 공부하고 있다.
испа́нско- ру́сский	스페인- 러시아의	수업을 위해 서러사전을 사야한다.
исполня́ть испо́лнить	1) 이행하다 2) 연주하다	그는 자신의 모든 의무를 다했다. 오케스트라가 모차르트의 '미뉴에트'를 연주했다.
иссле́дова- тель	연구자	연구자들은 음식이 아이 성장에 영향을 미친다고 보고 있다.
ито́г	결과, 총합	올해 결과는 작년보다 훨씬 좋다.

1) Нельзя **исключать** возможность поражения.
2) Старшеклассника **исключили** из школы за плохую учёбу.

Она сдала экзамен **исключительно** благодаря своему старанию.

Примите **искренние** поздравления с юбилеем!

На ней было лёгкое платье из **искусственного** шёлка.

В нашей группе учатся студенты, у которых разные религии: христианство, **ислам**, буддизм.

Для урока нужно купить **испанско-русский** словарь.

1) Он **исполнил** все свои обязательства.
2) Оркестр **исполнил** «Менуэт» Моцарта.

Исследователи считают, что еда влияет на рост ребёнка.

Итог этого года намного лучше, чем прошлого.

итого́ 〈부〉	전부 합해	저녁 파티를 위해 우리는 식료품을 잔뜩 샀다. 모두 합해 7천 루블을 지불했다.
иудаи́зм	유대교	시나고그는 유대교 종교 생활의 중심이다.
йод	요오드	상처에 요오드를 바르세요.

Для праздничного ужина мы купили много продуктов. **Итого** заплатили семь тысяч рублей.

Синагога является центром религиозной жизни в **иудаизме**.

Смажьте царапину **йодом**.

К

какáо **불변**	카카오	아침식사로 달걀 프라이와 코코아 우유를 준비할 수 있다.
как..., так и...	~뿐만 아니라 ~도	유럽인들뿐만 아니라 아시아인들도 차를 마신다.
как-нибýдь **부**	어떻게든	언제 한 번 같이 극장에 다녀오자.
какóй-либо	어떤 것이든	지금 우리에게는 이 문제에 대한 어떠한 정보도 없다.
кáк-то **부**	어떻게인지	부모님은 어쩌다 남쪽으로 휴가를 다녀오셨고 아주 마음에 들어하셨다.
калорúйный	칼로리가 높은	다이어트 하는 사람에게 칼로리가 높은 음식은 제외시켜야 한다.
калькуля́тор	계산기	계산기 가져다가 지난달 이윤을 계산해봐.
кампáния	캠페인, 운동	이 의원의 선거 운동에 수백만 루블이 쓰였다.
канáл	1) 채널 2) 운하	여러분은 제1채널 뉴스를 보고 계십니다. 네덜란드는 운하로 유명하다.

На завтрак можно приготовить яичницу и **какао** с молоком.

Как европейцы, **так и** азиаты пьют чай.

Давай **как-нибудь** сходим в театр вместе.

Сейчас у нас пока нет **какой-либо** информации об этом вопросе.

Родители **как-то** ездили отдыхать на юг, и им тогда очень понравилось.

Тем, кто сидит на диете, необходимо исключить **калорийную** пищу.

Возьми **калькулятор** и посчитай прибыль за прошлый месяц.

На избирательную **кампанию** этого депутата было потрачено несколько миллионов рублей.

1) Вы смотрите выпуск новостей на Первом **канале**.

2) Голландия известна своими **каналами**.

А Б В Г Д Е Ё Ж З И Й К Л М Н О

кандида́т	후보	TV방송에 모든 한국 대통령 선거 후보자들이 모였다.
капита́н	1) 선장	사고가 나면 선장이 배에서 마지막으로 내린다.
	2) 주장, 팀장	우리 팀의 주장은 아주 유명한 축구 선수이다.
караме́ль 여	캐러멜	옆가게에는 아이스크림 종류가 많다. 바닐라, 초콜렛, 딸기, 캐러멜, 아몬드 아이스크림이 있다.
карма́н	주머니	형이 주머니에서 새 휴대폰을 꺼냈다.
карье́ра	커리어, 출세	가족과 출세 중 무엇이 더 중요한가?
каса́ться коснýться	1) 닿다, 건드리다	그녀는 피아노 건반을 눌렀고, 아름다운 음악이 연주됐다.
	2) 언급하다, 다루다	그는 자신의 강의 시간에 많은 중요한 문제들을 다루었다.
	3) 관련하다	이 문제는 나와는 관계가 없다.
кастрю́ля	냄비	식당에 수프가 담긴 큰 냄비들이 있다.
катало́г	카탈로그	새로운 옷 컬렉션 카탈로그를 보세요.

П Р С Т У Ф Х Ц Ч Ш Щ Ъ Ы Ь Э Ю Я

На телевизионной передаче собрались все **кандидаты** в президенты Кореи.

1) При катастрофе последним уходит с корабля **капитан**.
2) **Капитан** нашей команды - известный футболист.

В соседнем магазине большой выбор мороженого: ванильное, шоколадное, клубничное, с **карамелью**, с миндалём.

Брат достал из **кармана** новый телефон.

Что важнее: семья или **карьера**?

1) Она **коснулась** клавиш рояля, и заиграла прекрасная музыка.
2) В своей лекции он **коснулся** многих важных проблем.
3) Эта проблема меня не **касается**.

В столовой стоят большие **кастрюли** с супом.

Посмотрите **каталог** новой коллекции одежды.

като́к	1) 스케이트장 2) 롤러, 길 닦는 기계	학교 앞에 스케이트장을 만들었다. 롤러로 아스팔트 길을 정비하여 이 도로를 지나갈 수 없었다.
като́лик, католи́чка	천주교인	유럽에는 천주교와 기독교 신자들이 많다.
католици́зм	천주교	천주교에서는 성탄절을 12월 25일에 기념한다.
кача́ть качну́ть	흔들다	엄마는 불만스럽게 머리를 흔드셨다.
кача́ться качну́ться	흔들리다, 타고 흔들어 움직이다	아이들이 공원에서 그네를 탔다.
ка́чественн- ный	질적인, 질이 좋은	질 좋고 싼 겨울 신발이 있습니다!
ка́шлять ка́шлянуть	기침하다	의사 선생님, 열이 나고 기침과 재채기를 합니다.
квадра́т	정사각형	박물관에서 우리는 말레비치의 '검은 사각형'을 봤다.

П Р С Т У Ф Х Ц Ч Ш Щ Ъ Ы Ь Э Ю Я

1) Перед школой залили большой **каток**.

2) **Каток** укладывал асфальт, и по улице нельзя было проехать.

В Европе много **католиков** и протестантов.

В католицизме Рождество отмечается 25 декабря.

Мама недовольно **качала** головой.

Дети **качались** на качелях в парке.

Предлагаем вам **качественную** и недорогую зимнюю обувь!

Доктор, у меня температура, я **кашляю** и чихаю.

В музее мы видели картину Малевича «Чёрный **квадрат**».

А Б В Г Д Е Ё Ж З И Й К Л М Н О

квадра́тный	1) 정사각형의	그는 잘생기지 않았다. 얼굴도 크고, 사각턱에 입술도 가늘었다.
	2) 평방의, 제곱의	이 집의 면적은 60평방미터이다.
квалифици́рованный	능숙한, 숙련된	능숙한 노동자를 채용하도록 하겠습니다.
квас	크바스(러시아 전통 음료)	러시아에서는 냉국의 일종인 크바스로 만든 오크로쉬카를 맛볼 수 있다.
квита́нция	영수증, 인수증	전기세는 은행에서 지불하세요.
кекс	파운드 케잌, 머핀	새해 맞이 식탁에 샐러드, 생선, 과일, 딸기 파운드케잌이 있었다.
ке́пка	챙이 있는 모자	한 남자가 모자를 벗고 사원에 들어갔다.
кера́мика	도자기, 도기	미술관에서 3월부터 5월까지 도자기 전시회가 진행된다.
кива́ть кивну́ть кому-чему(3)	끄덕이다, 고갯짓하다	우리는 길 건너편에서 아는 사람을 보고 고갯짓으로 인사했다.
кипе́ть НСВ만	끓다	주전자 불을 꺼주세요. 물이 끓기 시작 했어요.

П Р С Т У Ф Х Ц Ч Ш Щ Ъ Ы Ь Э Ю Я

1) Он не был красивым: большая голова, **квадратный** подбородок, тонкие губы.
2) В этой квартире 60 **квадратных** метров.

Примем на работу **квалифицированных** рабочих.

В России можно попробовать холодный суп – окрошку с **квасом**.

Квитанцию за электричество оплатите в банке.

На новогоднем столе были салаты, рыба, фрукты, **кекс** с ягодами.

Мужчина снял **кепку** и вошёл в храм.

В галерее с марта по май пройдёт выставка **керамики**.

На другой стороне улицы мы увидели знакомого и **кивнули** ему.

Выключите чайник, вода начала **кипеть**.

А Б В Г Д Е Ё Ж З И Й **К** Л М Н О

кипяти́ть вскипяти́ть	삶다, 끓이다	관광객들은 가장 먼저 모닥불에 차를 마시기 위해 물을 끓였다.
кипячёный	끓은	끓이지 않은 물은 마시면 안된다.
кирпи́ч	벽돌	이웃들이 벽돌집을 지었다.
кисе́ль 🗓	푸딩	디저트 메뉴에 산딸기 푸딩이 있다.
кислоро́д	산소	산소가 부족합니다. 창문 좀 열어주세요!
ки́слый	신, 시큼한	레몬은 신 맛이 난다.
кла́ссовый	계급적인	칼 마르크스는 계급 이론 창시자로 알려져 있다.
кле́ить скле́ить	붙이다	깨진 찻잔은 붙일 수 있다.
клей	풀, 접착제	수리를 위해 페인트와 벽지, 풀이 필요하다.
клие́нт	고객	하루에 50명 이상의 고객이 건축회사를 찾는다.
клубни́ка	딸기	농장에 감자, 당근, 토마토, 딸기가 자라고 있다.

П Р С Т У Ф Х Ц Ч Ш Щ Ъ Ы Ь Э Ю Я

Туристы первым делом **вскипятили** на костре воду для чая.

Нельзя пить не **кипячёную** воду.

Соседи построили дом из **кирпича**.

В меню на десерт есть малиновый **кисель**.

Мне не хватает **кислорода**, откройте окно, пожалуйста!

Лимон **кислый** на вкус.

Карл Маркс известен как создатель **классовой** теории.

Разбитую чашку можно **склеить**.

Для ремонта нам понадобится краска, обои и **клей**.

В строительную компанию приходит более пятидесяти **клиентов** в день.

В огороде растёт картофель, морковь, помидоры и **клубника**.

А Б В Г Д Е Ё Ж З И Й К Л М Н О

клю́ква	월귤	월귤 파이 맛 보세요.
когда́-либо 🖲	언제가 됐든	당신은 모스크바에 가 본 적 있나요?
код	1) 기호, 코드 2) 암호	한국의 국제 전화 코드는 82번이다. 당신의 집 자물쇠 비밀번호를 외우세요.
кое-где́ 🖲	어딘가에, 여기저기에	러시아에서는 여기저기에서 사라판 을 입고 다니는 여자를 볼 수 있다.
кое-ка́к 🖲	그럭저럭, 어떻게든	차가 막혔지만 그럭저럭 제때 도착할 수 있었다.
кое-како́й	약간의	가게 가서 쇼핑 좀 하자.
кое-когда́ 🖲	이따금, 가끔	그들은 자동차가 가끔씩 다니는 조용 한 거리에 살았다.
кое-кто́	누군가	아냐! 누가 널 찾아왔다.
кое-куда́ 🖲	어디론가	어디 좀 갔다가 올게요.
кое-что́	무언가	널 위해 뭔가를 가져왔다.
ко́жа	가죽, 피부	그녀는 천연가죽 가방을 샀다.
ко́жаный	가죽으로 된	모델은 가죽자켓을 입고 선글라스를 쓰고 있다.

П Р С Т У Ф Х Ц Ч Ш Щ Ъ Ы Ь Э Ю Я

Попробуйте пирог с **клюквой**.

Вы когда-либо были в Москве?

1) Телефонный **код** Кореи - 82.
2) Запомните **код** замка в вашем доме.

Кое-где в России ещё можно увидеть женщин, которые носят сарафаны.

Из-за пробки я **кое-как** успела приехать вовремя.

Давай поедем в магазин и сделаем **кое-какие** покупки.

Они жили на тихой улице, где только **кое-когда** проезжали машины.

Аня! К тебе **кое-кто** пришёл.

Я быстро съезжу **кое-куда** и вернусь.

У меня есть для тебя **кое-что**.

Она купила сумку из натуральной **кожи**.

На модели **кожаная** куртка и тёмные очки.

А Б В Г Д Е Ё Ж З И Й К Л М Н О

колго́тки **복수만**	스타킹	이 소녀는 스타킹을 신고 코트를 입고 밖으로 나갔다.
коле́но	무릎	경기 중 축구선수가 무릎 부상을 입었다.
колесо́	바퀴	겨울이 되면 자동차 바퀴를 바꿔야 한다.
ко́лледж	칼리지	칼리지 졸업 후 학생들은 대학교에 입학한다.
коллекти́в	집단, 단체	우리 회사의 직원들은 사이가 좋다.
коллекти́вный	집단의, 단체의	나는 단체활동을 좋아한다.
коллекционе́р	수집가	토요일에 회관에서 수집가 모임이 있다.
коллекциони́ровать **НСВ만**	수집하다	할아버지는 우표를 수집한다.
ко́локол	종	부활절에는 종이 울린다.
коля́ска	유모차	공원에서 젊은 엄마들이 유모차를 끌고 산책했다.

Девочка надела **колготки** и пальто и вышла на улицу.

Во время матча футболист повредил **колено**.

С приходом зимы нужно поменять **колёса** у машины.

После окончания **колледжа** молодые люди поступают в университет.

У нас на работе дружный **коллектив**.

Мне нравится делать **коллективную** работу.

В субботу в клубе состоится встреча **коллекционеров**.

Дедушка **коллекционирует** марки.

На Пасху звонят в **колокола**.

По парку гуляли молодые мамы с **колясками**.

А Б В Г Д Е Ё Ж З И Й К Л М Н О

кома́ндовать скома́ндовать	명령하다, 지휘하다	바그라티온 장군은 전쟁 중 러시아 군대를 지휘했다.
кома́р	모기	여름에 숲에는 모기가 많다.
комите́т	위원회	교육 위원회는 교육활동 관련 문제를 처리한다.
комменти́ровать прокомменти́ровать	논평하다	기자들이 대통령 교서를 논평했다.
комме́рческий	상업적인	세계 최초의 상업은행은 15세기에 생겼다.
коммуни́ст	공산주의자	주요 도로에서 공산주의자들의 시위가 진행됐다.
коммунисти́ческий	공산주의의	오늘날 많은 기성세대 사람들이 공산주의 시대를 그리워하고 있다.
компа́ния	1) 회사 2) 일행, 한패	나는 대기업에서 일할 계획이다. 우리는 친구들과 아이들과 함께 바다에 다녀왔다.
компенса́ция	보상, 배상	수재민들에게 금전적 보상을 해줄 것이다.

П Р С Т У Ф Х Ц Ч Ш Щ Ъ Ы Ь Э Ю Я

Генерал Багратион **командовал** русской армией во время войны.

Летом в лесу много **комаров**.

Комитет по образованию занимается вопросами образовательной деятельности.

Журналисты **прокомментировали** послание Президента.

Первый в мире **коммерческий** банк открылся в 15-м веке.

На главном проспекте прошла демонстрация **коммунистов**.

Многие люди старшего поколения сегодня скучают по **коммунистической** эпохе.

1) Я планирую работать в крупной **компании**.
2) Мы ездили на море в **компании** с друзьями и детьми.

Пострадавшим от наводнения выплатят денежную **компенсацию**.

компенси́ровать **НСВ и СВ**	보상하다	항공사는 비행 지연으로 인해 승객들이 입은 피해를 보상해 준다.
ко́мплекс	단지, 집합체	곧 새로운 쇼핑오락단지(쇼핑몰)가 열린다.
комплиме́нт	칭찬	여자들은 칭찬 듣는 것을 좋아한다.
компо́т	과일청 주스	음료로는 과일청 주스 부탁드립니다.
компре́сс	압박, 찜질	독감 약을 처방해 드리겠습니다. 찜질도 권해드립니다.
компроми́сс	타협, 절충	학자들은 오랜 논쟁 끝에 마침내 절충안을 찾았다.
комфо́ртный	편안한	관광회사 '베네치아'는 편안하고 저렴한 여행상품을 제공한다.
конгре́сс	의회, 회의	회의에 유럽과 아시아 국가 전문가들이 참여했다.
конди́терский	제과의	지하철에서 멀지 않은 곳에 제과점이 생겼다.
кондиционе́р	에어컨	실례합니다만, 에어컨 좀 켜 주세요. 매우 덥습니다.

П Р С Т У Ф Х Ц Ч Ш Щ Ъ Ы Ь Э Ю Я

Авиакомпания **компенсирует** убытки пассажиров из-за задержки рейса.

Скоро откроется новый торгово-развлекательный **комплекс**.

Женщинам нравится получать **комплименты**.

Из напитков мне, пожалуйста, **компот**.

Я выпишу вам таблетки от гриппа. И рекомендую сделать **компресс**.

Учёные долго спорили и, наконец, нашли **компромисс**.

Туристическая компания «Венеция» предлагает **комфортный** и недорогой отдых.

В **конгрессе** приняли участие специалисты из стран Европы и Азии.

Недалеко от метро открылся магазин **кондитерских** изделий.

Будьте добры, включите **кондиционер**, очень жарко.

А Б В Г Д Е Ё Ж З И Й К Л М Н О

кондýктор	(열차, 버스의) 차장, 기사	승객들이 버스 기사에게 교통비를 냈다.
конкрéтный	구체적인	당신은 대학을 졸업하셨으니, 자신의 지식을 확인하고 구체적인 결과물을 보여주실 수 있겠군요.
конкурéнт	경쟁자	상품 시장에는 경쟁자가 많다.
конкурéнция	경쟁	시장에서의 경쟁이 상품의 질 제고로 이어진다.
консервати́вный	보수적인	기성세대는 매우 보수적이다.
консéрвы **복수만**	통조림	도보 여행에 물이랑, 빵, 통조림을 챙겨가자.
конспекти́ровать законспекти́ровать	요약하다	시험을 잘 보기 위해서는 강의를 잘 요약해야 한다.
консультáнт	상담사, 고문	당신이 궁금해하는 모든 질문은 상담 실장님께 물어 보시면 됩니다.
контрабáнда	밀수, 밀매	의류 불법거래로 청년 일당을 구속했다.

П Р С Т У Ф Х Ц Ч Ш Щ Ъ Ы Ь Э Ю Я

Пассажиры передавали **кондуктору** оплату за проезд.

Вы окончили университет, значит, можете подтвердить свои знания, показать **конкретные** результаты.

На рынке товаров много **конкурентов**.

Конкуренция на рынке приводит к повышению качества товаров.

Люди старшего поколения довольно **консервативные**.

Возьмём в поход воду, хлеб и **консервы**.

Чтобы хорошо сдать экзамен, нужно хорошо **конспектировать** лекцию.

Все интересующие вас вопросы вы можете задать менеджеру-**консультанту**.

Группу молодых людей посадили в тюрьму за **контрабанду** одежды.

А Б В Г Д Е Ё Ж З И Й К Л М Н О

контра́кт	계약	양사는 계약에 서명했다.
контро́ль 🗒	컨트롤, 관리, 감시	정부는 재정을 감시할 수 있다.
конфли́кт	충돌, 대립	선생님은 같은 반 학생들 간의 대립을 해결해냈다.
копи́ть накопи́ть	모으다, 축적하다	자동차를 사기 위해 우리는 3년 동안 돈을 모았다.
ко́пия	사본	신청서와 여권 사본을 챙기세요.
Кора́н	코란	코란은 이슬람 경전이다.
ко́рень 🗒	뿌리	의사들은 삼뿌리를 먹으라고 권고한다.
коро́ль, короле́ва	왕, 왕비	왕은 큰 궁궐에 살았다.
корреспонде́нт	특파원	대통령은 특파원들과 만나 그들의 질문에 답변했다.
корру́пция	비리, 부정부패	오늘날 주요 국정과제 중 하나는 부정부패 척결이다.
косме́тика	화장품	옐레나는 프랑스 화장품을 쓴다.

Компании подписали **контракт**.

Правительство может осуществлять финансовый **контроль**.

Учителю удалось уладить **конфликт** между одноклассниками.

Чтобы купить машину, мы в течение трёх лет **копили** деньги.

Возьмите с собой заявление и **копию** паспорта.

Коран – священная книга мусульман.

Врачи рекомендуют принимать **корень** женьшеня.

Король жил в большом дворце.

Президент встретился с **корреспондентами** и ответил на их вопросы.

Одна из главных государственных задач на сегодня – это борьба с **коррупцией**.

Елена пользуется французской **косметикой**.

А Б В Г Д Е Ё Ж З И Й К Л М Н О

косметичес-кий	화장품의, 미용의, 외관의	건물 외관 수리가 필요하다.
кость 예	뼈, 골	우리 레스토랑 대표 메뉴는 갈비구이입니다.
котёнок	새끼 고양이	부모님이 딸에게 하얀 새끼고양이를 선물했다.
кофеварка	커피머신	커피머신에서 커피 좀 내려주세요!
кофемолка	그라인더	원두커피를 마시려면 먼저 그라인더를 사야 한다.
кошелёк	지갑	타냐는 돈과 신용카드가 든 지갑을 잃어버렸다.
кран	수도꼭지	부엌 수도꼭지가 고장났다.
красить покрасить	칠하다	학교를 하늘색으로 칠했다.
краснеть покраснеть	빨개지다	학생이 무슨 대답을 해야 할지 몰라 부끄러움에 얼굴이 빨개졌다.
красота	아름다움	눈 정말 많이 왔네! 정말 예쁘다!

П Р С Т У Ф Х Ц Ч Ш Щ Ъ Ы Ь Э Ю Я

Зданию требуется **косметический** ремонт.

Фирменное блюдо нашего ресторана – жареное мясо на **кости**.

Родители подарили дочери белого **котёнка**.

Приготовьте мне кофе в **кофеварке**!

Чтобы пить натуральный кофе в зёрнах, сначала нужно купить **кофемолку**.

Таня потеряла **кошелёк** с деньгами и кредитной картой.

В кухне сломался **кран**.

Школу **покрасили** в голубой цвет.

Студент не знал, что ответить, и **покраснел** от стыда.

Сколько снега! Какая **красота**!

А Б В Г Д Е Ё Ж З И Й **К** Л М Н О

красть украсть **кого-что(4) +у кого(2)**	훔치다	조심하세요! 지하철에서 돈이나 휴대폰 소매치기 당하실 수 있습니다.
кра́ткий	짧은	질문에 짧게 대답하세요.
кратковре́менный	단기적인	기상 전문가들이 비가 잠깐 올 것이라고 했다.
креди́т	대출	은행은 주택매입 대출상품을 제공한다.
крем	크림	연회에 큰 바닐라 크림 케익이 있었다.
кре́пкий	진한, 독한, 굳은	나는 설탕을 넣지 않는 진한 차가 더 좋다.
кре́пость 여	요새, 성	페트로파블로프스크 요새로의 관광에 여러분을 초대합니다.
крест	십자가	교회 지붕에 금빛 십자가가 빛나고 있다.
криво́й	굽은, 비뚤어진	좁고 굽은 길이 정원에서 아래쪽 강으로 나있다.

П Р С Т У Ф Х Ц Ч Ш Щ Ъ Ы Ь Э Ю Я

Будьте осторожны! В метро у вас могут **украсть** деньги или телефон.

Дайте **краткий** ответ на вопрос.

Синоптики обещают **кратковременные** дожди.

Банк предлагает **кредиты** на покупку жилья.

На банкете был большой торт с ванильным **кремом**.

Я предпочитаю **крепкий** чай без сахара.

Приглашаем на экскурсию в Петропавловскую **крепость**.

На куполе церкви блестит золотой **крест**.

От сада к реке спускается узкая **кривая** дорожка.

А Б В Г Д Е Ё Ж З И Й К Л М Н О

крик	비명	밖에 누군가의 비명이 들렸다.
криминáльный	범죄의	도시에서 멀리 떨어진 변두리 우범지역에 가는 것을 추천하지 않는다.
критéрий	기준	평가기준이 뭐가요?
крúтик	평론가, 비평가	유명한 비평가 벨린스키는 19세기 사람이다.
крúтика	비평, 비난	모두가 비난에 아무렇지도 않는 것은 아니다.
критúческий	1) 평론의, 비평의 2) 매우 어려운, 위기의	그녀는 항상 비판적인 지적을 많이 한다. 아프리카 일부 국가는 심각한 물 문제를 겪고있다.
кроссвóрд	크로스워드, 낱말퍼즐	숙제: '러시아 명절'을 주제로 단어퍼즐 만들기
кроссóвки	운동화, 스니커즈	그들은 편한 운동화를 신고 배드민턴을 치러 갔다.
круг	원, 동그라미, 모임, 단체	우리는 온 가족이 모여 새해를 맞이 했다.
крупá	곡물	쌀은 곡물코너에서 살 수 있다.

П Р С Т У Ф Х Ц Ч Ш Щ Ъ Ы Ь Э Ю Я

На улице послышался чей-то **крик**.

Не советуем вам ездить на отдалённые окраины города, в **криминальные** районы.

Какой **критерий** оценки?

Известный литературный **критик** В.Г. Белинский жил в 19-м веке.

Не все спокойно относятся к **критике**.

1) Она всегда делает много **критических** замечаний.

2) В некоторых странах Африки **критическая** ситуация с водой.

Домашнее задание: составить **кроссворд** на тему «Русские праздники».

Они надели удобные **кроссовки** и пошли играть в бадминтон.

Мы встречали Новый год в семейном **кругу**.

Рис можно купить в отделе **круп**.

А Б В Г Д Е Ё Ж З И Й **К** Л М Н О

крыжо́вник	구스베리	여름에 손주들은 할머니댁에서 구스베리 파이를 먹는다.
кры́шка	뚜껑	병 뚜껑 못 보셨나요?
кста́ти 🖴	그런데, 말이 나왔으니 말인데	말이 나왔으니 말인데. 가장 열심히 일한 직원은 연말에 상금을 받을 것이란 말씀 드리는 것을 잊었군요.
кто́-либо	누구든지	만약 누구든 제 열쇠를 찾으면 돌려주세요.
куда́-либо 🖴	어디든	토요일에 우리는 집에서 그냥 쉬거나 극장 등 어디든 갈 수 있다.
ку́кла	인형	너는 인형처럼 예쁘구나.
кукуру́за	옥수수	길에서 삶은 옥수수를 팔고 있다.
кулина́рия	요리법, 요리	나는 요리하는 것을 좋아해서 요리 클래스에 등록하고 싶다.
кульмина́ция	하이라이트, 절정	음악회의 하이라이트는 이탈리아 오케스트라 공연이었다.
купа́льник	수영복	우리 바다 갈거니까 다들 수영복이랑 수건 챙기렴.

П Р С Т У Ф Х Ц Ч Ш Щ Ъ Ы Ь Э Ю Я

Летом внуки едят у бабушки пирожки с **крыжовником**.

Вы не видели **крышку** от бутылки?

Кстати, забыл сказать, что наиболее активные работники в конце года получат денежную премию.

Если **кто-либо** найдёт мой ключ, пожалуйста, верните.

В субботу мы можем просто отдохнуть дома или пойти **куда-либо**, например, в кино.

Ты очень красивая, словно **кукла**.

На улице продаётся варёная **кукуруза**.

Я люблю готовить и хочу записаться на курсы **кулинарии**.

Кульминацией концерта стало выступление итальянского оркестра.

Мы едем на море, возьмите с собой **купальники** и полотенца.

А Б В Г Д Е Ё Ж З И Й К Л М Н О

купе́ **불변**	기차 침대칸	우리와 같은 침대칸에 있던 남자는 모스크바에서 내리고, 우리는 더 간다.
курье́р	배달원	배달원이 뜨거운 피자를 가져왔다.
куса́ть **НСВ만**	물다, 물어뜯다(타동사)	한 아가씨가 긴장해서 연필을 물어뜯었다.
куса́ться **НСВ만**	물다(자동사)	조심! 개가 물어요.
кусо́к	조각	나한테 케익 한 조각만 줄 수 있니?
ку́шать скушать	먹다, 잡수다 (아이 또는 손님에 대해)	다 차려졌어요. 식사하세요!
кла́няться поклони́ться **кому-чему(3)**	절하다	설날에 한국인들은 부모님께 절을 해야 한다.

П Р С Т У Ф Х Ц Ч Ш Щ Ъ Ы Ь Э Ю Я

Мужчина из нашего **купе** выйдет в Москве, а мы поедем дальше.

Курьер принёс горячую пиццу.

Девушка от волнения **кусала** карандаш.

Осторожно! Собака **кусается**.

Можно мне **кусок** торта?

Стол накрыт, **кушайте**, пожалуйста!

В день Нового года корейцы должны **поклониться** родителям.

ла́дно	좋다, 알았다	– 나한테 샌드위치 사줄 거야? – 알겠어!
ладо́нь 여	손바닥	너 손 잘 씻었어? 손바닥 보여줘봐.
лак	메니큐어, 니스, 유약	그녀는 빨간 메니큐어가 발린 긴 손톱을 가지고 있다.
ла́мпочка	전등, 전구	전구가 수명을 다했다. 갈아야 한다.
ла́ндыш	은방울꽃	은방울꽃은 5월 초에 피는 꽃이다.
лапша́	국수, 면요리	그는 점심식사로 매운 중국식 해물 면 요리를 시켰다.
ла́сковый	상냥한	엄마는 참 상냥해요!
лати́нский	라틴어의	유럽에서는 라틴문자를 사용한다.
лауреа́т	수상자	경연대회 수상자는 젊은 음악가였다.
ла́ять HCB만	짖다	밖에서 개들이 짖는다.
лев	사자	서커스에 호랑이, 사자, 코끼리가 출연한다.
лега́льный	합법적인	그는 합법적으로 돈을 벌었다.

– Купишь мне сэндвич?
– **Ладно**!

Ты хорошо вымыл руки? Покажи **ладони**.

У неё длинные ногти, покрытые красным **лаком**.

Лампочка перегорела, надо заменить.

Ландыши – первые майские цветы.

На обед он заказал острую китайскую **лапшу** с морепродуктами.

Мама такая **ласковая**!

В Европе используют **латинский** алфавит.

Лауреатом конкурса стал молодой музыкант.

На улице **лают** собаки.

В цирке выступают тигры, **львы** и слоны.

Он заработал деньги **легальным** способом.

А Б В Г Д Е Ё Ж З И Й К **Л** М Н О

леге́нда	전설	이르쿠츠크에서 바이칼에 대한 전설을 들었다.
легкомы́сленный	경솔한, 생각이 없는	한 아가씨가 짧은 원피스에 높은 구두를 신고 있었다. 조금 경솔해 보였다.
лезть **НСВ만**	1) 기어 올라가다 또는 내려가다 2) 끼어들다	고양이가 나무에 기어 올라간다. 싸움에 참견하지 마!
лейтена́нт	중위	그는 군대에서 중위였다.
ле́ктор	강사, 강연자	강사가 강의실로 들어오자 학생들은 조용해졌다.
лени́вый	게으른	TV 앞에 그만 누워 있어! 그렇게 게으르면 안돼!
лени́ться **НСВ만**	게으름 피우다	봄이면 학생들은 왠지 게을러져 숙제를 안한다.
лень **여**	게으름, 귀찮다	슈퍼 가기 귀찮다.
лете́ть полете́ть	날다, 비행하다, (시간이) 흐르다	시간은 날아간다(아주 빨리 흐른다).

В Иркутске нам рассказали **легенду** о Байкале.

Девушка была в коротком платье, в туфлях на каблуках, выглядела немного **легкомысленной**.

1) Кошка **лезет** на дерево.

2) Не **лезь** в драку!

В армии он был **лейтенантом**.

Когда **лектор** вошёл в аудиторию, студенты затихли.

Хватит лежать перед телевизором! Нельзя быть таким **ленивым**!

Весной студенты почему-то **ленятся**, не выполняют домашнее задание.

Мне **лень** идти в магазин.

Время **летит**.

А Б В Г Д Е Ё Ж З И Й К Л М Н О

либера́льный	자유의, 자유주의의	기자들이 진보 정당 대변인들과 만남을 가졌다.
ли́бо	또는, ~든지 아니면 ~	자, 자동차를 살지, 아니면 이 돈을 휴가비로 쓸지 정하자.
ли́дер	리더, 선도자, 지도자	오늘 유명한 음악밴드 리더가 기념일을 축하한다.
ликвиди́ровать **НСВ и СВ**	정리하다, 없애다, 청산하다	소방관들이 건물 화재를 진압했다.
ликёр	독주	술집에는 보드카, 와인, 독주, 위스키 등 술 종류가 많다.
лингви́стика	언어학	그녀의 전공은 언어학이다.
ли́ния	선	'평화 대로'역입니다. 칼루가 리쥐스카야 노선으로 갈아타실 수 있습니다.
лиса́	여우	러시아 숲에서는 늑대, 곰, 여우를 만날 수 있다.
лист	1) 장(종이 세는 단위) 2) 나뭇잎	종이 한 장 가져가서 신청서를 작성하세요. 가을에 나무 잎사귀들은 아주 아름답다.

П Р С Т У Ф Х Ц Ч Ш Щ Ъ Ы Ь Э Ю Я

Журналисты встретились с представителями **либеральной** партии.

Давайте решим: **либо** купим машину, **либо** потратим эти деньги на отпуск.

Сегодня отмечает юбилей **лидер** известной музыкальной группы.

Пожарные **ликвидировали** пожар в доме.

В баре большой выбор алкогольных напитков: водка, вино, **ликёр**, виски.

Её специальность – **лингвистика**.

Станция «Проспект мира». Переход на Калужско-Рижскую **линию**.

В русских лесах встречаются волки, медведи, **лисы**.

1) Возьмите **лист** бумаги и напишите заявление.

2) Осенью **листья** деревьев очень красивые.

А Б В Г Д Е Ё Ж З И Й К Л М Н О

литр	리터(부피 단위)	우유 1L 부탁합니다.
лить вы́лить	따르다, 붓다	오늘 비가 많이 쏟아진다.
ли́ться вы́литься	부어지다, 쏟아지다	욕조에 물 받는 소리가 들린다.
лице́й	귀족학교, 사립학교	푸쉬킨은 귀족학교에서 공부했다.
ли́чность 여	사람, 개성, 성격	표트르 1세는 위대한 역사적 인물이다.
ли́чный	개인적인, 사적인	옷 보관소에 개인물품은 남겨두지 마세요.
лишь	~뿐, 만	길 정말 많이 막힌다! 비행기만 놓치지 말아야 할 텐데!
ло́гика	논리	당신의 행동에는 그 어떤 논리도 없군요!
логи́чный	논리적인	당신의 질문은 매우 논리적입니다.
ло́джия	로지아*	아파트에 꽃을 둘 수 있는 큰 로지아가 있다. *이탈리아 건축양식: 한쪽 벽이 없는 복도식 방

Мне **литр** молока, пожалуйста.

Сегодня **льёт** дождь.

Слышно, как в ванной **льётся** вода.

А.С. Пушкин учился в **лицее**.

Пётр Первый – великая историческая **личность**.

Просим вас не оставлять **личные** вещи в гардеробе.

Такая пробка на дороге! **Лишь** бы успеть на самолёт!

В вашем поступке нет никакой **логики**!

Ваш вопрос очень **логичный**.

В квартире есть большая **лоджия**, куда можно поставить цветы.

А Б В Г Д Е Ё Ж З И Й К Л М Н О

ложь 여	거짓말	그가 나에게 했던 모든 말은 거짓말이었다.
лома́ться слома́ться	망가지다, 고장나다	TV가 망가졌다. 수리해야 한다.
лу́жа	물웅덩이, 괴어 있는 물	비 온 뒤 길에 큰 웅덩이가 생겼다.
лук	양파, 파	나는 양파 들어간 요리가 좋다.
лы́сый	대머리의	무대로 배우가 나왔다. 그는 완전 대머리였다.
льго́та	혜택	대학생들은 교통비 혜택을 받을 수 있다.
люби́тель 남	아마추어, 좋아하는 사람	클럽에서는 토요일마다 고전무용 애호가들이 모인다.
любова́ться полюбова́ться кем-чем(5)	즐기다	휴식 하던 사람들이 일몰을 즐겼다.
любозна́тель- ный	학구열이 있는	이 아이는 배우는 것을 좋아한다.

П Р С Т У Ф Х Ц Ч Ш Щ Ъ Ы Ь Э Ю Я

Всё, что он сказал мне, – **ложь**.

Телевизор **сломался**, надо ремонтировать.

После дождя на дороге появились большие **лужи**.

Мне нравятся блюда с **луком**.

На сцену вышел актёр, он был совсем **лысый**.

Студенты университетов могут получить **льготы** на проезд.

В клубе по субботам собираются **любители** старинных танцев.

Отдыхающие **любовались** закатом.

Этот ребёнок очень **любознательный**.

А Б В Г Д Е Ё Ж З И Й К Л М Н О

любопы́тный	호기심이 많은	호기심 많은 행인들이 무슨 일인지 보려고 멈춰섰다.
лю́стра	샹들리에	극장 홀에 큰 샹들리에가 걸려있다.

П Р С Т У Ф Х Ц Ч Ш Щ Ъ Ы Ь Э Ю Я

Любопытные прохожие останавливались, чтобы посмотреть, что случилось.

В зале театра висит огромная **люстра**.

М

маги́стр	대학원 졸업생, 석사	나는 고등교육을 받았다. 나는 언어학 석사다.
магистра́нт	대학원생	대학원생들 영어 시험이 수요일 12시에 진행된다.
ма́зать / нама́зать	바르다, 문지르다	상처에 요오드를 바르자.
майоне́з	마요네즈	러시아 사람들은 매일 마요네즈를 먹는다.
майо́р	소령, 소장	이 문제는 경찰서장님과 논의하시게 될 겁니다.
макаро́ны 복	마카로니	어린이 점심메뉴는 마카로니를 곁들인 커틀렛과 주스다.
ма́ксимум	최대한, 최대	매일 새 단어 20개씩 외우는 것이 나의 최대치다.
мали́на	산딸기	산딸기 파이 두개요!
ма́ло, ме́ньше	적다, 더 적다	1학년 학생이 2학년 학생보다 적다.
малы́ш	아이	아이를 안은 엄마가 나를 향해 오고 있었다.

У меня высшее образование, я **магистр** филологии.

Экзамен по английскому языку у **магистрантов** пройдёт в среду в 12 часов.

Намажем царапину йодом.

Русские каждый день едят **майонез**.

Этот вопрос вы будете обсуждать с **майором** полиции.

В детский обед входят **макароны** с котлетой и сок.

Запоминать ежедневно по двадцать новых слов – это мой **максимум**.

Два пирожка с **малиной**, пожалуйста!

На первом курсе учится **меньше** студентов, чем на втором.

Навстречу шла мама с **малышом** на руках.

А Б В Г Д Е Ё Ж З И Й К Л **М** Н О

мандари́н	귤	새해 식탁에는 귤이 있어야 한다.
маргари́н	마가린	파이를 만들려면 우유, 밀가루, 마가린이 필요하다.
марино́ванный	마리네이드에 절인, 피클	냉장고에 오이 피클이 든 병이 있다.
мармела́д	마멀레이드	아이들에게 쿠키와 마멀레이드를 사줬다.
маршру́тка	마르쉬루트카*	지하철에서 학교까지 가는 마르쉬루트카가 있다. *마을버스와 같은 러시아의 교통수단
мастерска́я 명	작업실, 공방	견학 중 여러분들은 유명 화가의 작업실에 가게 되실 겁니다.
материа́л	자료, 물질, 재료	이 건물은 어떤 자재로 지어졌나요?
материа́льный	물질적인	가족의 물질적 상황이 힘들다.
матрёшка	마트료시카	마트료시카는 러시아에서 사올 수 있는 훌륭한 선물이다.
ма́фия	마피아	프로젝트 참가자들에게 '마피아'게임을 하자는 제안이 들어왔다.

П Р С Т У Ф Х Ц Ч Ш Щ Ъ Ы Ь Э Ю Я

На новогоднем столе должны быть **мандарины**.

Для приготовления пирога нам нужны молоко, мука и **маргарин**.

В холодильнике стоит банка **маринованных** огурцов.

Детям купили печенье и **мармелад**.

От метро до университета ездят **маршрутки**.

На экскурсии вы посетите **мастерскую** известного художника.

Из какого **материала** построен этот дом?

У семьи тяжёлое **материальное** положение.

Матрёшка – прекрасный подарок из России!

Участникам проекта предложили сыграть в игру «**Мафия**».

маха́ть махну́ть	흔들다	한 여자가 손을 흔들었고, 바로 그때 그녀에게 택시가 다가왔다.
мгнове́ние	순간	잠시 후 스튜디오에 오늘의 게스트인 유명한 정치인이 오십니다.
меда́ль 여	메달	퇴역 군인들에게 메달을 수여했다.
междугоро́д- ный	도시 간의	박물관까지 광역버스로 가실 수 있습니다.
ме́лкий	작은	저는 거스름돈이 없습니다. 잔돈을 찾아보세요.
мелодра́ма	멜로드라마	저녁에 TV에서 멜로드라마를 보여준다.
ме́лочь 여 단수만	작은 물건, 푼돈	나는 집에 지갑을 두고 왔다. 주머니에 돈 몇 푼밖에 없다.
мемуа́ры 복수만	전기, 자서전, 회고록	서점에 은세기 시인들의 자서전이 판매되고 있다.
меня́ться поменя́ться	1) 변하다, 바뀌다	머리가 아프다. 아마 날씨가 바뀌고 있나보다.
	2) (서로) 교환하다	자매들은 옷을 자주 바꿔 입는다.

П Р С Т У Ф Х Ц Ч Ш Щ Ъ Ы Ь Э Ю Я

Женщина **махнула** рукой, и к ней тотчас подъехало такси.

Через несколько **мгновений** в студии появится наш гость – известный политик.

Ветеранам вручили **медали**.

До музея вы доедете на **междугородном** автобусе.

У меня нет сдачи, посмотрите **мелкие** деньги.

Вечером по телевизору показывают **мелодраму**.

Я забыл кошелёк дома, у меня есть только **мелочь** в кармане.

В книжном магазине продаются **мемуары** поэтов Серебряного века.

1) Голова болит; наверно, погода **меняется**.

2) Сёстры часто **меняются** одеждой.

ме́стный	현지의	현지 시간은 6시 30분이다.
металли́ческий	철강의, 철의	건물들과 길 사이에 철 울타리가 세워져 있다.
мете́ль 여	눈보라	푸쉬킨의 작품 '눈보라' 속 여자주인공이 나에겐 매력적이다.
ме́тод	방법	가장 좋은 아이들 양육법은 본받을 수 있는 사람을 보여주는 것이다.
мех	모피의	나는 모피코트를 샀다.
мецена́т	(과학, 예술의) 후원자	후원자들의 투자로 박물관이 지어졌다.
мёд	꿀	독감에 걸렸을 때는 뜨거운 차에 꿀을 타 드세요.
мёрзнуть замёрзнуть	얼다, 추워하다	추위에 손가락이 얼었다.
ми́ксер	믹서	밀크쉐이크를 만들려면 우유, 아이스크림, 잼을 가져다가 믹서로 섞으세요.
минера́льный	광물의	탄산 없는 미네랄워터 있나요?

П Р С Т У Ф Х Ц Ч Ш Щ Ъ Ы Ь Э Ю Я

Местное время – 6 часов 30 минут.

Между домами и дорогой стоит **металлический** забор.

Мне симпатична героиня из повести А.С. Пушкина «**Метель**».

Лучший **метод** воспитания детей – личный пример.

Я купил куртку на **меху**.

Музей построен на деньги **мецената**.

При гриппе пейте горячий чай с **мёдом**.

Пальцы **замёрзли** на морозе.

Чтобы приготовить молочный коктейль, возьмите молоко, мороженое, джем и смешайте при помощи **миксера**.

Можно мне **минеральную** воду без газа?

минима́льный	최소한의	모스크바에서는 최저임금이 올랐다.
ми́нимум	최소	대학을 졸업하려면 최소한 강의를 들어야한다.
министе́рство	국가부처	나는 외교부에서 일하는 것이 꿈이다.
мири́ться помири́ться	화해하다	아이들이 싸웠지만 빨리 화해했다.
мировоззре́ние	세계관	대사관에서 러시아 제 1대 대통령의 삶과 세계관에 대한 강의가 있었다.
миролюби́вый	평화를 사랑하는	우리 민족은 평화를 사랑하는 민족이다.
мо́да	패션, 유행	지금 파란색이 유행이다.
мозг	뇌	인간의 뇌는 두 개의 반구로 이루어져 있다.
моли́ться помоли́ться	기도하다	나는 너를 위해 기도한다.
мо́лния	번개	폭우가 몰려오더니 하늘에 번개가 쳤다.

П Р С Т У Ф Х Ц Ч Ш Щ Ъ Ы Ь Э Ю Я

В Москве увеличился размер **минимальной** зарплаты.

Для того, чтобы окончить университет, как **минимум**, нужно посещать лекции.

Я мечтаю работать в **Министерстве** иностранных дел.

Дети поссорились, но быстро **помирились**.

В посольстве прошла лекция о жизни и **мировоззрении** первого Президента России.

Наш народ **миролюбивый**.

Сегодня в **моде** синий цвет.

Мозг человека состоит из двух полушарий.

Я **молюсь** за тебя.

Надвигается гроза, на небе сверкнула **молния**.

молоде́ть помолоде́ть	젊어지다	아리나는 휴가 다녀오더니 젊어졌다.
молчали́вый	말이 없는	그는 내성적이고 말이 없는 사람이다.
моноло́г	독백	세계에서 가장 유명한 독백은 햄릿의 독백이다.
мора́льный	도덕적인, 윤리적인	시험에서 우리는 현대사회의 윤리문제를 논의했다.
морко́вь 여	당근	신선한 당근 샐러드는 건강에 좋다.
моро́зный	매우 추운	차가운 공기를 들이마시면 기분이 좋다!
морс	모르스(과일로 만든 음료)	여름에는 차가운 모르스를 마시고 싶다.
морщи́на	주름	할머니 얼굴에는 주름이 많다.
мото́р	모터, 엔진	운전기사가 엔진을 돌렸고, 차가 출발했다.
мотоци́кл	오토바이	페테르부르크에서 오토바이 퍼레이드가 진행된다.
мо́щный	강력한, 힘 있는	링 위로 강한 복싱선수가 나왔다.

Арина **помолодела** после отпуска.

Он закрытый, **молчаливый** человек.

Самый известный в мире монолог – это **монолог** Гамлета.

На экзамене мы обсуждали **моральные** проблемы современности.

Салат из свежей **моркови** полезен для здоровья.

Как приятно вдохнуть **морозный** воздух!

Летом хочется холодного **морса**.

У бабушки на лице много **морщин**.

Шофёр завёл **мотор**, и машина поехала.

В Петербурге проводится парад **мотоциклов**.

На арену вышел **мощный** боксёр.

мра́мор	대리석	박물관에는 대리석 동상이 있다.
мстить отомсти́ть	복수하다	여자가 모욕감에 복수하기를 원한다.
му́дрый	현명한, 지혜로운	지혜로운 아내는 집안 분위기가 자신에게 달려 있다는 것을 알고 있다.
мука́	밀가루	블린은 밀가루, 우유, 달걀로 만든 음식이다.
му́сор	쓰레기	아파트 수리 후에 쓰레기가 많이 나왔다.
мусоропро-во́д	쓰레기관*	쓰레기는 쓰레기관에 버리세요. *일부 러시아 아파트에는 층마다 아래로 이어지는 쓰레기 구멍이 있다.
мусульма́нин, мусульма́нка, мусульма́не	이슬람교인	이슬람 사람들은 턱수염을 기를 수 있다.
мусульма́нство	이슬람주의	이슬람에서 기도를 위해 짓는 건물을 모스크라고 한다.
му́ха	파리	여름에 창문에는 파리가 많다.

П Р С Т У Ф Х Ц Ч Ш Щ Ъ Ы Ь Э Ю Я

В музее есть статуи из **мрамора**.

Женщина хочет **отомстить** за обиду.

Мудрая жена знает, что атмосфера в доме зависит от неё.

Блины – это блюдо из **муки**, молока и яиц.

После ремонта в квартире осталось много **мусора**.

Выбрось мусор в **мусоропровод**.

У **мусульман** принято носить бороду.

В **мусульманстве** зданием для молитвы является мечеть.

На окне летом много **мух**.

мча́ться **НСВ만**	달리다	자동차가 고속도로를 따라 빠르게 달린다.
мы́льница	비누갑	여행가방에 칫솔과 비누갑에 든 비누를 챙기세요.
мы́ться вы́мыться	씻다	농장일이 끝나면 잘 씻어야한다.
мышь **여**	쥐	한 집에 오랫동안 사람이 살지 않아 쥐가 생겼다.
мяу́кать мяу́кнуть	야옹거리다	고양이가 크게 야옹거렸다.

П Р С Т У Ф Х Ц Ч Ш Щ Ъ Ы Ь Э Ю Я

Машина **мчится** по шоссе.

Положите в чемодан зубную щётку и мыло в **мыльнице**.

После работы в огороде нужно хорошенько **вымыться**.

В доме долго никто не жил, и там завелись **мыши**.

Кошка громко **мяукала**.

Н

на́бережная	부둣가, 강변도로	푸쉬킨 박물관은 모이카 강변에 위치해있다.
набира́ть набра́ть	모으다, 누르다 (전화번호를)	집에 도착하면 나한테 전화해, 우리 얘기 좀 하자.
наблюда́тельный	관찰력이 있는	기자는 관찰력이 매우 좋아야 한다.
наводне́ние	홍수	홍수로 3개 지역이 피해를 입었다.
на́волочка	베갯잇	베개커버가 새 것이다.
негова́риваться наговори́ться	실컷 이야기하다	나와 친구는 오랫동안 만나지 못해서 하고 싶은 말이 너무 많았다.
награжда́ть награди́ть	상을 주다	배우에게 남우주연상을 주었다.
нагу́ливаться нагуля́ться	실컷 산책하다	아이들은 열심히 놀고 들어와 집에 오자마자 바로 잠들었다.
надоеда́ть надое́сть	싫증나다	이 원피스 싫증났다. 새로 살 때가 됐다.
на́дпись 여	서명, 제명, 겉에 쓴 글	엄마는 '생일 축하해'라는 문구가 적힌 케익을 만들어주셨다.

Музей А.С. Пушкина находится на **набережной** реки Мойки.

Когда приедешь домой, **набери** мой номер, и мы поговорим.

Журналист должен быть очень **наблюдательным** человеком.

В результате **наводнения** пострадали три деревни.

На подушках новые **наволочки**.

Мы с подругой давно не виделись и не могли **наговориться**.

Актёра **наградили** за лучшую мужскую роль.

Ребята так **нагулялись**, что, придя домой, сразу уснули.

Мне **надоело** это платье, пора купить новое.

Мама приготовила торт с **надписью** «С днём рождения!».

А Б В Г Д Е Ё Ж З И Й К Л М Н О

надстра́ивать надстро́ить	위로 세우다	가족이 늘어서 아빠가 집 한 층을 더 올리셨다.
наедине́ 🔵	단둘이서	미안, 나 혼자있고 싶어.
наеда́ться нае́сться	실컷 먹다, 배부르다	고양이가 양껏 먹더니 쇼파에서 달콤하게 잠이 들었다.
нажима́ть нажа́ть	누르다	엘리베이터에서 3층을 누르세요.
назнача́ть назна́чить	지정하다, 임명하다	사장님이 회의를 5시로 정했다.
наи́вный	순진한	너는 아이같이 순수해.
наиме́нее 🔵	가장 적게	이 산업 분야는 수익성이 가장 적다.
наказа́ние	벌, 처벌	도스토옙스키의 '죄와 벌' 한국어 번역본이 출간되었다.
нака́зывать наказа́ть	처벌하다	아이들은 칭찬뿐만 아니라 벌도 줘야 한다.
накану́не 🔵	직전에, ~전에	한 젊은 청년이 시험 전날 긴장에 잠을 이루지 못했다.

П Р С Т У Ф Х Ц Ч Ш Щ Ъ Ы Ь Э Ю Я

Семья стала больше, и папа **надстроил** ещё один этаж.

Извини, я хочу побыть **наедине** с собой.

Кошка **наелась** и сладко спала на диване.

Нажмите в лифте кнопку третьего этажа.

Директор **назначил** собрание на пять часов.

Ты такой **наивный**, совсем как ребёнок.

Эта отрасль промышленности **наименее** прибыльная.

Опубликован перевод романа Ф.М. Достоевского «Преступление и **наказание**» на корейский язык.

Детей нужно не только хвалить, но и **наказывать**.

Молодой человек от волнения не мог уснуть **накануне** экзамена.

накле́ивать накле́ить	위에 붙이다	설문지 오른쪽 상단에 사진을 붙이세요.
наклоня́ться наклони́ться	몸을 구부리다	비서가 떨어진 종이를 줍기 위해 몸을 구부렸다.
накупа́ть накупи́ть	다량으로 사다	아빠가 아이들에게 장난감을 잔뜩 사주셨다.
налива́ть нали́ть	따르다, 붓다	물컵을 채워주시겠어요?
нали́чные **복수만**	현금	현금도 받으세요? 아니면 카드만 되나요?
нало́г	세금	매달 우리는 소득세를 낸다.
намека́ть намекну́ть	암시하다	집주인들이 손님들에게 이미 늦었으니 집에 갈 시간이라는 암시를 줬다.
наме́рен	의도하다, ~할 생각이다	나는 이 회사에 소송을 걸 생각이다.
наме́рение	의도, 계획	하원 의원이 법안 개정 계획을 발표했다.
нама́чивать намочи́ть	적시다	내가 의도치않게 핸드폰을 적신 이후 작동이 되질 않는다.

П Р С Т У Ф Х Ц Ч Ш Щ Ъ Ы Ь Э Ю Я

В правом верхнем углу анкеты **наклейте** свою фотографию.

Секретарь **наклонилась**, чтобы поднять упавшие бумаги.

Папа **накупил** детям разных игрушек.

Можете **налить** мне стакан воды?

Вы принимаете **наличные**? Или только карты?

Ежемесячно мы платим подоходный **налог**.

Хозяева **намекнули** гостям, что уже поздно и пора домой.

Я **намерен** судиться с этой фирмой!

Депутат выступил с **намерением** изменить законодательство.

Телефон не работает после того, как я случайно **намочил** его.

нанима́ть наня́ть	고용하다	공장이 전문가 그룹을 고용했다.
напада́ть напа́сть	~위로 떨어지다, 덮치다	캄차카에서 곰이 사람을 덮쳤다.
напива́ться напи́ться	실컷 마시다	더운 날에는 물을 실컷 마시는 것 만큼 좋은 것은 없다.
напи́ток	음료	음료로 무엇을 주문하실 건가요?
напомина́ть напо́мнить	상기시키다	너의 언니는 나에게 우리 엄마를 떠올리게 해.
напра́сно 부	쓸데없이	괜히 서둘렀네. 기차는 이미 떠났는데.
напряжён- ный	긴장감 도는, 팽팽한, 격렬한	나의 일정은 굉장히 빡빡하다.
нареза́ть наре́зать	(분배할수있도록) 썰다, 자르다	누가 빵이랑 소시지를 잘라 주세요. 저는 차를 준비할게요.
наркома́н	마약중독자	마약중독자들을 위한 새로운 클리닉이 문을 열었다.
наркома́ния	마약중독	경험 많은 의사들은 마약과 알코올 중독 완치를 도울 수 있다.

П Р С Т У Ф Х Ц Ч Ш Щ Ъ Ы Ь Э Ю Я

Завод **нанял** группу специалистов.

На Камчатке медведь **напал** на человека.

Так приятно **напиться** прохладной воды в жаркий день.

Что из **напитков** будете заказывать?

Твоя сестра **напоминает** мне мою маму.

Напрасно мы спешили: поезд уже ушёл.

Мой рабочий график очень **напряжённый**.

Нарежьте кто-нибудь хлеб и колбасу, а я приготовлю чай.

Открылась новая клиника для **наркоманов**.

Опытные врачи помогут вылечиться от **наркомании** и алкоголизма.

наркотик	마약	국가는 젊은이들이 마약으로부터 막기 위해 할 수 있는 모든 조치를 취해야한다.
нарочно 🟦	고의적으로	너는 나를 일부러 밀었어!
нарушать нарушить	어기다, 위반하다	숲의 고요를 무너뜨리는 것은 아무것도 없다.
нарядный	(의복) 차려 입은, 화려한	졸업식에 학생들이 화려한 원피스와 양복을 입고 왔다.
насекомое	벌레, 곤충	시골은 벌레 천국이다.
насилие	폭력	당신이 만약 가정폭력을 겪으셨다면, 무료 핫라인으로 전화하세요.
насквозь 🟦	꿰뚫어서, 몽땅	비 온 뒤 옷이 몽땅 축축해졌다.
наследство	유산	아들은 집과 차를 유산으로 받았다.
насмотреться 🟩	실컷 보다, 많이 보다	친구들은 주말에 코믹영화를 실컷 봤다.
настаивать настоять	주장하다	나는 내가 정당함을 주장할 것이다.

П Р С Т У Ф Х Ц Ч Ш Щ Ъ Ы Ь Э Ю Я

Государство должно сделать всё, чтобы оградить молодёжь от **наркотиков**.

Ты **нарочно** меня толкнул!

Ничто не **нарушает** спокойствие леса.

На выпускную церемонию студенты пришли в **нарядных** платьях и костюмах.

В деревне море **насекомых**.

Если вы столкнулись с проблемой **насилия** в семье, позвоните по бесплатному телефону горячей линии.

После дождя одежда была **насквозь** мокрая.

Сын получил в **наследство** дом и машину.

Друзья в выходные **насмотрелись** комедий.

Я буду **настаивать** на своей правоте.

настойчи-вый	고집이 센, 확고한	변호인은 단호한 목소리로 변호를 계속했다.
насто́лько	그만큼, 그토록	우리가 차를 살 수 없을 만큼 물가가 올랐다.
насто́льный	탁상의	체육관에 탁구 동호회가 생겼다.
настоя́щий	1) 진짜의 2) 현재의	현재 가게는 수리로 문을 닫았다. 진정한 친구는 어려울 때에도 항상 도와줄 것이다
наступа́ть наступи́ть	밟다, 닥쳐오다, 도래하다	버스에서 누군가 내 발을 밟았다.
наступле́ние	도래, 공격	강의는 제1차 세계대전 중 러시아 군대의 공격에 대한 것이었다.
натоща́к 🔵	공복으로	이 약은 아침 공복에 드세요.
натура́льный	천연의	우리 화장품은 천연재료로 만들어졌습니다.
натюрмо́рт	정물화	정물화에 사과가 그려져 있다.
нау́шники	이어폰	핸드폰과 세트로 이어폰도 판매된다.

П Р С Т У Ф Х Ц Ч Ш Щ Ъ Ы Ь Э Ю Я

Адвокат **настойчивым** голосом продолжал защитную речь.

Цены **настолько** поднялись, что мы не сможем купить машину.

В спортзале открыт кружок **настольного** тенниса.

1) В **настоящий** момент магазин закрыт на ремонт.
2) **Настоящий** друг всегда поможет в трудную минуту.

Кто-то в автобусе **наступил** мне на ногу.

Лекция была посвящена **наступлению** русских войск во время Первой мировой войны.

Выпейте это лекарство утром **натощак**.

Наша косметика создана из **натуральных** компонентов.

На **натюрморте** изображены яблоки.

В комплекте с телефоном продаются **наушники**.

А Б В Г Д Е Ё Ж З И Й К Л М Н О

находить найти	찾아내다	학자들이 문제 해결책을 찾았다.
находчивый	재치있는	재치있는 학생은 모든 질문에 대답했다.
национализм	민족주의	민족주의가 선을 넘으면 사회에 위험한 것이 된다.
националист, националистка	민족주의자	민족주의자들이 새로운 법안을 반대하는 시위에 나왔다.
националистический	민족주의의	시위에 나온 젊은이들이 민족주의 표어를 외쳤다.
нация	국민, 민족	UN 총회가 1년에 한번 진행된다.
начальник, начальница	보스, 상사	새로운 회사에 보안팀장이 필요하다.
не	~이 아닌, ~이 아니다	그는 사람들이 말했던 것만큼 전혀 크고 잘생기지 않았다.
нежный	상냥한, 부드러운	아이들 피부는 놀랍도록 부드럽다.

П Р С Т У Ф Х Ц Ч Ш Щ Ъ Ы Ь Э Ю Я

Учёные **нашли** решение проблемы.

Находчивый студент ответил на все вопросы.

Когда **национализм** переходит границу, это становится опасно для общества.

Националисты вышли на митинг против нового закона.

Молодёжь на митинге кричала **националистические** лозунги.

Конгресс Организации Объединённых **Наций** проходит раз в год.

В новую компанию требуется **начальник** службы безопасности.

Он оказался совсем **не** таким высоким и красивым, как говорили.

У малышей удивительно **нежная** кожа.

А Б В Г Д Е Ё Ж З И Й К Л М **Н** О

недоде́лывать недоде́лать	어중간하게 일하다	공장에서 부품을 제대로 만들지 않았다.
недоста́ток	단점	그녀의 유일한 단점은 단점이 없다는 것이다.
неме́цко-ру́сский	독일-러시아의	독러 포켓용 사전 가지고 계신가요?
немно́го 부	조금	소시지 조금, 차와 함께 먹을 치즈 조금 사자.
немо́й	벙어리의, 말을 못하는	투르게네프 소설의 주인공은 선천적으로 눈이 안보이고 말을 하지 못하는 사람이었다.
ненави́деть HCB만	증오하다, 혐오하다	만원 버스에 큰 가방을 들고 사람이 탈 때 정말 싫어.
не́нависть 여	증오, 혐오	사랑에서 증오까지는 한 걸음 차이다.
необходи́мость 여	필요, 필요성	아이가 태어나면 아이에게 장난감과 옷을 사주어야 할 필요성이 생긴다.
необходи́мый	필요한, 필수적인	성탄절 트리는 성탄절의 필수적 요소다.

П Р С Т У Ф Х Ц Ч Ш Щ Ъ Ы Ь Э Ю Я

На заводе **недоделали** деталей.

Её единственный **недостаток** – отсутствие недостатков.

У вас есть **немецко-русский** карманный словарь?

Купим **немного** колбасы и **немного** сыра к чаю.

Герой рассказа И.С. Тургенева был глухой и **немой** от рождения.

Ненавижу ситуацию, когда в переполненный автобус входит человек с огромными сумками.

От любви до **ненависти** один шаг.

Когда рождается ребёнок, появляется **необходимость** купить ему игрушки, одежду.

Ёлка – **необходимый** атрибут Рождества.

неожи́данный	예상하지 못한	교수는 심지어 전혀 예상치 못한 학생들의 질문에도 대답할 준비가 되어있었다.
неопределённый	불확실한	행사는 무기한 연기됩니다.
неповтори́мый	반복될 수 없는, 비교할 수 없는	이 여가수는 특색있고 그녀만의 개성 있는 목소리를 가지고 있다.
неподви́жный	움직임이 없는	개가 말을 잘 들어서 조용히 움직이지 않는 상태로 몇 초간 더 멈춰 있었다.
непра́вда	거짓, 부정	해고하시겠다는 말씀이세요? 말도 안 돼요! 노동자들에게도 권리는 있다구요!
непреры́вный	끊임이 없는, 계속되는	창밖에서부터 조용한 음악이 계속 들려왔다.
неприя́тный	불쾌한	지난 주말에 나에게 기분 나쁜 일이 일어났다.
не́рвничать НСВ만	초조해하다, 신경질 내다	환자들은 의사 진료실 앞에서 불안해 한다.
несправедли́вость 여	불의, 불공평	불의가 그를 괴롭게 했다.

П Р С Т У Ф Х Ц Ч Ш Щ Ъ Ы Ь Э Ю Я

Профессор готов ответить на все вопросы студентов, даже на самые **неожиданные**.

Мероприятие переносится на **неопрёделенный** срок.

У этой певицы уникальный, **неповторимый** голос.

Собака прислушалась, замерла и оставалась в **неподвижном** положении ещё несколько секунд.

Вы говорите, что нам грозит увольнение? Это **неправда**! У рабочих тоже есть права!

Из окна доносилась тихая **непрерывная** музыка.

В минувшие выходные со мной произошла **неприятная** ситуация.

Больные **нервничают** перед кабинетом врача.

Его не оставляло чувство **несправедливости**.

несправедли́вый	불공평한	피고는 법원의 판결이 불공정하다고 생각하고 있다.
неуда́чный	운이 나쁜	무언가를 하려는 노력에 한번 실패했다고 절망할 필요 없다.
неудо́бный	불편한	이 구두는 너무 작고 불편하다.
неудовлетвори́тельно	불만족스럽게, 2점(F)	성적표에 '불만족(2점)'이 적혀 있었다.
неча́янно 🖣	의도치 않게	지하철에서 누군가 나를 실수로 밀었다.
нечётный	홀수의	의사가 홀수날에만 진료한다.
не́что	어떤 것	내가 너에게 어떤 재밌는 이야기를 해줄게.
ника́к 🖣	아무리 ~해도, 결코	환자는 병을 앓은 후 전혀 회복할 수 없었다.
ниоткýда 🖣	출신 불명의	한국에서는 영화 '출신 불명의 남자 (한국어 제목:아저씨)'가 히트를 쳤다.
ниско́лько	조금도 ~않다	걱정 마, 하나도 안 아파.

П Р С Т У Ф Х Ц Ч Ш Щ Ъ Ы Ь Э Ю Я

Подсудимый считает решение суда **несправедливым**.

Не стоит отчаиваться после первой **неудачной** попытки сделать что-либо.

Эти туфли слишком маленькие, **неудобные**.

В зачётке стояла оценка «**неудовлетворительно**».

Кто-то **нечаянно** толкнул меня в метро.

Врач принимает только по **нечётным** дням.

Я расскажу тебе **нечто** очень интересное.

Больной **никак** не мог поправиться после болезни.

В Корее фильм «Человек из **ниоткуда**» стал хитом.

Не волнуйтесь, это **нисколько** не больно.

АБВГДЕЁЖЗИЙКЛМНО

нитка	실	실에 크고 작은 구슬들이 꿰어져 있었다.
ничто́	아무것도	따뜻한 봄햇살만큼 기분 좋게 하는 것은 아무것도 없지!
ничу́ть 부	조금도 ~않다	마라톤 참가자들은 2km를 뛰고도 전혀 지치지 않았다.
ничья́	무승부, 비김	이번 경기는 무승부로 끝났다.
нищета́	가난, 기근	기근 해결은 국가적 차원에서 다뤄지는 문제다.
ни́щий 형	빈곤한	이 나라는 빈곤국으로 실업자들이 많다.
ни́щий 명	거지, 노숙인	지하철 근처에 노숙자들이 앉아 있다.
нови́нка	신제품	상점들에 초강력 물걸레 청소기 신제품이 나왔다.
но́готь 남	손톱, 발톱	회사원은 손톱이 단정해야 한다.
но́жка	(가구의)다리	책상 다리가 부러졌다.
но́жницы 복수만	가위	종이에서 크리스마스 트리 모양을 오려내려면 큰 가위를 가져가세요.

П Р С Т У Ф Х Ц Ч Ш Щ Ъ Ы Ь Э Ю Я

На **нитке** были большие и маленькие бусины.

Ничто не радует так, как тёплые лучи весеннего солнца!

Участники марафона пробежали два километра и **ничуть** не устали.

Сегодняшний матч закончился **ничьей**.

Как бороться с **нищетой** – вопрос, который решается на государственном уровне.

Это **нищая** страна, здесь много безработных.

Около метро сидят **нищие**.

В магазинах появилась **новинка** – мощный моющий пылесос.

У работника фирмы должны быть аккуратные **ногти**.

Ножка стола сломалась.

Чтобы вырезать из бумаги ёлку, возьмите большие **ножницы**.

А Б В Г Д Е Ё Ж З И Й К Л М Н О

номеро́к	번호표	옷 보관소 번호표 분실 시 벌금 100 루블입니다.
норма́льный	일반적인, 정상적인	환자 체온은 정상이었다.
носи́льщик	짐꾼, 운반인	운반 기사님! 가방을 출구까지 옮기는 것 좀 도와주세요!
нота́риус	공증인	대사관은 공증인 직인이 있는 서류만 받는다.
ночева́ть переночева́ть	숙박하다, 밤을 보내다	피난민들은 텐트에서 잔다.
нра́вственный	도덕의, 정신적인	그의 행동은 절대로 도덕적이라 말할 수 없다.
нужда́ться **НСВ만** +в ком-чём(6)	필요로 하다	장애인들은 의사의 도움을 필요로 한다.
ну́жный	필요한	사이트에서 당신에게 필요한 항공편을 선택하세요.
нулево́й	0의	야외 기온계는 0도를 보여주고 있었다.

П Р С Т У Ф Х Ц Ч Ш Щ Ъ Ы Ь Э Ю Я

За потерю **номерка** в гардеробе – штраф 100 рублей.

Температура пациента была **нормальной**.

Носильщик! Помогите мне донести сумки до выхода.

Посольство принимает только документы с печатью **нотариуса**.

Беженцы **ночуют** в палатках.

Его поступок никак нельзя назвать **нравственным**.

Инвалиды **нуждаются** в помощи врачей.

Выберите на сайте **нужный** вам рейс.

На уличном термометре стоит **нулевая** отметка.

ны́нешний	현재의	현재의 물가로는 절약하기 힘들다.
ныря́ть нырну́ть	잠수하다	잠수부들이 해변에서 몇 미터 떨어진 곳에서 잠수하고 있다.
ню́хать поню́хать	냄새를 맡다	고양이가 정원을 산책하며 꽃 냄새를 맡고 다녔다.
ня́ня	유모, 보모	우리 아이는 좋은 보모가 필요하다.

П Р С Т У Ф Х Ц Ч Ш Щ Ъ Ы Ь Э Ю Я

При **нынешних** ценах трудно экономить.

Водолазы **ныряют** в нескольких метрах от берега.

Кошка, гуляя по саду, **нюхала** цветы.

Нашему ребёнку нужна хорошая **няня**.

óба 🚹 [🚺 óбе]	둘 다	할아버지는 두 눈 모두 안보이신다.
обанкро́титься [НСВ банкро́титься]	파산하다	회사가 1년도 못 버티고 파산했다.
обая́тельный	매력적인	화면에 파란 눈의 매력적인 배우가 나왔다.
обвине́ние	비난, 비판, 기소, 고발	한 남자가 휴대폰 절도죄로 고발당했다.
обвиня́ть обвини́ть	고발하다, 비난하다	무엇 때문에 이 사람이 비난 받고 있는 건가요?
обгоня́ть обогна́ть	추월하다	자동차가 자전거를 추월했다.
обду́мывать обду́мать	깊이 생각하다	이 아이디어는 잘 생각해 볼 필요가 있다.
обезья́на	원숭이	아이들은 특히 동물원에서 까불까불한 원숭이를 마음에 들어했다.
обеспе́ченный	보장된, 부유한	이 청년은 부유한 가정 출신이다.

У дедушки не видят **оба** глаза.

Фирма не проработала даже года и **обанкротилась**.

На экране появился **обаятельный** голубоглазый артист.

Мужчине предъявлено **обвинение** в краже телефона.

В чём **обвиняют** этого человека?

Машина **обогнала** велосипед.

Эту идею нужно хорошенько **обдумать**.

Особенно в зоопарке детям понравились озорные **обезьяны**.

Этот юноша из **обеспеченной** семьи.

| А Б В Г Д Е Ё Ж З И Й К Л М Н О |

обеспе́чивать обеспе́чить	보장하다, 공급하다	부모님은 자신의 15살 아들에게 모든 것을 해준다.
обеща́ние	약속	나는 이미 친구에게 약속했고 그것을 지켜야한다.
обжига́ться обже́чься	타다, 화상입다	초 가지고 놀지 말아라! 불 나겠다.
обзо́р	개관, 평	해외 언론의 뉴스를 개괄해 드리겠습니다.
оби́да	모욕, 분노	나는 아직도 그에게 화가 나 있다.
оби́дный	모욕적인	너는 네가 한 모욕적인 말들이 부끄럽지도 않니?
оби́дчивый	화를 잘내는	화를 잘내는 사람은 다른 사람들과 좋은 관계를 만들기 어렵다.
областно́й	주(행정구역)의, 지방의	모스크바 주립 필하모닉에서 피아노 콩쿨이 열렸다.
о́блачный	구름 낀, 흐린	오늘 날씨가 구름이 많아 안타깝다.
облегча́ть облегчи́ть	완화시키다, 편하게 하다	가난한 사람들의 삶이 나아질 수 있도록 돕고 싶어요.

П Р С Т У Ф Х Ц Ч Ш Щ Ъ Ы Ь Э Ю Я

Родители всем **обеспечивают** своего пятнадцатилетнего сына.

Я уже дал **обещание** другу и должен его сдержать.

Не играйте со свечами! Можно **обжечься**.

Предлагаем вашему вниманию **обзор** иностранной прессы.

Я до сих пор чувствую **обиду** на него.

Тебе не стыдно за твои **обидные** слова?

Обидчивому человеку трудно построить хорошие отношения с людьми.

В Московской **областной** филармонии провели конкурс пианистов.

Жаль, что сегодня **облачная** погода.

Мне хотелось бы **облегчить** жизнь бедных людей.

А Б В Г Д Е Ё Ж З И Й К Л М Н О

обливать облить	쏟다, 붓다	꼬마가 주스를 자신에게 엎질렀다.
обложка	표지	잡지 표지에 유명 가수의 사진이 실렸다.
обман	속임수, 거짓	거짓은 선(善)으로 이어지지 않는다.
обманывать обмануть	속이다, 기만하다	세료자! 어른을 속이는 건 나쁜 거야!
обменивать обменять	교환하다, 바꾸다	달러를 루블로 환전할 수 있는 은행 지점이 기차역에 문을 열었다.
обмениваться обменяться	(서로) 교환하다	전화번호 교환합시다.
обморок	기절	임산부가 지하철에서 기절했다.
обнимать обнять	포옹하다	아들이 출장에서 돌아와 노모를 포옹했다.
обновлять обновить	새롭게 하다	당신의 어플리케이션(앱)은 옛날 것입니다. 업데이트 하셔야 됩니다.
обобщать обобщить	종합하다, 일반화하다	동료 여러분, 우리 업무를 종합해 보고 회의 결과를 도출합시다.

Малыш **облил** себя соком.

На **обложке** журнала – фото известного певца.

Обман до добра не доведёт.

Серёжа! Нехорошо **обманывать** взрослых!

На вокзале открылся офис банка, где можно **обменять** доллары на рубли.

Давайте **обменяемся** с вами номерами телефонов.

Беременная женщина упала в **обморок** в метро.

Сын вернулся из командировки и **обнял** пожилую мать.

Ваше приложение устарело, нужно **обновить**.

Коллеги, **обобщим** нашу работу, подведём итоги встречи.

А Б В Г Д Е Ё Ж З И Й К Л М Н О

обобще́ние	종합, 결론	논문 마지막에 결론을 제시해야 합니다.
обожа́ть **НСВ만**	매우 좋아하다	여자들은 꽃과 칭찬을 매우 좋아한다.
обозрева́тель **남**	평론가	기사가 우리 평론가에 의해 준비됐다.
обо́и **복수만**	벽지	벽에 새로운 벽지 붙일 때가 됐다.
оборо́на	방위, 안보	오늘 우리나라 국방부 장관이 연설한다.
обостре́ние	심화	봄에 환자들의 병이 악화되는 것을 볼 수 있다.
обостря́ться обостри́ться	심화되다	최근 상황이 심화됐다.
образо́вывать образова́ть	형성하다	몇몇 회사가 지주회사를 형성하고 있다.
обслу́живание	서비스	이 레스토랑은 서비스가 좋다.
обстано́вка	정세, 환경	국내 정치가 호조세를 보이고 있다.

П Р С Т У Ф Х Ц Ч Ш Щ Ъ Ы Ь Э Ю Я

В конце диссертации вам нужно представить **обобщение**.

Женщины **обожают** цветы и комплименты.

Статья подготовлена нашим **обозревателем**.

Пора поклеить новые **обои** на стены.

Сегодня выступит Министр **Обороны** страны.

Весной у больного наблюдается **обострение** болезни.

В последнее время ситуация **обострилась**.

Несколько компаний **образуют** холдинг.

В этом ресторане достойное **обслуживание**.

В стране наблюдается благоприятная политическая **обстановка**.

А Б В Г Д Е Ё Ж З И Й К Л М Н О

обстоя́тельство	상황	상황 때문에 그들은 여행을 못 가게 되었다.
обща́ться **НСВ만**	교제하다, 교류하다	나의 동생은 영어로 외국인과 쉽게 친해진다.
обще́ние	교제	인터넷이 실제 교류를 대체할 수 없다.
общи́тельный	사교적인	사교적인 사람들에게는 친구가 많다.
объедине́ние	통합, 통일	국가는 소기업의 대기업 합병을 지원한다.
объединя́ться объедини́ться +с кем-чем(5)	통합되다	우리는 국제 문제 해결을 위해 하나가 되어야 한다.
объезжа́ть объе́хать	돌아가다	여기 차가 많이 막힌다. 다른 길로 돌아갈 수밖에 없겠다.
обя́занность **여**	의무	당신의 의무 중에는 고객의 문제를 해결하는 것도 있다.
оглавле́ние	목차, 차례	목차에 이 책은 5개 장으로 이루어져 있다고 나와있다.

П Р С Т У Ф Х Ц Ч Ш Щ Ъ Ы Ь Э Ю Я

В силу **обстоятельств** они не смогли поехать путешествовать.

Моя сестра легко **общается** с иностранцами по-английски.

Интернет не может заменить живое **общение**.

У **общительных** людей много друзей.

Государство поддерживает **объединение** мелких предприятий в крупные.

Мы должны **объединиться** ради решения глобальных проблем.

Здесь большая пробка, придётся **объезжать** по другой дороге.

В ваши **обязанности** входит решение вопросов с клиентами.

В **оглавлении** указано, что книга состоит из пяти глав.

огля́дываться огляну́ться	뒤돌아보다	그녀의 얼굴이 낯익은 듯하여 돌아봤다.
огоро́д	텃밭	텃밭에 감자, 당근, 양파, 비트가 자란다.
ограниче́ние	제한, 제약	속도제한 표지판을 잘 보세요.
ограни́чивать ограни́чить	제한하다	아무도 나의 자유를 제한하지 않는다.
ограни́чиваться ограни́читься **кем-чем(5)**	제한되다, 국한되다	여행 할 때 박물관 두 곳과 극장 한 곳으로 제한해서 가보자.
одеколо́н	오데코롱(향수)	호텔에 싸구려 오데코롱 냄새가 났다.
оде́рживать одержа́ть	이기다, 얻다	러시아 팀이 경기에서 승리를 거머쥐었다.
одея́ло	담요	밤에는 쌀쌀하구나, 담요를 덮으렴.
одино́кий	외로운	독거노인에게는 여러분의 도움이 필요합니다.

П Р С Т У Ф Х Ц Ч Ш Щ Ъ Ы Ь Э Ю Я

Её лицо показалось мне знакомым, и я **оглянулся**.

В **огороде** растут картофель, морковь, лук, свёкла.

Обратите вимание на дорожный знак **ограничения** скорости.

Никто не **ограничивает** мою свободу.

Во время путешествия **ограничимся** посещением двух музеев и одного театра.

В отеле стоял запах дешёвого **одеколона**.

Команда России **одержала** победу на соревнованиях.

Ночью прохладно, накройся **одеялом**.

Одиноким старикам нужна ваша помощь.

А Б В Г Д Е Ё Ж З И Й К Л М Н О

одино́чество	외로움	아내가 떠난 후 남편은 외로움을 느꼈다.
одновреме́нно	동시에	나는 쓰고 듣는 것을 동시에 할 수 있다.
одноме́стный	자리가 하나인	그는 1인실에 묵었다.
однообра́зный	모양이 같은	호텔 음식은 매일 같았다.
однора́зовый	한번의	저녁 파티를 위해 일회용 접시를 사자.
одобря́ть одо́брить	승인하다	부모님이 아들의 유학 결심을 허락했다.
одува́нчик	민들레	조금 따뜻해지자마자 민들레가 꽃피기 시작했다.
ожида́ние	기대, 예상	기다림 속에서는 시간이 매우 느리게 흐른다.
ожо́г	화상	만약 당신이 화상을 입으셨다면 즉시 의사를 찾아가세요.
озагла́вливать озагла́вить	제목을 달다	이 텍스트 제목을 뭐라고 붙이시겠습니까?

П Р С Т У Ф Х Ц Ч Ш Щ Ъ Ы Ь Э Ю Я

После отъезда жены муж чувствовал **одиночество**.

Я могу писать и слушать **одновременно**.

Он остановился в **одноместном** номере.

Еда в гостинице каждый день была **однообразная**.

Купим для вечеринки **одноразовую** посуду.

Родители **одобрили** решение сына учиться за границей.

Чуть потеплело, и сразу зацвели **одуванчики**.

В **ожидании** время тянется очень медленно.

Если вы получили **ожог**, немедленно обратитесь к врачу.

Как бы вы **озаглавили** этот текст?

А Б В Г Д Е Ё Ж З И Й К Л М Н **О**

о́зеро	호수	리조트는 호숫가에 위치해 있다.
оккупи́ровать **НСВ и СВ**	점령하다	적군이 몇 지역을 점령했다.
о́корок	넓적다리 고기	고기 중 나는 넓적다리 고기를 선호한다.
окра́ина	외진 곳, 변두리	쇼핑센터는 도시 변두리에 위치해 있다.
окро́шка	오크로쉬카*	외국인들에게 러시아 냉국인 오크로쉬카를 먹어보라고 권한다. *크바스로 만든 수프
о́круг	지역, 지구, 관구	우리 지역에는 경찰서가 몇 개 있다.
окружа́ть окружи́ть	둘러싸다	아이들이 손에 큰 비행기를 들고 있는 소년을 둘러쌌다.
октя́брь **남**	10월	그녀는 10월에 태어났다.
окули́ст	안과의사	안과의사가 당신의 시력을 검사해 줄 것이다.
оле́нь **남**	사슴	성탄절 엽서에 사슴이 그려져 있다.

П Р С Т У Ф Х Ц Ч Ш Щ Ъ Ы Ь Э Ю Я

Дом отдыха располагается на берегу **озера**.

Враги **оккупировали** несколько районов.

Из мяса я предпочитаю **окорок**.

Торговый центр находится на **окраине** города.

Иностранцам предлагаем попробовать русский холодный суп – **окрошку**.

В нашем **округе** есть несколько отделений полиции.

Дети **окружили** мальчика, который держал в руках большой самолёт.

Она родилась в **октябре**.

Окулист проверит ваше зрение.

На рождественских открытках нарисованы **олени**.

оли́вковый	올리브의, 올리브색의	샐러드에는 마요네즈보다 올리브유를 넣는 것이 더 좋다.
олимпиа́да	올림픽	소치에서 동계 올림픽이 열렸다.
омле́т	오믈렛	오믈렛과 커피는 최고의 아침식사다.
опере́тта	오페레타, 소가극	우리는 오페레타 극장 티켓을 샀다.
описа́ние	묘사, 기록	연극에 대한 설명은 극장 사이트에서 볼 수 있다.
опла́чивать оплати́ть	지불하다	승객 여러분! 교통비를 내주시기 바랍니다!
опозда́ние	지각	늦어서 죄송합니다!
оппози́ция	반대파, 야권	야당은 국가의 회담 참석에 반대했다.
оппоне́нт	반대자	논문준비생에게 공식 토론자들이 정해졌다.
опра́вдывать оправда́ть	합리화하다	너의 행동을 합리화하기는 상당히 힘들다.
определе́ние	정의	'국가'라는 개념의 정의를 쓰시오.

П Р С Т У Ф Х Ц Ч Ш Щ Ъ Ы Ь Э Ю Я

В салаты лучше добавлять **оливковое** масло, чем майонез.

В Сочи прошла зимняя **Олимпиада**.

Омлет и кофе – отличный завтрак.

Мы купили билеты в Театр **оперетты**.

Описание спектакля можно прочитать на сайте театра.

Уважаемые пассажиры! **Оплачивайте** проезд!

Извините за **опоздание**!

Оппозиция выступила против участия страны в переговорах.

Диссертанту назначены официальные **оппоненты**.

Довольно сложно **оправдать** твои действия.

Дайте **определение** понятию «государство».

А Б В Г Д Е Ё Ж З И Й К Л М Н О

определя́ть определи́ть	정의하다, 결정하다	먼저 무엇을 연구하고 싶은지 정하세요. 그 다음에는 작업에 착수하세요.
опроверга́ть опрове́ргнуть	반박하다	체육부 장관이 스포츠 단지 폐쇄에 대한 보도를 반박했다.
опроверже́ние	반박	에이전시에서 정보를 반박했다.
оптими́зм	낙관주의, 낙천주의	미래를 낙관적으로 바라봅시다.
оптимисти́ческий	낙천적인	총회가 낙관적인 분위기로 끝이 났다.
опуска́ть опусти́ть	내려놓다	손을 내리고, 천천히 숨을 쉬면서 열까지 세세요. 동작을 반복합니다.
ора́нжевый	주황색의	주황색은 기분을 좋게 만들고, 에너지를 준다.
о́рган	기관	컨퍼런스에 국가 각 부처 대표들이 참석할 것이다.
организа́тор	주최자	전시회 주최측은 러시아 화가 동맹이다.
органи́зм	신체, 유기체	나의 몸은 끝없는 스트레스에 지쳤다.

П Р С Т У Ф Х Ц Ч Ш Щ Ъ Ы Ь Э Ю Я

Сначала **определите**, что вы хотите исследовать, затем приступайте к работе.

Министр спорта **опроверг** сообщения о закрытии спортивного комплекса.

От агентства поступило **опровержение** информации.

Давайте с **оптимизмом** смотреть в будущее.

Съезд закончился на **оптимистической** ноте.

Опустите руки, дышите медленно, досчитайте до десяти. Повторите упражнение.

Оранжевый цвет поднимает настроение, даёт энергию.

На конференцию приедут представители **органов** власти.

Организатор выставки – Союз художников России.

Мой **организм** устал от бесконечной нагрузки.

А Б В Г Д Е Ё Ж З И Й К Л М Н О

о́рден	훈장	운동선수에게 '조국공헌' 훈장을 수여했다.
оре́х	견과류	겨울에는 과일과 견과류를 더 많이 섭취하는 것이 권장된다.
орёл	독수리	러시아 루블화 동전에는 독수리가 그려져 있다.
оригина́л	원본	여권 원본을 제시하셔야 합니다.
ориенти́ро-ваться сориентиро-ваться	1) 장소를 알다 **+в чём(6)** 2) 지향하다, 초점을 맞추다 **+на кого-что(4)**	목동은 숲에서 길을 잘 찾는다. 이 출판사는 젊은 독자들에게 초점을 맞춘다.
орке́стр	오케스트라	유명 오케스트라가 수도로 순회공연을 온다.
освеща́ть освети́ть	밝게 하다	큰 가로등이 골목을 비추고 있다.
освеще́ние	조명	조명 좀 켜주세요.
освобожда́ться освободи́ться	자유롭게 되다, 해방되다	퇴근 후 여유가 생기면 전화할게요.

П Р С Т У Ф Х Ц Ч Ш Щ Ъ Ы Ь Э Ю Я

Спортсмена наградили **орденом** «За заслуги».

Зимой рекомендуется есть больше фруктов и **орехов**.

На российском рубле изображён **орёл**.

Вам необходимо предъявить **оригинал** паспорта.

1) Пастух хорошо **ориентируется** в лесу.

2) Это издательство **ориентируется** на молодых читателей.

В столицу приезжает с гастролями известный **оркестр**.

Переулок **освещает** большой фонарь.

Пожалуйста, выключите **освещение**.

Я позвоню, когда **освобожусь** после работы.

осетри́на	철갑상어	명절 식탁에 철갑상어로 만든 커다란 파이가 놓여 있다.
осёл	당나귀	너는 믿을 수 없을 만큼 고집이 세구나, 당나귀 같이.
оскорбля́ть оскорби́ть	모욕하다	경기 참가자가 코치를 모욕했고, 그 일로 퇴출당했다.
осложне́ние	복잡해지는 것	국가간 관계가 악화되고 있다.
осно́ва	기반, 기초	무역을 기반으로 국가간 협력이 가능하다.
осо́бенный	특별한	이 사회자는 특별하고 기억에 남는 목소리를 가지고 있다.
особня́к	저택	타운하우스 단지에 저택을 하나 더 짓고 있다.
осторо́жный	조심스러운	기계를 다룰 때는 아주 조심하는 것이 중요합니다.
остроу́мный	기지있는, 재치있는	이 사용자 블로그의 댓글은 항상 재치 있다.
остыва́ть осты́ть	식다, 냉담해지다	차가 완전히 식었다. 다시 한번 데워야 한다.

П Р С Т У Ф Х Ц Ч Ш Щ Ъ Ы Ь Э Ю Я

На праздничном столе лежит большой пирог с **осетриной**.

Ты невероятно упрямый, как **осёл**.

Игрок **оскорбил** тренера и был уволен за это.

Между странами наблюдается **осложнение** отношений.

Сотрудничество между странами возможно на **основе** торговли.

У этого ведущего **особенный**, запоминающийся голос.

В коттеджном посёлке строят ещё один **особняк**.

С оборудованием важно быть очень **осторожным**.

У этого пользователя в блоге всегда **остроумные** комментарии.

Чай совсем **остыл**, надо подогреть ещё раз.

осуждáть осудить кого(4)+за что(4)	비난하다	임금 체불로 소장을 비난했다.
осуществлять осуществить	실현하다, 수행하다	새해에는 소원이 이뤄지길 바랍니다.
осуществляться осуществиться	실현되다, 수행되다	꿈이 실현되길!
отвозить отвезти	옮기다, 가져다 주다	내가 출근 전까지 서류를 대사관에 전해줄 수 있어.
отвéтственность 여	책임감	국민 안보는 모두의 책임이다.
отвéтственный	책임있는	가정을 꾸리는 것은 책임있는 행동이다.
отделéние	부서, 지부	공항에 은행지점이 문을 열었다.
отéчественный	조국의, 본국의	국산 제품은 수입산보다 저렴하다.
отéчество	조국	2월 23일에 러시아에서는 조국 수호자의 날을 기념한다.

П Р С Т У Ф Х Ц Ч Ш Щ Ъ Ы Ь Э Ю Я

Директора **осудили** за задержку зарплаты.

Желаю в новом году **осуществить** задуманное.

Пусть мечты **осуществляются**!

До работы успею **отвезти** документы в посольство.

Безопасность народа – **ответственность** каждого человека.

Создание семьи – **ответственный** шаг.

В аэропорту открылось **отделение** банка.

Отечественные продукты дешевле импортных.

23 февраля в России отмечается День защитника **Отечества**.

А Б В Г Д Е Ё Ж З И Й К Л М Н О

отзы́вчивый	동정심이 많은	항상 이렇게 친절하고 마음이 따뜻하시길 기원합니다!
отка́зывать отказа́ть кому-чему(3) +в ком-чём(6)	거절하다, 거부하다	케익 한 조각의 기쁨을 거부할 수 없다.
откла́дывать отложи́ть	연기하다	정부 회의를 다음 주로 연기했다.
отключа́ть отключи́ть	끊다, 끄다	뇌우 때문에 마을에 전기공급을 중단시켰다.
открове́нный	개방적인, 솔직한	누군가와 솔직한 대화를 어떻게 시작할까요?
откры́тый	열린	새가 열린 창문으로 날아왔다.
отку́да-то 🔁	어딘가에서부터	작은 할아버지께서는 어딘가 먼 곳에서 오셨다.
отку́сывать откуси́ть	물다	소녀가 과자 한 조각을 베어 물었다.
отлича́ться НСВ만	~와 다르다	휴대폰 신모델은 기존 모델들과 사이즈가 다르다.

П Р С Т У Ф Х Ц Ч Ш Щ Ъ Ы Ь Э Ю Я

Желаю вам всегда оставаться такой же доброй и **отзывчивой**!

Не могу **отказать** себе в удовольствии съесть кусок торта.

Заседание Правительства **отложили** до следующей недели.

Из-за грозы в посёлке **отключили** электричество.

Как начать **откровенный** разговор с человеком?

Птица влетела в **открытое** окно.

Брат дедушки приехал **откуда-то** издалека.

Девочка **откусила** кусочек конфеты.

Новая модель телефона **отличается** от прежних размером.

отли́чие	차이	두 그림을 자세히 보시고 다른 곳 5군데를 찾아보세요.
отличи́тельный	구별되는, 독특한	교사가 가지는 독특한 특성은 바로 책임감이다.
отли́чный	차별있는, 훌륭한	허브차 한 잔과 크루아상은 하루를 멋지게 시작할 수 있게 해준다.
отменя́ть отмени́ть	폐지하다, 취소하다	폭설로 운항이 취소됐다.
отмеча́ть отме́тить	기념하다	오늘 우리 학과는 설립 25주년을 맞이한다.
относи́ть отнести́	옮겨놓다	이 서류들을 금융부서로 가져다 놓으세요.
отовсю́ду 🖲	사방에서부터	전승기념일 광장에서는 여기저기서 기쁨에 찬 목소리들이 들려왔다.
отопле́ние	난방	우리 지역은 10월 초에 난방을 켤 것이다.
отправля́ть отпра́вить	보내다, 발송하다	가까운 우체국에서 소포를 보낼 수 있다.

П Р С Т У Ф Х Ц Ч Ш Щ Ъ Ы Ь Э Ю Я

Внимательно посмотрите на две картинки и найдите пять **отличий**.

Отличительная черта педагога – ответственность.

Чашка ароматного чая и круассан – **отличное** начало дня.

Рейс **отменили** по причине снегопада.

Сегодня наша кафедра **отмечает** юбилей – 25 лет.

Отнесите эти документы в финансовый отдел.

В День Победы на площади **отовсюду** слышались радостные голоса.

Отопление в нашем районе включат в начале октября.

Посылку можно **отправить** с ближайшей почты.

отправля́ться отпра́виться	출발하다, 향하다	기차가 2번 플랫폼에서 출발합니다.
отпра́шиваться отпроси́ться +с(из) чего(2)	허가를 얻다	이고리는 회사에서 병원에 다녀와도 된다는 허락을 받았다.
отпуска́ть отпусти́ть	놓아 주다	엄마, 친구네 집에서 자고 오게 보내 주세요.
отравля́ться отра́виться чем(5)	중독되다	아이가 상한 음식을 먹고 식중독에 걸렸다.
отража́ть отрази́ть	반영하다	문학은 역사적 배경을 반영한다.
отреза́ть отре́зать	잘라내다, 떼어내다	삶은 소시지 300g 잘라 주세요.
отрица́тельный	부정적인	기자의 질문에 의원은 부정정인 대답을 내놓았다.
отрыва́ть оторва́ть	찢어내다, 떼어놓다	이 그림에서 눈을 뗄 수가 없어!

П Р С Т У Ф Х Ц Ч Ш Щ Ъ Ы Ь Э Ю Я

Поезд **отправляется** со второго пути.

Игорь **отпросился** с работы, чтобы съездить в больницу.

Мама, **отпусти** меня к другу ночевать.

Ребёнок **отравился** несвежей едой.

Литература **отражает** историческую эпоху.

Отрежьте мне, пожалуйста, 300 грамм варёной колбасы.

На вопрос журналиста депутат дал **отрицательный** ответ.

Не могу **оторвать** взгляд от этой картины!

А Б В Г Д Е Ё Ж З И Й К Л М Н О

отры́вок	발췌문	톨스토이 단편 '상어'의 발췌문을 읽어 봅시다.
отста́вка	퇴직, 사직	내 남편은 퇴역 장교다.
отстава́ть отста́ть	뒤쳐지다	여정이 끝나갈 무렵 모두가 지쳐 있었고, 일부는 뒤쳐졌다.
отсу́тствовать **НСВ만**	부재하다	세미나에 안 온 사람은 리포트를 써 와야 한다.
отчего́	왜	오늘 길에 차가 왜 이렇게 많지?
отчего́-то **부**	왜인지	나는 어쩌다 펜을 안 챙겨왔지?
отчёт	보고서	전 직원분들께 지난달 보고서 작성을 부탁드립니다.
оформле́ние	수속, 법률화	모든 문서 처리는 적어도 1주일 이상 걸리지는 않을 것이다.
оформля́ть офо́рмить	형식을 만들다, 합법화하다	이 회사는 유럽 비자를 만들어 준다.
охо́та	사냥	보호구역에서의 사냥은 금지돼 있다.

П Р С Т У Ф Х Ц Ч Ш Щ Ъ Ы Ь Э Ю Я

Прочитаем **отрывок** из рассказа Льва Толстого «Акула».

Мой муж – офицер в **отставке**.

Под конец пути все устали, часть группы **отстала**.

Тот, кто **отсутствовал** на семинаре, должен подготовить доклад.

Отчего сегодня так много машин на дороге?

Я **отчего-то** не взяла с собой ручку.

Прошу всех работников подготовить **отчёт о** прошедшем месяце.

Оформление всех документов займёт не больше недели.

Фирма **оформляет** визы в страны Европы.

Охота в заповеднике запрещена.

А Б В Г Д Е Ё Ж З И Й К Л М Н О

охо́титься **НСВ만** +на кого́(4) +за кем(5)	사냥하다	고양이가 쥐를 사냥하고 있다.
охо́тник	사냥꾼	낚시 및 사냥용품 상점이 문을 열었다.
охо́тно	흔쾌히, 자진하여	퇴역 군인들이 흔쾌히 아이들에게 전쟁 이야기를 들려주었다.
охра́на	경비, 호위	일층에 경비부서가 위치해 있다.
охра́нник	보초, 호위병	레스토랑 경비원 구합니다. 30~45세의 키 크고 건장한 체격의 남성을 구합니다.
охраня́ть **охрани́ть** кого́-что(4) +от кого́-чего́(2)	경비하다, 수호하다	시골에서는 쥐로부터 음식물을 보호해야 한다.
оце́нка	평가, 점수	잘하셨어요! 당신은 높은 평가를 받을 만 하십니다.
очередно́й	순번의, 또 한차례의	쇼핑몰에서는 전 품목 정기 시즌세일이 진행 중이다.

П Р С Т У Ф Х Ц Ч Ш Щ Ъ Ы Ь Э Ю Я

Кошка **охотится** за мышью.

Открылся магазин товаров для рыбаков и **охотников**.

Ветераны **охотно** делились с детьми воспоминаниями о войне.

На первом этаже располагается пункт **охраны**.

В ресторан требуются **охранники** – мужчины 30-45 лет, высокого роста, со спортивной фигурой.

В деревне нужно **охранять** еду от мышей.

Молодец! Вы заслуживаете высокой **оценки**.

В торговом центре – **очередной** сезон скидок на всю одежду.

ощуща́ть ощути́ть	느끼다	국민들이 경제 위기를 체감했다.
ощуще́ние	느낌	내 느낌에 오늘 일기예보보다 더 추운 것 같다.

П Р С Т У Ф Х Ц Ч Ш Щ Ъ Ы Ь Э Ю Я

Граждане **ощутили** на себе экономический кризис.

По моим **ощущениям**, сегодня холоднее, чем говорят синоптики.

П

падéние	하락	유가 하락이 루블화 평가절하로 이어졌다.
пакéт	봉투	이 물건들을 봉투에 좀 넣어 줘.
палáта	병실	병실에 세 사람이 누워 있다.
палáтка	천막, 텐트	관광객들은 텐트에서 밤을 보내기로 했다.
пáлка	막대기	셀카봉으로 사진 찍는 것이 훨씬 편하다.
пáника	패닉	가라앉는 배 위에 패닉이 시작됐다.
пáпка	파일, 파일철	모든 서류가 파란 파일철 안에 들었다.
пар	증기	시원하시겠어요! (사우나하고 나오는 사람에게 하는 인사)
пáра	한쌍, 커플	영화관에서 우리 뒤에 연인 한 쌍이 앉아 있었다.
парáд	퍼레이드	붉은 광장에서 전승기념일 퍼레이드가 진행됐다.
парализовáть НСВ и СВ	마비시키다	강력한 폭설이 시내 교통을 마비시켰다.

Снижение цен на нефть привело к **падению** стоимости рубля.

Положи эти вещи в **пакет**.

В больничной **палате** лежат три человека.

Туристы решили ночевать в **палатке**.

С **палкой** для селфи фотографировать намного удобнее.

На тонущем корабле началась **паника**.

Все документы лежат в синей **папке**.

С лёгким **паром**!

В кинотеатре за нами сидела влюблённая **пара**.

На Красной площади прошёл **парад** по случаю Дня Победы.

Сильный снегопад **парализовал** городское движение.

А Б В Г Д Е Ё Ж З И Й К Л М Н О

паралле́льный	평행의	이 거리 말고 옆 거리로 가셔야 합니다.
парикма́хер	미용사	엄마는 항상 같은 미용사에게 커트 예약을 하신다.
парикма́херская 명	미용실	친구가 미용실에서 신부헤어를 받았다.
парке́т	나무 마루	아이들이 강당 마루바닥을 뛰어다녔다.
паркова́ться припаркова́ться	주차하다	레스토랑 근처에 주차하자.
парте́р	일층석	우리 자리는 일층석 무대 근처다.
парти́йный	당의, 당원의	당대표들이 시위에서 연설했다.
парфюме́рия	향료	나는 향료와 화장품은 전문샵에서 산다.
па́смурный	흐린	흐린 날에는 집에서 나가고 싶지 않다.
пасси́вный	수동적인	국민은 수동적이어서는 안 된다.

П Р С Т У Ф Х Ц Ч Ш Щ Ъ Ы Ь Э Ю Я

Вам нужна не эта улица, а **параллельная**.

Мама всегда записывается на стрижку к одному и тому же **парикмахеру**.

Подруга сделала свадебную причёску в **парикмахерской**.

Дети бегали в зале по **паркету**.

Давай **припаркуемся** около ресторана.

Наши места в **партере**, около сцены.

Партийные лидеры выступили на митинге.

Парфюмерию и косметику я покупаю в специализированном магазине.

В **пасмурный** день не хочется выходить из дома.

Гражданин не может быть **пассивным**.

А Б В Г Д Е Ё Ж З И Й К Л М Н О

Па́сха	부활절	부활절에 우리는 달걀을 장식하고 빵을 굽는다.
патрио́т	애국자	어떤 사람을 진정한 애국자라 부를 수 있나요?
патриоти́зм	애국	군인들이 진정한 애국심을 발휘했다.
па́уза	휴지, 중지	발표자가 잠시 쉬더니 계속해서 발표했다.
пау́к	거미	'스파이더맨'이 개봉했다.
па́хнуть **НСВ만** кем-чем(5)	냄새를 풍기다	장미꽃 냄새 정말 좋다!
па́чка	묶음, 다발	케익을 만들려면, 밀가루, 우유 그리고 버터 한 팩을 미리 사두세요.
па́чкать испа́чкать кого-что(4) +в чём(6) 또는 чем(5)	더럽히다	고양이 콧수염에 스메타나*가 묻었다. *사워크림
па́чкаться испа́чкаться	더럽혀지다	우리는 비 온 후 축축한 거리를 따라가고 있었고, 우리 신발은 아주 더러워졌다.

п р с т у ф х ц ч ш щ ъ ы ь э ю я

На **Пасху** мы красим яйца и печём куличи.

Кого можно назвать настоящим **патриотом** своей страны?

Солдаты проявили истинный **патриотизм**.

Докладчик сделал **паузу** и после этого продолжил.

В прокат вышел фильм «Человек-**паук**».

Как чудесно **пахнут** розы!

Чтобы приготовить торт, заранее купите муку, молоко и **пачку** масла.

Кот **испачкал** усы в сметане.

Мы шли по мокрой после дождя дороге, наша обувь сильно **испачкалась**.

А Б В Г Д Е Ё Ж З И Й К Л М Н О

паштéт	페이스트, 패티	수업 쉬는 시간에 나는 닭고기 패티가 든 샌드위치를 먹었다.
пейзáж	풍경, 경치	우리는 바다 풍경을 즐겁게 감상했다.
пельмéни [단 пельмéнь]	펠메니 (만두요리)	우리의 새로운 메뉴 펠메니를 스메타나와 함께 드셔보세요!
пéна	거품	여행갈 때 면도 크림을 챙겨라.
перевя́зывать перевязáть кого-что(4)+чем(5)	단단히 묶다	방금 생긴 상처를 붕대로 잘 감아야 한다.
передýмать **СВ만**	생각을 바꾸다	처음에 우리는 이탈리아 레스토랑에서 저녁식사를 하려 했으나 생각을 바꿔 체코 음식점으로 갔다.
перезвáнивать перезвони́ть кому(3)	다시 전화하다	죄송합니다. 제가 바쁘니 나중에 다시 전화드리겠습니다.
переиздавáть переиздáть	재출판하다	러시아어 교과서를 내년에 다시 출판할 것이다.
переключáть переключи́ть	스위치를 바꾸다	다른 채널로 돌리지마. 나 뉴스 보고 싶어.

П Р С Т У Ф Х Ц Ч Ш Щ Ъ Ы Ь Э Ю Я

В перерыве между уроками я съел бутерброд с куриным **паштетом**.

Мы с удовольствием любовались морским **пейзажем**.

Попробуйте наши новые **пельмени** со сметаной!

Захвати с собой в дорогу **пену** для бритья.

Надо **перевязать** бинтом свежую рану.

Сначала мы хотели поужинать в итальянском ресторане, но **передумали** и пошли в чешский.

Извините, я занята, я **перезвоню** вам позже.

Учебник по русскому языку **переиздадут** в следующем году.

Не **переключай** на другой канал, я хочу посмотреть новости.

перекрёсток	사거리	사거리까지 직진하신 후에 우회전하세요.
перекла́дывать переложи́ть	옮기다	누군가가 내 안경을 책상에서 선반으로 옮겨놨다.
переобува́ться переобу́ться	신발을 갈아신다	극장 바닥은 깨끗하다. 신발을 갈아신는 것이 좋겠다.
переодева́ться переоде́ться	옷을 갈아입다	공연 사이사이에 배우들이 빠르게 옷을 갈아입었다.
перепи́ска	서신 왕래	두 관료가 주고받은 편지가 출판됐다.
перепи́сываться HCB만	편지를 주고받다	타티아나는 아직까지도 동창들과 편지를 주고 받는다.
переполня́ть перепо́лнить	가득 채우다	기쁨이 나를 가득 채웠다.
переса́живаться пересе́сть	(교통수단을) 갈아타다	'바리카드나야' 역에서 다른 선으로 갈아타세요.
переска́зывать пересказа́ть	다시 이야기하다, 자기의 말로 이야기하다	시험 때 텍스트를 본인의 말로 다시 요약해서 말해야 합니다.

П Р С Т У Ф Х Ц Ч Ш Щ Ъ Ы Ь Э Ю Я

Идите прямо до **перекрёстка**, затем поверните направо.

Кто-то **переложил** мои очки со стола на полку.

В театре чистый пол, лучше **переобуться**.

Между номерами артисты быстро **переоделись**.

Опубликована **переписка** двух чиновников.

Татьяна до сих пор **переписывается** со своими одноклассниками.

Меня **переполняет** чувство радости.

На станции «Баррикадная» **пересядьте** на другую линию.

На экзамене вам нужно **пересказать** текст.

А Б В Г Д Е Ё Ж З И Й К Л М Н О

пересыла́ть пересла́ть	발송하다	직원이 동료들에게 중요한 메시지를 전달했다.
переутомля́-ться переутоми́-ться	과로하다, 몸살나다	아들이 일주일 내내 면접을 준비하더니 몸살이 났다.
пе́рец	고추, 후추	수프에 후추 넣을까?
пери́од	기간	이 기간 동안 우리는 엄청난 작업을 했다.
периоди́чес-кий	주기적인, 정기적인	사무실에 주기적으로 인터넷 문제가 발생한다.
пе́рсик	복숭아	나는 어렸을 때부터 세로프의 '복숭아를 든 소녀'라는 그림을 알고 있다.
перспекти́ва	전망	밝은 전망이 프로젝트를 기다리고 있다.
перспекти́в-ный	전망있는	전망있는 회사에서 일하고 싶다.
пессими́зм	비관주의	이 사람은 극도로 비관적인 것이 특징이다.

Работник **переслал** важное сообщение коллегам.

Сын всю неделю готовился к собеседованию и **переутомился**.

Добавить в суп чёрный **перец**?

За этот **период** мы проделали огромную работу.

В офисе бывают **периодические** проблемы с Интернетом.

Я с детства знаю картину В. Серова «Девочка с **персиками**».

Проект ждут большие **перспективы**.

Хочется работать в **перспективной** компании.

Этого человека отличает крайний **пессимизм**.

А Б В Г Д Е Ё Ж З И Й К Л М Н О

пессимисти́ческий	비관적인	너는 인생에 대해 너무 비관적인 시각을 가지고 있어.
песча́ный	모래의	나는 밤에 모래사장 걷는 것을 좋아한다.
пету́х	수탉	새벽에 시골에서는 수탉이 운다.
печа́льный	비극적인, 슬픈	이 영화는 결말이 슬프다.
печа́ть 여	도장, 스탬프	당신은 공증인의 서명과 도장을 받아 오셔야 합니다.
пе́чень 여	간	간이 들어있는 블린이 모두의 입맛에 맞는 것은 아니다.
печь испе́чь	굽다	생일에 맞춰서 케익을 굽자.
печь, пе́чка	오븐, 화덕	고양이가 따뜻한 화덕에 누워 있었다.
пешехо́д	보행자	차량은 보행자에게 길을 양보해 주어야 한다.
пиани́ст	피아니스트	음악원에서 청년 피아니스트 콩쿨이 진행된다.

П Р С Т У Ф Х Ц Ч Ш Щ Ъ Ы Ь Э Ю Я

У тебя слишком **пессимистический** взгляд на жизнь.

Я люблю пройтись вечером по **песчаному** берегу моря.

На заре в деревне кричит **петух**.

У фильма **печальный** конец.

Вам необходимо получить подпись и **печать** нотариуса.

Не всем по вкусу блины с **печенью**.

Ко дню рождения **испечём** торт.

Кот лежал на тёплой **печке**.

Машины обязаны уступать дорогу **пешеходам**.

В консерватории состоится конкурс молодых **пианистов**.

А Б В Г Д Е Ё Ж З И Й К Л М Н О

пирожо́к	파이	사과 파이랑 차 주세요.
пла́мя [단생 пла́мени]	불길, 불꽃	모닥불의 불꽃이 야산을 밝힌다.
плане́та	행성	학자들은 다른 행성에 생명체를 찾고 있다.
плани́ровать заплани́ровать	계획하다	새해 명절에 우리는 산에 갈 계획이다.
пластма́ссо- вый	플라스틱의	탁구를 칠 때 플라스틱 공을 사용한다.
пла́стырь 남	반창고, 파스	의사들은 등의 아픈 부위에 파스를 붙이라고 조언한다.
пла́тный	유료의	이건 유료 주차장이다.
плева́ть плю́нуть	침을 뱉다	원숭이가 동물원 방문객들에게 침을 뱉었다.
племя́нник, племя́нница	조카	내 조카는 내 아들보다 세 살 많다.
плен	포로	많은 군인들이 포로로 잡혔다.
плёнка	필름	영화계 디지털 필름의 시대가 왔다.

Мне, пожалуйста, **пирожок** с яблоками и чай.

Пламя костра освещает ночной лес.

Учёные ищут жизнь на других **планетах**.

На новогодние праздники мы **планируем** поехать в горы.

Для игры в пинг-понг используют **пластмассовый** мяч.

Врачи советуют наложить **пластырь** на больной участок спины.

Это **платная** парковка.

Обезьяна **плюнула** в посетителей зоопарка.

Мой **племянник** старше моего сына на три года.

Многих солдат взяли в **плен**.

Наступила эпоха цифровых **плёнок** для фильмов.

А Б В Г Д Е Ё Ж З И Й К Л М Н О

плов	플로프 (필라프, 볶음밥)	우즈베키스탄 식당에서 우리는 닭고기 플로프를 시켰다.
пловéц	수영선수	오스트리아 수영선수가 경기에서 가장 우수한 성적을 냈다.
плодотвóрный	알찬, 결실 있는	컨퍼런스에서의 업무는 알찼다.
пляж	해변	해변에서 태닝용 의자를 대여할 수 있다.
плясáть сплясáть	춤추다	관객들은 민속무용팀이 춤추는 것을 보고 넋을 잃었다.
пневмонѝя	폐렴	통계에 따르면, 알타이 주민들이 다른 러시아인들보다 폐렴을 더 자주 앓는다.
побежáть **СВ만**	뛰어가다	수업 끝을 알리는 종이 울리자 아이들이 식당으로 달려갔다.
побере́жье	연안, 해안가	우리나라 동쪽 해안은 관광객들 사이 가장 인기 있는 휴양지다.
пóвар	요리사	이 식당에는 우리 시 최고의 요리사들이 일한다.

П Р С Т У Ф Х Ц Ч Ш Щ Ъ Ы Ь Э Ю Я

В узбекском ресторане мы заказали **плов** с курицей.

Лучшие результаты на соревновании показал **пловец** из Австрии.

Работа на конференции была **плодотворной**.

На **пляже** можно взять напрокат шезлонг.

Зрители были в восторге от того, как **плясал** ансамбль народного танца.

По статистике, жители Алтая чаще болеют **пневмонией**, чем другие россияне.

После звонка с урока дети **побежали** в столовую.

Восточное **побережье** страны – наиболее популярное место отдыха среди туристов.

В этом ресторане работают лучшие **повара** города.

А Б В Г Д Е Ё Ж З И Й К Л М Н О

поведе́ние	행동, 행실	나쁜 행실 때문에 학생의 점수가 깎였다.
повезти́ **CB만**	1) 실어 가다 2) 운이 좋다	우리는 짐을 차에 싣고 그것을 다차로 가져갔다. 슬퍼하지마, 너에게도 언젠가 행운이 올 거야!
повести́ **CB만**	데리고 가다	러시아 친구들은 나를 제일 먼저 붉은 광장에 데리고 갔다.
по́весть **여**	중편소설	나는 푸쉬킨의 '눈보라'가 기억에 남는다.
по-ви́димому	언뜻 보기에는, 외관상으로는	보아하니 금요일 저녁에 일하고 싶어 하는 사람이 아무도 없다.
по́вод	계기, 이유	우리 만남의 계기는 동료의 생일이었다.
повора́чиваться поверну́ться	돌아서다, 방향을 바꾸다	버스 안이 너무 꽉 차서 몸을 돌릴 수조차 없다.
поворо́т	전환, 전환점	20미터 후에 우회전할 수 있는 길이 나옵니다.

Оценка ученика снижена из-за плохого **поведения**.

1) Мы погрузили вещи в машину и **повезли** их на дачу.
2) Не грусти, и тебе когда-нибудь **повезёт**!

Русские друзья первым делом **повели** меня на Красную площадь.

Мне запомнилась **повесть** А.С. Пушкина «Метель».

В пятницу вечером, **по-видимому**, никто не хочет работать.

Поводом для встречи стал день рождения сотрудника.

Так тесно в автобусе, не могу даже **повернуться**.

Через двадцать метров будет **поворот** направо.

А Б В Г Д Е Ё Ж З И Й К Л М Н О

повреждéние	파괴, 부상	사고 이후 자동차는 살짝 파손됐다.
повседнéвный	일상생활의	그는 평상시에 반팔티에 청바지를 입는다.
повсю́ду 🔵	여기저기에, 도처에	페테르고프에는 곳곳에 꽃과 분수가 있다.
повторéние	복습, 반복	다음 수업부터 우리는 배운 자료 복습을 시작할 것이다.
повтóрный	반복되는	재시험은 다음주 토요일에 있다.
повыша́ть повы́сить	올리다, 인상하다	공장은 제품 생산량을 늘렸다.
повыша́ться повы́ситься	인상되다, 높아지다	국내 출산율이 매년 높아지고 있다.
поговори́ть СВ만	잠깐 이야기를 나누다	잠이 안 온다. 뭐라도 얘기하자.
поговóрка	속담, 격언	어제 수업에서 '건초 위의 개*'라는 속담의 의미를 알게 됐다. *자신에게 필요도 없으면서 남도 못하게 하는 심보.

После аварии на машине было небольшое **повреждение**.

Его **повседневная** одежда – это футболки и джинсы.

В Петергофе **повсюду** цветы и фонтаны.

Со следующего урока мы начинаем **повторение** изученного материала.

Повторный экзамен пройдёт в следующую субботу.

Завод повысил **количество** производимой продукции.

Уровень рождаемости в стране с каждым годом **повышается**.

Не могу уснуть. Давай **поговорим** о чём-нибудь.

Вчера на уроке узнал значение **поговорки** «собака на сене».

А Б В Г Д Е Ё Ж З И Й К Л М Н О

пограни́чник	국경수비군	국경수비대가 검문을 지날 때 관광객들에게 서류를 보여 달라고 요청했다.
подава́ть пода́ть	내놓다, 서빙하다	내 코트 좀 가져다 줘.
подбега́ть подбежа́ть	뛰어서 가까이 오다, 가다	개가 손님에게 가까이 달려가 냄새를 맡았다.
подборо́док	턱	한 모르는 남자 턱에 턱수염이 나 있었다.
подва́л	지하, 지하실	나이트클럽은 지하에 있다.
по́двиг	공적, 업적	아이를 구한 공으로 그 남자에게 메달을 수여했다.
подвига́ть подви́нуть	1) 옮기다 2) 추진하다	당신 짐 좀 치워 주실 수 있나요? 그는 일을 상당히 진척시켰다.
подвига́ться подви́нуться	추진되다, 움직이다	실례합니다만 조금만 비켜주시겠어요?
подводи́ть подвести́	이끌다	선생님께서 학생들을 에르미타쥐로 인솔하셨다.
подвози́ть подвезти́	운반하다	가까운 버스정류장까지 가서 내려주세요.(택시 등에서)

При прохождении досмотра **пограничники** попросили туристов показать документы.

Подай мне, пожалуйста, моё пальто.

Собака **подбежала** к гостю и обнюхала его.

На **подбородке** у незнакомца была бородка.

Ночной клуб располагается в **подвале**.

За **подвиг** спасения ребёнка мужчина был награждён медалью.

1) Не могли бы вы **подвинуть** свои вещи?
2) Он значительно **подвинул** дело вперёд.

Будьте добры, **подвиньтесь** немного.

Преподаватель **подвёл** студентов к Эрмитажу.

Подвезите меня до ближайшей автобусной остановки.

А Б В Г Д Е Ё Ж З И Й К Л М Н О

подде́рживать поддержа́ть	지지하다, 지원하다	어려울 때 서로를 응원해 주자.
подде́ржка	지지, 지원, 응원	나는 지금 너의 응원이 정말 필요해.
подмета́ть подмести́	청소하다, 쓸다	손님들이 오기 전에 집주인은 먼저 쓸고 나서 바닥을 닦았다.
подогрева́ть подогре́ть	데우다	음식이 식었으니까 데워 와.
пододея́льник	이불 커버	침대이불 세트에는 이불 커버와 베갯잇 두 개도 포함된다.
подоко́нник	창턱, 창가	창가에 온갖 필요없는 잡동사니가 있다.
подпи́сываться подписа́ться	서명하다, 구독하다	일간지 구독을 제안합니다.
по́дпись 예	서명	변호사가 도장 옆에 서명했다.
подплыва́ть подплы́ть +к чему-кому (3)	헤엄쳐 다가가다	개가 보트 쪽으로 헤엄쳐 왔다.

П Р С Т У Ф Х Ц Ч Ш Щ Ъ Ы Ь Э Ю Я

Давайте **поддержим** друг друга в трудную минуту.

Мне сейчас так нужна твоя **поддержка**.

Перед приходом гостей хозяева сначала **подмели**, затем вымыли пол.

Обед остыл, **подогрей** его.

В набор постельного белья входит **пододеяльник** и две наволочки.

На **подоконнике** лежат разные ненужные мелочи.

Предлагаем **подписаться** на еженедельную газету.

Юрист поставил **подпись** около печати.

К лодке **подплыла** собака.

А Б В Г Д Е Ё Ж З И Й К Л М Н О

подполко́вник	육군중령, 경찰총경	경찰총경이 도시 보안수준에 대해 발표했다.
подраба́тывать подрабо́тать кем (5) 또는 в/на чём(6)	아르바이트 하다	학생들이 수업 끝나고 식당에서 아르바이트한다.
подро́бно 부	자세하게	무슨 일이 있었던 건지 자세히 이야기해 주세요.
подро́сток	청소년	청소년들은 부모님 동행 하에 비행기 탑승이 가능하다.
по-друго́му	다른 식으로	이해 안 되세요? 다른 방법으로 설명해 드릴게요.
подружи́ться СВ만 +с кем(5)	친분 관계를 맺다	여름 캠프에서 아이들은 빠르게 친해졌다.
подска́зывать подсказа́ть	귀띔해주다, 슬쩍 말하다	시험에서는 서로 답을 알려주면 안된다.
подслу́шивать подслу́шать	엿듣다, 슬쩍 듣다	니키타, 어른들 말씀을 엿듣는 것은 나쁜 거야.

П Р С Т У Ф Х Ц Ч Ш Щ Ъ Ы Ь Э Ю Я

Об уровне безопасности в городе рассказал **подполковник** полиции.

Студенты **подрабатывают** в ресторане после занятий.

Расскажите **подробно** о том, что случилось.

Подросткам разрешается летать на самолёте в сопровождении родителей.

Непонятно? Попробую объяснить вам **по-другому**.

Дети быстро **подружились** в летнем лагере.

На экзамене нельзя **подсказывать** друг другу.

Никита, нехорошо **подслушивать** взрослые разговоры.

подсма́тривать подсмотре́ть +за кем-чем (5)	엿보다, 슬쩍 보다	누군가가 우리를 몰래 들여다 보는 느낌이다.
подстрига́ть подстри́чь	머리 자르다 (타동사)	전문가들은 6개월에 한 번 이상 머리 끝을 잘라줘야 한다고 말한다.
подстрига́ться подстри́чься	머리 자르다 (자동사)	면접을 앞두고 한 청년이 단정하게 머리를 잘랐다.
подтвержда́ть подтверди́ть	확인하다	영화 감독은 영화 후편 촬영이 시작됐다고 확인했다.
поду́шка	베개	쇼파에 작은 쿠션 두 개가 놓여 있다.
подходя́щий	적합한	한 부부가 적당한 집을 찾고 있다.
подчиня́ться подчини́ться кому-чему(3)	복종하다	군대에서 후임들은 선임의 말에 복종한다.
пожа́р	화재	차 몇 대가 화재를 진압하러 갔다.
пожа́рный 명	소방관	소방관들은 밤낮으로 일한다.
пожела́ние	기원, 바람	엽서에 건강과 행복을 기원한다고 적혀 있었다.

У меня такое чувство, что кто-то секретно **подсматривает** за нами.

Эксперты советуют **подстригать** кончики волос не реже одного раза в полгода.

Перед собеседованием юноша аккуратно **подстригся**.

Режиссёр **подтвердил**, что началась съёмка второй части фильма.

На диване лежат две маленькие **подушки**.

Семейная пара ищет **подходящий** дом.

В армии младшие **подчиняются** старшим.

Несколько машин поехали тушить **пожар**.

Пожарные работают и днём, и ночью.

На открытке были написаны **пожелания** здоровья и счастья.

А Б В Г Д Е Ё Ж З И Й К Л М Н О

пожило́й	나이 든	버스나 지하철에서 노인에게 자리를 양보하세요.
пожима́ть пожа́ть	쥐다, 악수하다	남자들은 만날 때 악수를 한다.
позади́ 🔴	뒤에	우리가 집에 돌아오는 길에 그는 맨 뒤에서 걸었다.
позволя́ть позво́лить кому-чему(3)	허락하다	저한테 소리지르지 마세요! 어떻게 그러실 수 있나요?
по́здний	늦은	그녀의 늦은 전화가 나를 불안하게 했다.
пози́ция	입지, 입장	기사 작성자의 의견은 신문사 편집부 입장과 일치하지 않았다.
познава́ть позна́ть	알아보다	심리 훈련 중에 여러분은 자신을 알고, 자신감을 더 얻게 될 것입니다.
позо́р	수치, 불명예	부끄럽군요! 젊은 세대에게 어떤 본을 보여주시는 겁니까?
пока́зываться показа́ться кому-чему(3)	모습을 보이다	너 목이 너무 빨개. 당장 의사에게 가 봐야겠어.

Уступайте места в транспорте **пожилым** людям.

Мужчины при встрече **пожимают** друг другу руки.

Когда мы возвращались домой, он шёл **позади** всех.

Не кричите на меня! Что вы себе **позволяете**?

Её **поздний** звонок взволновал меня.

Мнение автора статьи не совпадало с **позицией** редакции газеты.

На психологическом тренинге вы сможете **познать** себя, стать увереннее.

Позор! Какой пример вы подаёте молодому поколению?

У тебя слишком красное горло, надо немедленно **показаться** врачу.

А Б В Г Д Е Ё Ж З И Й К Л М Н О

покло́нник, покло́нница	팬	이 배우는 팬이 많다.
поколе́ние	세대	기성세대는 젊은이들을 이해하기 어렵다.
поку́пка	구매	우리 가게에서는 구매하실 때마다 보너스를 받으실 수 있습니다.
по́лдень 남	정오	약속이 낮 12시로 정해졌다.
полете́ть СВ만	날아가다	오케스트라가 유럽에 순회공연을 간다.
полёт	비행	우리 항공사는 여러분의 쾌적한 비행을 기원합니다!
по́лзать НСВ만	기어가다 (부정태)	– 당신의 아이는 벌써 걷나요? – 아니요, 아직 기어다녀요.
ползти́	1) 기어가다 (정태) 2) 천천히 움직이다	딱정벌레가 나무를 기어오르고 있다. 시계바늘이 느리게 움직인다.
полива́ть поли́ть кого-что(4) +чем(5)	물을 주다	엄마는 일주일에 두 번 꽃에 물을 주신다.

П Р С Т У Ф Х Ц Ч Ш Щ Ъ Ы Ь Э Ю Я

У этого актёра много **поклонников**.

Старшему **поколению** трудно понять молодых.

За каждую **покупку** в нашем магазине вы получите бонус.

Встреча назначена на **полдень**.

Оркестр **полетит** на гастроли в Европу.

Авиакомпания желает вам приятного **полёта**!

– Ваш ребёнок уже ходит?
– Нет, пока ещё **ползает**.

1) Жук **ползёт** по дереву.

2) Стрелки часов еле **ползут.**

Мама **поливает** цветы два раза в неделю.

А Б В Г Д Е Ё Ж З И Й К Л М Н О

поли́тик	정치인	많은 정치인들이 대통령 지지 연설을 했다.
поли́ция	경찰	위험할 때는 경찰을 부르세요.
полк	연대, 부대	경찰서에는 외국 영사관 경비대가 있다.
полко́вник	육군대령, 경찰 경무관	경찰 경무관이 발생한 사건에 대해 공식 브리핑을 했다.
по́лностью 🖲	완전히, 전부	보험회사가 운항 취소와 관련된 돈을 전부 보상해 줄 것이다.
по́лночь 🖂	자정	시계가 자정을 알렸다.
положе́ние	위치, 자세, 상태	당신은 저를 불편하게 만드시는군요.
положи́тельный	긍정적인	이리나는 매우 긍정적인 사람이다.
получа́ться получи́ться	얻어지다, 잘되다	나아질 거라고 믿어 봐. 다 잘 될거야.
по́льза	이익	다이어트해서 무엇을 얻을 수 있어?
по́люс	극, 극지방	탐험대가 북극에 상륙했다.

П Р С Т У Ф Х Ц Ч Ш Щ Ъ Ы Ь Э Ю Я

Многие **политики** выступили в поддержку президента.

В случае опасности вызывайте **полицию**.

В полиции есть **полк** по охране консульств иностранных государств.

Официальные комментарии по поводу случившегося дал **полковник** полиции.

Страховая компания **полностью** оплатит затраты в связи с отменой рейса.

Часы пробили **полночь**.

Вы ставите меня в неудобное **положение**.

Ирина очень **положительный** человек.

Верь в лучшее. Всё **получится**!

Какая **польза** от диеты?

Экспедиция высадилась на Северном **полюсе**.

А Б В Г Д Е Ё Ж З И Й К Л М Н О

помаха́ть **СВ만**	흔들다	아가씨가 기차 창가에서 손을 흔들었다.
помеще́ние	장소, 부지	사업을 하려면 부지가 필요하다.
понемно́гу 🖣	조금씩, 서서히	환자가 조금씩 회복되고 있다.
понижа́ться пони́зиться	떨어뜨리다, 내리다	저녁 즈음 기온이 0도까지 떨어질 것이다.
понима́ние	이해	이해해 주셔서 감사합니다.
поня́тие	개념	'문화 충격'이라는 개념이 있다.
поня́тный	이해할 수 있는	상황이 이해 가능해 보였다.
попада́ть попа́сть	~에 이르다, 닿다, 들어가다	연극 못 봐. 표가 다 팔렸어.
поперёк 🖣	가로로, 반대로	우리는 전시회를 구석구석 다녔다.
поправля́ть попра́вить	고치다, 개선하다	여배우가 무대로 나가기 전 머리를 손질했다.

П Р С Т У Ф Х Ц Ч Ш Щ Ъ Ы Ь Э Ю Я

Девушка **помахала** рукой из окна поезда.

Для того чтобы открыть бизнес, нам понадобится **помещение**.

Больной **понемногу** поправляется.

К вечеру температура воздуха **понизится** до нуля градусов.

Благодарю вас за **понимание**.

Существует такое **понятие**, как «культурный шок».

Ситуация казалась мне **понятной**.

На спектакль не **попасть**, билеты уже проданы.

Мы прошли выставку вдоль и **поперёк**.

Артистка **поправила** причёску перед выходом на сцену.

А Б В Г Д Е Ё Ж З И Й К Л М Н О

поправля́ться поправиться	1) 회복되다 2) (스스로) 수정하다, 바로 잡다, 고치다 3) 살찌다	그는 약을 먹고 다 나았다. 학생은 처음에 오답을 말했다가 바로 바로 잡았다. 아내가 딸 출산 후 5킬로 쪘다.
попы́тка	시도	정답을 맞힐 3번의 기회를 드립니다.
поража́ть порази́ть кого(4) чем(5)	1) 때리다 2) 놀라게 하다	우리 군대가 적을 격파했다. 그림이 색채의 아름다움으로 놀라움을 주고 있다.
по-ра́зному 부	다양한 방법으로	모두가 같은 상황을 다양하게 바라보고 있다.
пора́нить СВ만	상처를 입히다	삼촌이 차를 수리하다가 손을 다치셨다.
поре́зать СВ만	베다, 자르다	내가 점심 때 먹을 빵을 썰게.
по́ровну 부	똑같이, 평등하게	형제들이 유산을 평등하게 나눴다.
по́ртить испо́ртить	망쳐놓다, 상하게 하다	우울한 소식이 기념일을 망쳤다.

П Р С Т У Ф Х Ц Ч Ш Щ Ъ Ы Ь Э Ю Я

1) Он выпил лекарство и **поправился**.
2) Студент сначала ответил неправильно, но быстро **поправился**.

3) После рождения дочери жена **поправилась** на пять килограммов.

У вас есть три **попытки**, чтобы дать правильный ответ.

1) Наша армия **поразила** врага.
2) Картина **поражает** красотой красок.

Все **по-разному** смотрят на одну и ту же ситуацию.

Дядя ремонтировал машину и **поранил** палец.

Я **порежу** хлеб к обеду.

Братья поделили наследство **поровну**.

Грустная новость **испортила** праздник.

А Б В Г Д Е Ё Ж З И Й К Л М Н О

по́ртиться испо́ртиться	상하다	우유가 밤 동안 식탁에 있었고, 아침이 되자 상해버렸다.
портфе́ль 남	서류가방, 책가방	1학년 학생들이 어깨에 큰 책가방을 메고 학교에 가고 있다.
поря́док	질서	정리하고 산책하러 가자.
поря́дочный	질서정연한	젊은 남자는 정직하고 똑똑해 보인다.
посвяща́ть посвяти́ть что(4) кому(3)	바치다, 헌정하다	이 노래는 우리 부모님께 바치는 것이다.
посереди́не 부	한가운데	방 한가운데 식탁이 있다.
посети́тель, посети́тельни- ца	방문객	우리 식당은 마지막 한 분까지 모십니다.
посиде́ть СВ만	앉아 있다	잠깐 앉아서 얘기 좀 하자.
поско́льку	~한 만큼, ~때문에	극장에 늦었기 때문에 아빠는 택시 타고 가자고 하셨다.
послу́шный	말 잘 듣는	말 잘 듣는 아이를 보면 마음이 참 좋다!

П Р С Т У Ф Х Ц Ч Ш Щ Ъ Ы Ь Э Ю Я

Молоко стояло на столе ночь и к утру **испортилось**.

Первоклассники идут в школу с большими **портфелями** за плечами.

Наведём **порядок** и пойдём гулять.

Молодой человек выглядит **порядочным** и интеллигентным.

Эта песня **посвящается** моим родителям.

Посередине комнаты стоит обеденный стол.

Наш ресторан работает до последнего **посетителя**.

Посидим немного, поговорим.

Поскольку мы опаздывали в театр, папа предложил поехать на такси.

Приятно посмотреть на **послушного** ребёнка!

А Б В Г Д Е Ё Ж З И Й К Л М Н О

постепе́нно 🔵	점진적으로	국내 상황이 점차 정상화되고 있다.
постоя́нный	항상, 변함없는	나는 일에서 항상 스트레스를 받는다.
посту́пок	행실, 행동	그의 행동은 모두를 놀라게 했다.
посу́да	식기	호텔 객실에 컵, 접시, 수저 등 다양한 식기가 있었다.
потенциа́льный	잠재적인	대학생들은 학술문헌의 잠재적 구매자다.
пото́к	흐름	옥외광고는 통제할 수 없는 정보의 홍수이다.
пото́мок	자손, 후예	작가의 집은 그 후손들의 것이다.
потреби́тель 🔵	소비자	법에는 소비자의 권리와 판매자의 의무가 적혀있다.
потреби́тельский	소비자의	물가 상승으로 인해 소비자 가격도 올랐다.
потре́бность 🔵	필요, 요구, 욕구	인간에게는 자아실현의 욕구가 있다.
потряса́ющий	강렬한, 놀랄 만한	엄청난 바다 휴가가 우리를 기다리고 있다!

Ситуация в стране **постепенно** нормализовалась.

У меня на работе **постоянный** стресс.

Его **поступок** всех удивил.

В номере отеля была разная **посуда**: стаканы, тарелки, ложки.

Студенты – **потенциальные** покупатели научной литературы.

Реклама на улице – это неконтролируемый **поток** информации.

Дом писателя принадлежит его **потомкам**.

В законе описаны права **потребителя** и обязанности продавца.

Из-за роста цен **потребительские** цены тоже выросли.

У человека есть **потребность** в самореализации.

Нас ждёт **потрясающий** отдых на океане!

А Б В Г Д Е Ё Ж З И Й К Л М Н О

похо́д	행군, 도보여행	대학생 그룹이 도보여행을 떠났다.
похолода́ние	쌀쌀해지는 것	기상 전문가들이 다음 주에 추워질 것이라 예보했다.
по́хороны **복수만**	장례식	이 여배우의 장례식에 전 모스크바가 참석했다.
почему́-то **부**	어떠한 이유에서인지	왜 그런지 오늘 어지럽다.
по́черк	글씨체	선생님 글씨체는 바르고 깔끔하다.
почётный	명예의	극장 개관식에서 한 유명한 배우가 명예 손님으로 참석했다.
почтальо́н	우체부	우체부가 조간신문을 가져왔다.
по́шлина	관세, 세금	여권 발급 비용은 2천 루블이다.
поэ́ма	장시, 서사시	21살 때 푸쉬킨은 장시 '루슬란과 류드밀라'를 썼다.
по́яс	띠, 벨트	너에게 검정 띠가 있는 이 빨간 원피스가 정말 잘 어울린다.

Группа студентов отправилась в **поход**.

Синоптики обещают **похолодание** на следующей неделе.

На **похороны** актрисы пришла вся Москва.

Почему-то сегодня у меня кружится голова.

У преподавателя ровный, аккуратный **почерк**.

Почётным гостем на открытии театра стал известный актёр.

Почтальон принёс утреннюю газету.

Пошлина за оформление загранпаспорта составляет 2000 рублей.

В 21 год А.С. Пушкин написал **поэму** «Руслан и Людмила».

Тебе очень идёт это красное платье с чёрным **поясом**.

А Б В Г Д Е Ё Ж З И Й К Л М Н О

пра-	한 세대 더 위로	내가 태어났을 때, 증조할머니는 이미 돌아가신 후였다.
пра́вильный	옳은, 올바른	이 대학에 입학하는 것은 올바른 결정이었다.
пра́вить **НСВ만** кем-чем(5)	통치하다, 조종하다	나라를 통치하는 사람은 큰 책임감을 가지고 있다.
пра́во	법, 권리	저를 비난할 권리가 있습니까?
правово́й	법률의, 법의	법과 관련된 그 어떤 문제도 변호사와 함께 해결하실 수 있습니다.
правосла́вие	정교	정교에서는 전통적으로 여자들은 사원에서 머리에 두건을 두르고, 남자들은 모자를 벗어야 한다.
правосла́вный	정교의	서울에는 러시아 정교 사원이 있다.
правосу́дие	재판, 사법	로스쿨에서 학생들은 러시아 사법 원리를 배운다.
пра́вящий	지배하는, 통치하는	여당은 과반수 이상을 득표했다.
пра́здновать	기념하다	러시아에서는 부활절을 대대적으로 기념한다.

П Р С Т У Ф Х Ц Ч Ш Щ Ъ Ы Ь Э Ю Я

Когда я родился, моя **прабабушка** уже умерла.

Поступать в этот вуз было **правильным** решением.

На том, кто **правит** страной, лежит большая ответственность.

Какое вы имеете **право** обвинять меня?

Любые **правовые** вопросы вы можете решить с юристом.

В **православии** есть традиция: женщины в храме надевают платок, а мужчины снимают головные уборы.

В Сеуле есть русский **православный** храм.

В юридической академии студенты изучают принципы **правосудия** в России.

Правящая партия получила большинство голосов.

В России широко **празднуют** Пасху.

♦ 363

А Б В Г Д Е Ё Ж З И Й К Л М Н О

практика́нт	연수생, 인턴	가게에서 판매원 연수생이 일하고 있다.
практи́чный	실용적인	점퍼는 실용적인 가을 옷이다.
пра́чечная	세탁소	우리 세탁소에서는 저렴한 가격으로 옷을 세탁할 수 있습니다.
превосхо́дный	훌륭한, 탁월한	이 음식의 맛은 훌륭하다.
превраща́ть преврати́ть +в кого-что(4)	바꾸다, 전환하다	2년 만에 회사가 대기업이 됐다.
предава́ть преда́ть кому-чему(3)	배신하다	진정한 친구는 절대로 배신하지 않을 것이다.
преда́тель, преда́тельница	배신자	친구가 배신자였다는 사실을 알게 돼서 속상하다.
предвари́тельный	사전의	내일 재능인 대회 예선이 열린다.
предви́деть НСВ만	예견하다	정치인들은 국내 위기를 예상했다.

В магазине работают продавцы-**практиканты**.

Куртка – **практичная** осенняя одежда.

В нашей **прачечной** вы можете недорого постирать одежду.

У этого блюда **превосходный** вкус.

За два года компанию **превратили** в крупную корпорацию.

Настоящий друг никогда не **предаст**.

Обидно узнать, что друг оказался **предателем**.

Завтра состоится **предварительный** отбор на конкурс талантов.

Политики **предвидели** кризис в стране.

А Б В Г Д Е Ё Ж З И Й К Л М Н О

предвы́борный	선거 전의	대통령 선거 캠페인이 시작됐다.
предисло́вие	서문, 머리말	책 머리말에 이 책을 작가의 아내에게 바친다고 적혀 있다.
пре́док	조상, 선대	푸쉬킨의 조상은 아프리카 출신이다.
предполага́ть предположи́ть	추측하다, 헤아리다	내 생각에는 회의가 6시쯤 끝날 것 같다.
предположе́ние	추측	학자들은 질병이 부모에게서 아이로 전달된다는 추측을 내 놓았다.
предпочита́ть предпоче́сть	선호하다	나는 과일 중에서 키위를 선호한다.
предприи́мчивый	기업심이 강한, 진취적인	추진력 있는 사람과 일하는 것은 쉽고 재미있다.
предпринима́тель 남	기업가	기업가는 무엇보다 사업계획을 가지고 있어야 한다.
предприя́тие	기업	이 회사에 200명이 일하고 있다.
предрассу́док	편견, 선입관	모든 여자가 단 것을 좋아한다는 것은 선입견이다.

Началась **предвыборная** кампания президента.

В **предисловии** к книге написано, что книга посвящена супруге автора.

Предок А.С. Пушкина приехал из Африки.

Я **предполагаю**, что заседание закончится примерно в шесть.

Учёные выдвинули **предположение**, что болезни передаются от родителей к детям.

Из фруктов я **предпочитаю** киви.

С **предприимчивым** человеком работать легко и интересно.

Предприниматель прежде всего должен иметь бизнес-план.

На **предприятии** работает 200 человек.

То, что все женщины любят сладкое, – это **предрассудок**.

А Б В Г Д Е Ё Ж З И Й К Л М Н О

председа́тель 남	의장	새 총리가 임명됐다.
предска́зывать предсказа́ть	예언하다, 예고하다	전문가들은 루블화 강세가 계속될 것이라고 예측한다.
представля́ть предста́вить	1) 상상하다 2) 소개하다 3) 제출하다	사람들이 인터넷 없이 어떻게 살았는지 상상이 잘 되지 않는다. 여러분들께 새 직원 이고리 스미르노프를 소개하겠습니다. 직원들이 컨펌을 받기 위해 사장님에게 프로젝트를 제출했다.
представля́ться предста́виться	나타나다, ~으로 보이다	제 소개를 드리겠습니다. 제 이름은 알렉세이 니키틴입니다.
предупрежда́ть предупреди́ть	경고하다	보건부는 흡연이 당신의 건강에 해롭다고 경고한다.
предупрежде́ние	경고	강풍으로 도시 내 강풍 경보가 내려졌다.
предусма́тривать предусмотре́ть	규정하다, 명기하다, 예견하다	법은 그 준수를 명기하고 있다.

Назначен новый **председатель** правительства.

Эксперты **предсказывают** дальнейший рост рубля.

1) Трудно **представить**, как люди жили без Интернета.

2) Хочу **представить** вам нашего нового сотрудника Игоря Смирнова.

3) Сотрудники **представили** проект директору на утверждение.

Разрешите **представиться**: меня зовут Алексей Никитин.

Минздрав **предупреждает**: курение опасно для вашего здоровья.

Из-за сильного ветра в городе объявлено штормовое **предупреждение**.

Закон **предусматривает** его соблюдение.

А Б В Г Д Е Ё Ж З И Й К Л М Н О

предусмотри́-тельный	선견지명이 있는	통찰력 있는 사람의 삶에는 예상치 못한 일이 없다.
предчу́вствовать **НСВ만**	예감이 들다	책 주인공은 불행이 닥칠 것을 예감했다.
предше́ствовать **НСВ만** кому-чему(3)	~에 앞서다	우리는 만나기 앞서 전화 통화를 먼저 했다.
предъявля́ть предъяви́ть	제출하다	서류를 제출해 주세요.
предыду́щий	이전의, 바로 전의	지난 수업에서 우리는 러시아 동사에 대해 이야기했고, 오늘은 부사에 대해 이야기해 보겠습니다.
прее́мник	상속자, 후계자	한 유명 정치인이 대통령 후계자가 됐다.
пре́жде чем	~하기 전에, 무엇보다	교실에 들어가기 전에 먼저 문을 두드리세요.
презри́тельный	경멸하는	그는 모두를 경멸하는 눈빛으로 쳐다봤다.
преиму́щество	강점, 이점	이 전략의 강점은 짧은 기간 안에 좋은 결과를 얻을 수 있다는 것이다.

В жизни **предусмотрительного** человека не бывает неожиданностей.

Герой книги **предчувствовал**, что случится беда.

Нашей встрече **предшествовал** телефонный разговор.

Предъявите, пожалуйста, ваши документы.

На **предыдущем** уроке мы говорили о русских глаголах, сегодня мы поговорим о наречии.

Преемником президента стал известный политик.

Прежде чем вы войдёте в класс, постучите в дверь.

Он посмотрел на всех **презрительным** взглядом.

Преимущество этой стратегии в том, что в короткие сроки она позволяет получить хорошие результаты.

А Б В Г Д Е Ё Ж З И Й К Л М Н О

прекраща́ть прекрати́ть	중단하다	그만해! 그만 싸워.
премье́ра	초연	오페라 발레 극장에서 '라 트라비아타' 초연이 있었다.
преоблада́ть **HCB만**	우세하다	봄에는 바이러스로 인한 질병이 많다.
преодолева́ть преодоле́ть	극복하다	어려움을 극복하려면 인내심을 길러야한다.
препя́тствие	장애물	우리 여행의 장애물은 태풍이었다.
препя́тствовать воспрепя́тствовать	방해하다	아들아! 우리는 네가 유학 가려는 것을 막지 않을 것이다.
пресле́довать **HCB만**	추적하다, 추격하다	경찰이 범인을 추적하고 있다.
пре́сса	언론	여러분은 지금 러시아 언론의 간추린 뉴스를 듣고 계십니다.
прести́жный	위신 있는	모스크바 국립대학교는 러시아 최고의 명문대.

П Р С Т У Ф Х Ц Ч Ш Щ Ъ Ы Ь Э Ю Я

Хватит! **Прекратите** ругаться.

В Театре оперы и балета состоялась **премьера** «Травиаты».

Весной **преобладают** вирусные болезни.

Следует запастись терпением, чтобы **преодолеть** трудности.

Препятствием для нашего путешествия стал тайфун.

Сынок! Мы не будем **препятствовать** твоему желанию учиться за границей.

Полиция **преследует** преступника.

Вы слушаете утренний обзор российской **прессы**.

МГУ – самый **престижный** вуз России.

преступле́ние	죄, 범죄	대형 범죄 하나가 밝혀졌다.
престу́пник	범죄자	경찰이 범죄 일당 중 한 명을 붙잡았다.
претенде́нт	요구자, 도전자, 희망자	대학 총장 후보자로 교수 몇 명이 나섰다.
претендова́ть **НСВ만**	~를 탐내다, 주장하다	학과장 자리를 두고 3명이 후보에 올랐다.
при **전**	~ 시대에	상트페테르부르크는 표트르 1세 때 세워졌다.
прибавля́ть приба́вить	더하다, 보태다	2 더하기 5는 7이다.
прибега́ть прибежа́ть	뛰어오다	무슨 일이 일어난 건지 알자마자 그녀는 곧장 달려왔다.
приближа́ться прибли́зиться +к кому-чему(3)	가까워지다	겨울이 오고 있으니 따뜻한 옷과 신발을 사야겠다.
приблизи́тельный	대략적인	아파트 수리비는 대략 10만 루블이다.

П Р С Т У Ф Х Ц Ч Ш Щ Ъ Ы Ь Э Ю Я

Раскрыто одно из громких **преступлений**.

Полиция задержала одного из банды **преступников**.

Претендентами на должность ректора стали несколько профессоров университета.

На должность декана факультета **претендуют** три человека.

Санкт-Петербург был построен **при** Петре Первом.

Если к двум **прибавить** пять, то получится семь.

Узнав о случившемся, она сразу **прибежала**.

Приближается зима, нужно купить тёплую одежду и обувь.

Приблизительная стоимость ремонта квартиры – 100 000 рублей.

А Б В Г Д Е Ё Ж З И Й К Л М Н О

прибыва́ть прибы́ть +к кому-чему(3) 또는 +во что(4)	오다, 도착하다	'모스크바-상트페테르부르크'행 기차는 2번 플랫폼 3번 레일로 온다.
при́быль 여	이윤, 이익	이 회사의 월 소득은 15만 루블에 달한다.
приве́тливый	상냥한, 친절한	러시아 사람들은 개방적이고 상냥하다.
приве́тствовать поприве́тствовать	환영하다	우리 파티에 오신 여러분을 환영할 수 있어 기쁘게 생각합니다.
привиле́гия	혜택	아이가 있는 여성들은 대학 입학 시 혜택을 받는다.
привлека́тельный	매력적인	염가판매 : 매력적인 가격의 겨울 옷!
привлека́ть привле́чь	유혹하다, 이끌다	선명한 옷은 지나가는 사람들의 관심을 끈다.
привы́чка	습관, 버릇	너는 물건 잃어버리는 버릇이 있어.

П Р С Т У Ф Х Ц Ч Ш Щ Ъ Ы Ь Э Ю Я

Поезд «Москва – Санкт-Петербург» **прибывает** ко второй платформе, на третий путь.

Месячная **прибыль** компании составляет 150 000 рублей.

Русские – открытый, **приветливый** народ.

Мы рады **приветствовать** вас на нашем празднике.

Женщины, имеющие детей, получают **привилегии** при поступлении в университет.

Распродажа: зимняя одежда по **привлекательным** ценам!

Яркая одежда **привлекает** внимание прохожих.

У тебя есть **привычка** терять свои вещи.

| А Б В Г Д Е Ё Ж З И Й К Л М Н О |

привы́чный	습관적인, 익숙한	명절 후에 일상이 시작됐다.
пригласи́тельный	초대의, 권유의	연회는 초대장이 있어야만 들어갈 수 있다.
приглаше́ние	초대, 초대장	친척들이 결혼식 초대장을 받았다.
приду́мывать приду́мать	고안하다, 만들다	수업에서 우리는 다양한 상황에서의 대화문을 만들었다.
прие́зжий 명	타지에서 온 사람	방문객들은 호텔에 머무를 수 있을 것이다.
призва́ние	사명	의사가 되는 것은 나의 사명이다.
признава́ть призна́ть	인정하다	나는 나의 실수를 인정하고 용서를 구합니다.
признава́ться призна́ться	고백하다	학생이 숙제를 안했다고 고백했다.
при́знак	기미, 징조	독감의 첫 번째 증상은 고열이다.
призыва́ть призва́ть	촉구하다	도시에 태풍이 상륙하고 있습니다. 모두 침착해 주시기 바랍니다.

После праздников началась **привычная** жизнь.

Вход на банкет только по **пригласительным** билетам.

Родственники получили **приглашение** на свадьбу.

На занятиях мы **придумываем** диалоги в разных ситуациях.

Приезжие смогут остановиться в гостинице.

Быть врачом – моё **призвание**.

Я **признаю** свою ошибку и прошу прощения.

Ученик **признался**, что не выполнил домашнее задание.

Первый **признак** гриппа – высокая температура.

На город идёт тайфун. **Призываем** всех сохранять спокойствие.

А Б В Г Д Е Ё Ж З И Й К Л М Н О

прика́з	명령, 지시	회사에서 직원 해외 출장에 대한 지시가 내려왔다.
прикаса́ться прикосну́ться	접촉하다, 건드리다	우리는 새끼 고양이 앞에 우유를 두었지만, 고양이는 건드리지도 않았다.
приключе́ние	모험	나는 흥미로운 주제의 모험 영화를 좋아한다.
примеря́ть приме́рить	맞는지 입어보다	이 원피스 입어 보세요. 이 색이 당신에게 어울립니다.
приме́та	전조, 징후	새들이 동트기 전에 우는 것은 좋은 징조다.
примити́вный	원시적인	옛날에 사람들은 원시도구를 일상생활에 사용했다.
примо́рский	해안의	여름에 연안도시는 매우 습하다.
при́нцип	원리, 원칙	과학 연구의 기본 원리는 사실에 대학 깊은 분석이다.
принципиа́льный	원리의, 원칙의, 기본적인	우리 도시가 다른 도시와 기본적으로 다른 점은 시베리아 유일의 석조 요새가 있다는 것이다.

На предприятии вышел **приказ** о командировании работников за границу.

Мы поставили перед котёнком молоко, но он даже не **прикоснулся** к нему.

Я люблю фильмы-**приключения** с увлекательным сюжетом.

Примерьте это платье, этот цвет вам идёт.

Если птицы поют до рассвета, это добрая **примета**.

Раньше люди в быту пользовались **примитивными** предметами.

Летом в **приморских** городах очень влажно.

Основной **принцип** научной работы – глубокий анализ фактов.

Принципиальное отличие нашего города от других – это наличие единственного каменного кремля в Сибири.

А Б В Г Д Е Ё Ж З И Й К Л М Н О

приобрета́ть приобрести́	획득하다, 구입하다	원하는 사람은 모두 박람회에서 러시아 기념품을 살 수 있다.
приро́дный	자연의, 자연 그대로의	시베리아에는 자연보호구역이 몇 곳 있다.
присоединя́ть присоедини́ть кого-что(4) +к кому-чему(3)	연결하다, 합류시키다	2014년에 러시아는 크림반도를 합병했다.
присоединя́- ться присоедини́- ться +к кому-чему(3)	합류하다	학생 봉사팀에 들어오세요!
приступа́ть приступи́ть +к кому-чему(3)	착수하다	동료들이 새로운 프로젝트 업무에 착수했다.
прису́тство- вать **НСВ만**	참석하다	이반 니콜라예비치 씨, 당신은 어제 왜 회의에 참석하지 않았습니까?
приходи́ться прийти́сь	~할 수밖에 없다	나는 가족 부양을 위해 매일 아침부터 저녁까지 일할 수 밖에 없다.

П Р С Т У Ф Х Ц Ч Ш Щ Ъ Ы Ь Э Ю Я

На ярмарке все желающие могут **приобрести** русские сувениры.

В Сибири есть несколько **природных** заповедников.

В 2014 году Россия **присоединила** Крым.

Присоединяйтесь к студенческой группе волонтёров!

Коллеги **приступили** к работе над новым проектом.

Иван Николаевич, почему вы вчера не **присутствовали** на собрании?

Мне **приходится** ежедневно работать с утра до вечера, чтобы кормить семью.

А Б В Г Д Е Ё Ж З И Й К Л М Н О

причёска	헤어스타일	신부가 멋진 결혼식 머리를 하고 있었다.
причёсываться причеса́ться	머리 빗다	무대 나가기 전에 머리 빗으렴.
прия́тель, прия́тельница	친구	작년에 나는 친구 한 명과 유럽을 여행했다.
про 전	~에 대해서, ~에 대한	오늘 나는 여러분께 러시아 경제상황에 대해 말씀 드리겠습니다.
пробега́ть пробежа́ть	뛰어 지나가다, (일정 거리를) 뛰다	우리가 대화하고 있었을 때, 한 소년이 우리 옆을 뛰어 지나갔다.
про́бка	1) 뚜껑, 병 마개, 코르크 2) 교통체증	병 뚜껑이 뻥 소리와 함께 날아갔다. 죄송합니다. 길이 막혀 늦었습니다.
пробы́ть СВ만	머무르다, 체류하다	이모는 우리집에 며칠 머무르시다가 집으로 돌아가셨다.
прове́тривать прове́трить	바람을 통하게 하다	잠깐 환기시키자. 여기는 너무 답답하다.

П Р С Т У Ф Х Ц Ч Ш Щ Ъ Ы Ь Э Ю Я

У невесты была шикарная свадебная **причёска**.

Причешись перед выходом на сцену.

В прошлом году мы с одним **приятелем** путешествовали по Европе.

Сегодня я хотел бы вам рассказать **про** экономическую ситуацию в России.

Когда мы разговаривали, мимо нас **пробежал** какой-то мальчик.

1) **Пробка** вылетела из бутылки с громким хлопком.

2) Извините, я опоздал из-за **пробки** на дороге.

Тётя **пробыла** у нас в гостях несколько дней и затем вернулась к себе.

Давайте немного **проветрим**, здесь очень душно.

А Б В Г Д Е Ё Ж З И Й К Л М Н О

провинциа́-льный	지방의, 시골의	안나는 작은 지방 도시에서 모스크바로 왔다.
прови́нция	지방, 지역	지방 사람들은 수도권 사람들보다 친절하다.
проводни́к	1) 진행자 2) 전도체	견학에서 경험 많은 가이드가 우리와 함께 다녔다. 금속은 전기가 통하는 도체 입니다.
прогно́з	예측, 예보, 예후	여러분은 지금 제1채널 날씨 예보를 보고 계십니다.
программи́ст	프로그래머	프로그래머 임금은 교사 임금보다 높다.
прогресси́в-ный	진보적인, 급격한	국내 식료품 가격이 빠르게 오르고 있다.
продлева́ть продли́ть	연장하다	제 비자 기간이 끝나갑니다. 비자를 어떻게 연장하나요?
продово́льст-венный	식량의	식료품 상점은 식품가게라고도 부른다.
продолже́ние	지속, 연속, 속편	이 소설의 뒷이야기는 내일 알게 되실 겁니다.

Анна приехала в Москву из небольшого **провинциального** городка.

В **провинции** люди добрее, чем в столице.

1) На экскурсии с нами был опытный **проводник**.

2) Металл – проводник электричества.

Вы смотрите **прогноз** погоды на Первом канале.

Зарплата **программиста** выше, чем зарплата учителя.

В стране наблюдается **прогрессивный** рост цен на продукты.

Срок моей визы заканчивается. Как можно **продлить** визу?

Продуктовые магазины ещё называются **продовольственными**.

Продолжение этого романа вы узнаете завтра.

продолжи́те-льность	지속성, 지속 시간	영화 상영시간은 2시간 30분이다.
продолжи́те-льный	계속되는	힘든 일을 한 후에는 장기적인 휴식이 필요하다.
проду́кция	제품	이 회사 제품이 새 카탈로그에 소개됐다.
проду́мывать проду́мать	잘 생각하다	우리 공동 작업의 구체적 계획에 대해 잘 생각해 봐야 한다.
прое́зд	통행, 통과	버스 요금은 28루블이다.
проездно́й	통행의	교통카드 정기권을 보여주세요.
прое́кт	프로젝트	학자들이 이 프로젝트를 2년 간 작업했다.
прожи́точный ми́нимум	최저생계비	2015년 모스크바 최저생계비는 1만 5천 루블이었다.
про́за	산문	푸쉬킨은 시뿐만 아니라 산문도 썼다.
прозра́чный	투명한	바이칼 호수 물은 놀랍도록 투명하다.
происше́ст-вие	사건	뉴스에서 끔찍한 교통사고 현장을 보여줬다.

Продолжительность фильма – 2 часа 30 минут.

Тяжёлая работа требует **продолжительного** отдыха.

Продукция этой компании представлена в новом каталоге.

Нужно **продумать** детальный план нашей совместной работы.

Стоимость **проезда** в автобусе – 28 рублей.

Покажите ваш **проездной** билет.

Учёные работали над этим **проектом** 2 года.

В 2015 году **прожиточный минимум** в Москве составил 15 000 рублей.

А.С. Пушкин писал не только стихи, но и **прозу**.

Воды Байкала удивительно **прозрачные**.

В новостях показали страшное дорожное **происшествие**.

пролета́ть пролете́ть	1) 날아 지나가다 2) (시간, 거리 따위가) 지나가다	비행기가 바로 우리집 위로 지나갔다. 친구 집에서 시간이 눈치 못챌 정도로 빠르게 흘렀다.
промока́ть помо́кнуть	젖다	비 온 뒤 우리 옷은 완전히 젖었다.
пропада́ть пропа́сть	없어지다, 떨어지다	이리나. 너 그동안 어디에 있었어? 너를 오랫 동안 보지 못했다.
проплыва́ть проплы́ть	헤엄쳐 지나가다	작은 배가 선박 옆을 지나갔다.
про́пуск	입장 허가증	공장은 입장 허가증이 있어야 들어갈 수 있다.
пропуска́ть пропусти́ть	1) 통과시키다 2) 빠뜨리다	면회가 불가능한 시간이어서 딸이 있는 병동으로 들어가지 못했다. 한 학생이 아파서 수업을 3회 놓쳤다.
прорабо́тать	(일정 시간 동안) 일하다	스베틀라나 이바노브나는 35년간 엔지니어로 일했다.
прослу́шивать прослу́шать	1) 끝까지 듣다 2) 흘려 듣다	그는 뉴스 요약을 처음부터 끝까지 다 들었다. 다시 말해줘. 네가 무슨 말 했는지 못 들었다.

П Р С Т У Ф Х Ц Ч Ш Щ Ъ Ы Ь Э Ю Я

1) Самолёт **пролетел** прямо над нашим домом.
2) Время в гостях **пролетело** незаметно.

После дождя наша одежда совсем **промокла**.

Ирина, куда ты **пропала**? Сто лет тебя не видела.

Мимо корабля **проплыла** лодка.

Вход на территорию завода осуществляется по **пропускам**.

1) Меня не **пропустили** к дочери в больницу, потому что было неприёмное время.
2) Студент **пропустил** три урока из-за болезни.

Светлана Ивановна **проработала** инженером 35 лет.

1) Он **прослушал** обзор новостей от начала до конца.

2) Повтори, пожалуйста, что ты сказал, я **прослушал**.

А Б В Г Д Е Ё Ж З И Й К Л М Н О

проспа́ть просыпа́ть	1) 일정 시간 동안 자다 2) 늦잠 자다	그는 아침 내내 늦잠을 잤다. 이고리는 알람을 듣지 못하고 늦잠을 자서 회사에 지각했다.
просто́рный	넓은	크고 넓은 집에 사는 것이 소원이다.
простыня́	침대 시트	호텔에서는 매일 침대 시트와 베개 커 버를 갈아준다.
про́сьба	요청, 부탁	부탁이 있습니다. 들어오실 때 문을 닫아주세요. 너무 춥네요.
протестова́ть **НСВ и СВ**	항의하다, 반대하다	노동자들이 임금체불에 대해 항의하 고 있다.
противопо- ло́жный	반대의, 대립하는	나는 너에게 동의하지 않아. 내 의견 은 반대야.
противопос- тавля́ть противопос- та́вить	대립시키다, 대비하다, 대항하다	에세이에서 도시 생활과 시골 생활을 대조해 보세요.
противоре́чие	대립, 반대, 모순, 당착	당신의 논문에는 모순점이 많습니다.

1) Она **проспала** всё утро.

2) Игорь не слышал будильник, **проспал** и опоздал на работу.

Мечтаю жить в большом **просторном** доме.

В отеле каждый день меняют **простыни** и наволочки.

У меня есть **просьба**: пожалуйста, закрывайте за собой дверь, очень холодно.

Рабочие **протестуют** против задержки зарплаты.

Я не согласен с тобой, у меня **противоположное** мнение.

Попробуйте в эссе **противопоставить** жизнь в городе и жизнь в деревне.

В вашем докладе много **противоречий**.

А Б В Г Д Е Ё Ж З И Й К Л М Н О

профессиона́л	전문가, 프로	자신의 일에 프로가 되기 위해서는 일을 많이 해 봐야 한다.
профессиона́льный	직업의, 전문의	안드레이 아르샤빈은 프로 축구선수다.
прохла́дный	서늘한, 시원한	우리는 바다 쪽으로 내려갔고, 시원한 바닷바람이 불었다.
прохо́жий	행인	행인 중 누군가가 장갑을 떨어뜨렸다.
проше́дший	지난	지난 화요일 러시아 화가의 그림 전시회가 열렸다.
прошлого́дний	작년의	작년 생일이 기억에 남는다. 그때 손님과 선물이 많았다.
про́шлое	과거	과거 없이는 미래도 없다.
пруд	연못	연못에 백조가 헤엄치고 있다.
прямо́й	직선의	도시에서 시골까지 이어지는 도로는 직선도로였다.
пря́тать спря́тать **кого-что(4) +от кого-чего(2)**	숨기다	한 소녀가 장난감을 오빠가 못보게 숨겼다.

Чтобы стать **профессионалом** в своём деле, нужно много работать.

Андрей Аршавин – **профессиональный** футболист.

Мы спускались к морю, дул **прохладный** морской ветер.

Кто-то из **прохожих** уронил перчатку.

В **прошедший** вторник состоялось открытие выставки картин русских художников.

Мне запомнился **прошлогодний** день рождения: тогда было много гостей, много подарков.

Без **прошлого** нет будущего.

На **пруду** плавают белые лебеди.

Дорога от города до деревни была **прямой**.

Девочка **спрятала** игрушку от брата.

А Б В Г Д Е Ё Ж З И Й К Л М Н О

публикова́ть опубликова́ть	발표하다, 공개하다	유명 언어학자의 논문이 대형 학술지에 발표됐다.
пуга́ть испуга́ть	놀라게 하다, 위협하다	자동차의 크고 갑작스러운 소리가 행인들을 놀라게했다.
пуга́ться испуга́ться	놀라다, 무서워하다	승객들은 비행기가 난기류를 만나 흔들리자 놀랐다.
пу́говица	단추	원피스에 예쁜 금빛 단추가 달려 있었다.
пунктуа́льный	꼼꼼한, 시간을 엄수하는	우리는 책임감 있고 시간을 잘 지키는 직원이 필요하다.
пу́тать перепу́тать (спу́тать)	1) 엉키게 하다 2) 착각하다	고양이는 할머니의 실을 다 엉키게 만들었다. 네가 무언가를 착각하고 있는 것 같다.
путеводи́тель 남	여행안내서	여행가기 전 도시 여행책자를 사길 권합니다.
пуши́стый	복슬복슬한	새끼 고양이는 아주 작고 복슬복슬했다.
пчела́	꿀벌	꿀벌은 나중에 꿀을 만들기 위해 꽃의 단물을 모은다.

Статью известного лингвиста **опубликовали** в крупном научном журнале.

Резкий неожиданный звук машины **испугал** прохожих.

Пассажиры **испугались**, когда самолёт попал в зону турбулентности и начал качаться.

На платье были красивые золотистые **пуговицы**.

Нам требуются ответственные и **пунктуальные** работники.

1) Кошка **перепутала** всю бабушкину пряжу.

2) Мне кажется, ты что-то **путаешь**.

Советую перед путешествием купить **путеводитель** по городу.

Котёнок был очень маленький и **пушистый**.

Пчела собирает сладкий нектар, чтобы потом сделать из него мёд.

А Б В Г Д Е Ё Ж З И Й К Л М Н О

пылесóс	청소기	나는 청소기로 청소하는 것을 더 좋아한다.
пыль 여	먼지	이 집에 거의 10년째 아무도 살지 않아 물건들이 전부 먼지로 덮여 있었다.
пы́льный	먼지투성이의	아빠가 윗 선반에서 먼지 쌓인 오래된 책을 꺼냈다.
пьéса	희곡	체호프의 희곡 '갈매기'는 전 세계적으로 인기가 많다.
пья́ный	취한	저녁마다 식당 근처에는 술 취한 사람들이 많다.
пя́теро	5(집합수사)	작가에게는 5명의 아이가 있었다.
пя́тка	발꿈치	경기 후 나는 발꿈치가 아프다.
пятнó	얼룩	옷에 묻은 커피 얼룩은 지우기가 매우 힘들다.

П Р С Т У Ф Х Ц Ч Ш Щ Ъ Ы Ь Э Ю Я

Я предпочитаю делать уборку **пылесосом**.

В доме никто не жил почти десять лет, поэтому все вещи были в **пыли**.

Папа достал с верхней полки старую **пыльную** книгу.

Пьеса А.П. Чехова «Чайка» популярна во всём мире.

По вечерам около ресторанов много **пьяных**.

У писателя было **пятеро** детей.

После матча у меня болит **пятка**.

Пятно от кофе очень трудно удалить с одежды.

P

работоспо-собный	노동 능력이 있는, 근면한	우리 소장님은 믿을 수 없을 만큼 근면한 사람이다.
рабочий 명	노동자	공장 노동자들은 아침 정각 8시 30분에 일을 시작한다.
равноду́шный	무관심한	무관심한 사람은 돌같은(차가운) 마음을 갖고 있다.
равнопра́вие	평등	우리 나라는 남녀가 평등하다.
ра́ди 전 кого-чего(2)	~를 위해서	그녀를 위해 나는 무엇이든 할 준비가 돼있다.
радика́льный	근본적인	포럼에 혁신적인 운동을 이끌었던 사람들이 참석했다.
ра́достный	기쁜	기쁜 소식이 있어. 아들이 태어났어!
разбива́ть разби́ть	깨뜨리다	소년이 의도치 않게 엄마가 좋아하는 찻잔을 깼다.
разбива́ться разби́ться	깨지다	꽃병이 흔들리더니 떨어져 깨져버렸다.

Наш директор – невероятно **работоспособный** человек.

Рабочие завода приступают к работе ровно в 8 часов 30 минут.

У **равнодушного** человека каменное сердце.

В нашей стране **равноправие** мужчин и женщин.

Ради неё я готов на всё!

В форуме приняли участие лидеры **радикальных** движений.

Радостная новость: у нас родился сын!

Мальчик случайно **разбил** любимую чашку мамы.

Ваза качнулась, упала и **разбилась**.

А Б В Г Д Е Ё Ж З И Й К Л М Н О

разбира́ть разобра́ть	1) 정리하다 2) 분해하다 3) 분석하다	함께 사온 물건들을 정리합시다. 그는 하루 종일 퍼즐을 조립하고 분해했다. 오늘 수업에서 우리는 유명한 푸쉬킨의 시를 분석하였다.
разбира́ться разобра́ться +в ком-чём(6)	잘 알다, 조예가 깊다	그는 음악에 대해 꽤 잘 안다.
развива́ть разви́ть	발전시키다	아이들은 어렸을 때부터 약자에 대한 동정심을 키워야 한다.
развлека́тель- ный	오락의	복합쇼핑몰에는 영화관, 스케이트장, 워터파크, 식당이 있다.
разводи́ться развести́сь	헤어지다, 흩어지다	올렉과 마리나는 결혼 1년 후 이혼했다.
разгля́дывать разгляде́ть	살펴보다	우리는 어둠 속에서 길을 찾는 것이 힘들었다.
разговори́ться СВ만	이야기에 열중하다, 오래 이야기 하다	기차에서 우리는 한 길동무와 대화를 나눴다.

П **Р** С Т У Ф Х Ц Ч Ш Щ Ъ Ы Ь Э Ю Я

1) Давайте вместе **разбирать** покупки.
2) Он целый день собирал и **разбирал** пазл.

3) Сегодня на уроке мы **разбирали** известное стихотворение Пушкина.

Он неплохо **разбирается** в музыке.

У детей с детства нужно **развивать** чувство жалости к слабым.

В **развлекательном** комплексе есть кинотеатр, каток, аквапарк и рестораны.

Олег и Марина **развелись** через год после свадьбы.

В темноте нам было трудно **разглядеть** дорогу.

В поезде мы **разговорились** с одним попутчиком.

А Б В Г Д Е Ё Ж З И Й К Л М Н О

разгово́рчи-вый	말하기 좋아하는	수다스러운 사람은 전화 통화를 몇 시간을 할 수 있다.
разгора́ться разгоре́ться	1) 타오르다 2) 격렬해지다, 격해지다	모닥불이 아주 빠르게 불타올랐다. 이 소식을 두고 엄청난 스캔들이 터졌다.
раздава́ть разда́ть	배분하다	할아버지가 아이들에게 선물을 나눠 줬다.
раздева́ться разде́ться	옷을 벗다	먼저 옷을 벗고, 손을 씻은 다음 식탁에 앉으렴.
разлива́ть разли́ть	엎지르다	엄마가 수프를 따르다가 식탁에 조금 흘렸다.
разли́чный	여러가지의	상자 속에는 장난감, 책, 편지 등 여러 가지 물건들이 들어 있었다.
разлюби́ть **CB만**	정떨어지다	그 일이 있은 후 그녀는 그에게서 정이 떨어졌다.
разме́нивать разменя́ть	잔돈으로 바꾸다	혹시 천 루블을 오백 루블짜리로 바꿔 주실 수 있나요?
разнообра́з-ный	다양한	메뉴에 생선, 고기, 채소, 과일로 만든 다양한 요리가 소개되어 있다.

Разговорчивый человек может часами болтать по телефону.

1) Костёр **разгорелся** очень быстро.
2) Вокруг новости **разгорелся** настоящий скандал.

Дедушка **раздал** подарки детям.

Сначала **разденься**, вымой руки, а потом садись за стол.

Мама наливала суп и немного **разлила** на стол.

В коробке лежали **различные** вещи: игрушки, книги, письма...

После случившегося она **разлюбила** его.

Вы не могли бы **разменять** 1000 рублей по 500?

В меню представлены **разнообразные** блюда из рыбы, мяса, овощей, фруктов.

А Б В Г Д Е Ё Ж З И Й К Л М Н О

разносторо́нний	다방면의, 다방면에 박식한	다양한 분야에 조예가 깊은 사람과 대화하는 것은 흥미롭다.
разноцве́тный	다채로운	아이들이 다양한 색종이로 새해 장식을 만들고 있다.
разогрева́ть разогре́ть	따뜻하게 하다, 녹이다, 데우다	전자레인지로 점심을 빠르게 데울 수 있다.
разоря́ться разори́ться	1) 부도 나다, 가난해지다 2) 욕설을 퍼붓다	식당에 손님이 없어 부도가 났다. 여기서 욕설을 하지 마세요!
разочаро́вываться разочарова́ться **в ком-чём(6)**	실망하다	저는 당신에게 실망했어요.
разреза́ть разре́зать	자르다, 절단하다	케익을 여덟 조각으로 자르자.
разреше́ние **+на что(4)** 또는 **+о чём(6)**	허가	당신은 입국 허가를 받아야 합니다.

С **разносторонним** человеком интересно поговорить.

Дети делают новогодние игрушки из **разноцветной** бумаги.

В микроволновой печке можно быстро **разогреть** обед.

1) В ресторане не было посетителей, и хозяин **разорился**.
2) Нечего тут **разоряться**!

Я **разочаровалась** в вас.

Предлагаю **разрезать** торт на 8 кусков.

Вам необходимо получить **разрешение** на въезд в страну.

разруша́ться разру́шиться	붕괴되다, 파괴되다	전쟁 중 많은 건물이 파괴됐다.
разрыва́ть разорва́ть	찢다, 끊다	말다툼 후에 우리 관계가 끊어졌다.
рай	천국	사랑하는 사람과는 어디든 천국 같다.
ра́на	상처	손에 난 상처에 요오드를 발랐다.
ра́неный	부상당한	부상당한 군인들을 병원으로 이송했다.
ра́нний	이른	이른 아침에 수탉의 울음소리가 들린다.
раси́зм	인종차별주의	인종차별로 무고한 사람들이 피해를 입을 수 있다.
раси́ст	인종차별주의자	인종차별주의자들은 공격적으로 보인다.
распи́сываться расписа́ться	서명하다	V 기호 아래 쪽에 서명하세요.
распрода́жа	염가판매	의류 염가판매장에 세일이 50%까지 들어간다.

П **Р** С Т У Ф Х Ц Ч Ш Щ Ъ Ы Ь Э Ю Я

Во время войны многие здания **разрушились**.

После ссоры мы **разорвали** отношения.

С любимым человеком любое место кажется **раем**.

Рану на руке смазали йодом.

Раненых солдат перевозили в госпитали.

Ранним утром слышится крик петуха.

Вследствие **расизма** могут пострадать невинные люди.

Расисты выглядят агрессивными.

Распишитесь внизу, после галочки.

На **распродаже** одежды скидки до 50 процентов.

А Б В Г Д Е Ё Ж З И Й К Л М Н О

рассве́т	새벽, 서광, 여명	해안가에서 아침노을을 맞는 것은 매우 낭만적이라고들 하더라.
рассе́янный	1) 분산된 2) 산만한, 부주의한	사방으로 퍼지는 조명의 빛이 방을 부드럽게 밝혔다. 산만한 사람은 끊임없이 다 잊어버린다.
рассле́довать **НСВ и СВ**	조사하다, 심문하다	조사요원들이 벌써 1년째 이 범죄를 조사 중이다.
рассли́шать **СВ만**	알아듣다	미안해. 네가 무슨 말을 하는지 못 알아 들었어.
рассма́тривать рассмотре́ть	검토하다, 살펴보다	방문객들이 그림을 흥미롭게 훑어봤다.
расстава́ться расста́ться	이별하다, 헤어지다	사랑하는 사람과 오랫동안 헤어지는 것은 항상 힘들다.
расстёгивать расстегну́ть	(단추, 지퍼 등을) 풀다, 열다	여긴 덥다. 점퍼 지퍼 좀 내려라.
расстоя́ние	거리, 간격	블라디보스토크에서 모스크바까지의 거리는 약 6천 4백 km이다.

Говорят, что очень романтично встречать **рассвет** на берегу океана.

1) **Рассеянный** свет лампы мягко освещал комнату.

2) **Рассеянный** человек постоянно всё забывает.

Следователи уже год **расследуют** это преступление.

Прости, я не **расслышал**, что ты сказала.

Посетители с интересом **рассматривали** картины.

С любимыми всегда трудно **расставаться** надолго.

Здесь жарко, **расстегни** куртку.

Расстояние от Владивостока до Москвы по прямой – примерно 6400 километров.

А Б В Г Д Е Ё Ж З И Й К Л М Н О

расстра́ива-ться расстро́иться	낙담하다, 실망하다	상을 못 받은 여배우는 낙담했다.
рассужда́ть рассуди́ть +о чём-ком(6)	논하다	언어학자는 문학에 대해 끝없이 논할 수 있다.
рассчи́тывать рассчита́ть	1) 기대하다, 믿다 +на кого-что(4) 2) 계산하다	나는 너의 도움을 믿는다. 방 한 칸짜리 아파트 수리비가 얼마인지 계산해 주시겠어요?
рассчи́тыват-ься рассчита́ться +за что(4) +с кем(5)	결재하다, 지불하다	여러분 임금은 월말에 지불될 것입니다.
рассыпа́ть рассы́пать	쏟다	마샤는 식탁에 소금을 쏟았다.
рассыпа́ться рассы́паться	쏟아지다	설탕은 쉽게 쏟아진다.
расте́ние	식물	식물원에서 희귀 식물 전시회가 진행된다.

П **Р** С Т У Ф Х Ц Ч Ш Щ Ъ Ы Ь Э Ю Я

Актриса, не получившая премию, **расстроилась**.

Филолог может бесконечно **рассуждать** о литературе.

1) Я **рассчитываю** на твою помощь.

2) Пожалуйста, **рассчитайте** стоимость ремонта однокомнатной квартиры.

За работу с вами **рассчитаются** в конце месяца.

Маша **рассыпала** соль на стол.

Сахар легко **рассыпается**.

В ботаническом саду проходит выставка редких **растений**.

расходи́ться разойти́сь	1) 어긋나다, 의견이 다르다	우리는 서로 의견이 엇갈리고 있다.
	2) 흩어지다	시끄러운 파티 후에 손님들은 각자 집으로 흩어졌다.
	3) 이혼하다, 헤어지다	그들은 결혼 1년 후에 이혼했다.
расхо́ды	지출	수석 경제학자는 회사의 수입과 지출을 관리한다.
расцве́т	개화, 전성기	19세기는 러시아 문학의 전성기였다.
расчёска	빗	여자 가방에는 항상 화장품과, 거울, 빗이 있다.
расчёсывать расчеса́ть	1) 빗질하다	아침마다 우리는 세수를 하고 머리를 빗는다.
	2) 긁어서 상처를 내다	모기 물린 곳을 긁지 마!
расчётливый	계산적인, 신중한	계산적인 사람에게는 이익이 가장 중요하다.
расширя́ть расши́рить	확대하다	지역 행정부가 중앙 도로를 확장키로 결정했다.
рациона́льный	합리적인	학생의 부모는 그의 식단이 균형 잡힌 식단이 될 수 있도록 살펴야 한다.

П **Р** С Т У Ф Х Ц Ч Ш Щ Ъ Ы Ь Э Ю Я

1) Мы с вами **расходимся** во мнениях.

2) После шумной вечеринки гости **разошлись** по домам.

3) Они **разошлись** через год после свадьбы.

Главный экономист контролирует доход и **расходы** компании.

В 19 веке в России был **расцвет** литературы.

В дамской сумочке всегда есть косметика, зеркало и **расчёска**.

1) По утрам мы умываемся и **расчёсываем** волосы.

2) Не **расчёсывай** укусы комаров!

Для **расчётливого** человека выгода важнее всего.

Администрация района приняла решение **расширить** главную улицу.

Родители школьника должны следить за тем, чтобы его питание было **рациональным**.

А Б В Г Д Е Ё Ж З И Й К Л М Н О

рвать порва́ть	1) 끊다, 뜯다 2) 찢다	도시를 떠나면서 그는 모든 교류와 관계를 끊기로 했다. 소년이 넘어졌고 청바지가 찢어졌다.
рва́ться порва́ться	찢어지다	훈련 중 선수의 점퍼가 찢어졌다.
реаги́ровать отреаги́ровать +на кого-что(4)	반응하다	지진 중에는 패닉에 빠지지 않고 올바르게 대처하는 것이 중요하다.
реализова́ть **НСВ и СВ**	1) 실현하다 2) 판매하다	내년에는 당신의 모든 계획과 꿈이 실현되길 바랍니다! 이 물건의 유통 기한 전까지 판매하는 것이 중요하다.
реа́льный	실제적인, 현실적인	그는 건강이 나빠져 퇴사한다고 했지만, 진짜 이유는 아무도 모른다.
ревни́вый	질투심이 강한	나의 남편은 질투심이 강하다. 그는 절대로 나 혼자서는 아무데도 가지 못하게 한다.
ревнова́ть **НСВ만**	질투하다	질투하는 사람은 자신의 약점을 보여주는 것이다.
регио́н	지역	내일 극동지역 날씨는 나아질 것으로 보입니다.

П **Р** С Т У Ф Х Ц Ч Ш Щ Ъ Ы Ь Э Ю Я

1) Уезжая из города, он решил **порвать** все связи и отношения.
2) Мальчик упал и **порвал** джинсы.

Во время тренировки у спортсмена **порвалась** куртка.

Во время землетрясения важно не паниковать и правильно **отреагировать**.

1) Желаю вам в следующем году **реализовать** все свои планы и мечты!
2) Важно **реализовать** этот товар до истечения срока годности.

Он сказал, что увольняется из-за плохого здоровья, но **реальную** причину никто не знал.

Мой муж очень **ревнивый**: он никуда меня не отпускает одну.

Тот, кто **ревнует**, показывает свою слабость.

Завтра погода в Дальневосточном **регионе** улучшится.

А Б В Г Д Е Ё Ж З И Й К Л М Н О

региона́льный	지역의	생방송 지역 뉴스입니다.
регистра́ция	등록, 거주등록증	러시아에서 유학 중인 외국인 학생들은 거주등록증을 받아야 한다.
регистри́роваться зарегистри́роваться	등록하다	시험 보실 분들은 학교 사이트에 등록 바랍니다.
регули́ровать урегули́ровать	조정하다, 해결하다	경찰이 도로 위 자동차 통행을 정리하고 있다.
регуля́рный	정기적인	우리 무용학원 수업은 매주 수요일과 금요일 12시부터 오후 3시까지 정기적으로 있습니다.
реда́ктор	편집자	패션 잡지 편집장이 기자들과 인터뷰를 했다.
ре́зкий	급격한	산에 차갑고 강한 바람이 분다.
рекла́ма	광고	길거리 광고는 가끔 짜증날 정도로 너무 많다.
реклами́ровать НСВ и СВ	광고하다	저명인사들은 종종 유명 브랜드 옷을 광고한다.

В эфире **региональные** новости.

Иностранные студенты, учащиеся в России, обязаны получить **регистрацию**.

Желающих сдавать экзамен просим **зарегистрироваться** на сайте университета.

Полиция **регулирует** движение машин на дороге.

Занятия в нашей студии танца **регулярные** – каждую среду и пятницу с 12 до 15 часов.

Главный **редактор** модного журнала дал интервью журналистам.

В горах дует холодный **резкий** ветер.

Уличной **рекламы** так много, что она иногда раздражает.

Знаменитости часто **рекламируют** одежду известных брендов.

рекоменда́ция	1) 추천(서), 지침(서) 2) 충고, 조언	이 지원자는 전 직장에서 아주 좋은 평을 받았다. 의사의 조언을 모두 실행하는 것이 중요하다.
рекомендова́ть порекомендова́ть	1) 권고하다 2) 소개하다, 추천하다	저는 당신께 잘 쉬고 긴장을 풀고 일에 대해서는 잠시 잊으시길 권고합니다. 내 친구는 당신을 좋은 전문가라고 추천해 주었어요.
реко́рд	기록	서울 기온이 최고 기온 기록을 경신했다. 어제 낮은 지난 100년 간 가장 더웠다.
ремо́нт	수리	낡은 구두를 수선할 때가 됐다.
ремонти́ровать отремонти́ровать	수리하다	망가진 라디오는 아직 수리할 수 있다.
репертуа́р	레퍼토리	이 극장 레퍼토리에는 오페라와 발레 밖에 없다.
репети́ровать отрепетирова́ть	리허설하다	음악가들이 음악회 전에 리허설을 위해 모였다.

1) У этого кандидата очень хорошие **рекомендации** с предыдущего места работы.
2) Важно выполнять все **рекомендации** врача.

1) Я **рекомендую** вам хорошо отдохнуть, расслабиться, забыть о работе.

2) Моя подруга **рекомендовала** вас как хорошего специалиста.

В Сеуле побит температурный **рекорд**: вчерашний день стал самым жарким за последние 100 лет.

Пора отдать старые туфли в **ремонт**.

Сломанное радио ещё можно **отремонтировать**.

В **репертуаре** этого театра только оперы и балеты.

Музыканты собрались, чтобы **репетировать** перед концертом.

А Б В Г Д Е Ё Ж З И Й К Л М Н О

репети́ция	리허설	오케스트라 리허설이 저녁 7시로 결정됐다.
репроду́кция	재생산	유명 화가의 그림 카피본은 서점에서 살 수 있다.
ресни́цы	속눈썹	눈이 크고 속눈썹이 긴 아가씨가 '미스 유니버스' 타이틀을 얻었다.
реставри́ровать отреставри́ровать	복원하다	고대 사원을 모스크바 건축가들이 복원할 것이다.
рефере́ндум	국민투표	어제 국가의 EU 가입에 대한 국민투표가 있었다.
рефо́рма	개혁	표트르 1세의 개혁은 러시아의 삶을 완전히 바꿔놨다.
реформи́ровать НСВ и СВ	개혁하다	국내 이민법은 개혁이 필요하다.
реце́нзия	평, 비평	대학원생이 논문에 대한 평가를 받았다.
речь 여	연설, 발언	대통령이 대국민 연설을 했다.

Репетиция оркестра назначена на 19:00.

Репродукцию картины известного художника можно купить в книжном магазине.

Титул «Мисс Мира» получила девушка с большими глазами и длинными **ресницами**.

Древний собор будут **реставрировать** архитекторы из Москвы.

Вчера прошёл **референдум** о вступлении страны в Евросоюз.

Реформы Петра Первого полностью изменили жизнь в России.

Миграционную политику в стране необходимо **реформировать**.

Аспирант получил несколько **рецензий** на диссертацию.

Президент обратился к народу с **речью**.

А Б В Г Д Е Ё Ж З И Й К Л М Н О

реше́ние	결정, 해결	이 문제에 대한 결정은 판사가 내릴 것이다.
риск	위험	창업을 하려는 사람은 위험을 안고 간다.
рискова́ть рискну́ть	위험을 감수하다	길이 많이 막힌다. 위험을 감수하지 말고 지하철을 타고 가자.
рисова́ть нарисова́ть	그리다	얘들아, 색연필로 크리스마스 트리를 그려봐라!
ритм	리듬	모스크바의 생활 리듬은 아주 빠르다.
рове́сник	동년배, 동갑	또래 아이들 중에는 평범한 아이들도 있고, 재능있는 아이들도 있다.
ро́вный	평평한, 균등한	새로 생긴 평평한 도로를 따라 걷는 것은 기분 좋은 일이다.
розе́тка	콘센트	죄송합니다만, 호텔방에 전자 기기를 꽂을 수 있는 콘센트가 있나요?
рома́нс	로망스, 가곡	모두가 가곡을 잘 부르는 올렉 포구딘을 알고 있다.
рома́нтик	낭만주의자	오늘날의 진보된 사회에서는 낭만주의자들이 점점 적어지고 있다.

П Р С Т У Ф Х Ц Ч Ш Щ Ъ Ы Ь Э Ю Я

Решение по этому вопросу примет судья.

Тот, кто хочет открыть свой бизнес, идёт на **риск**.

Сейчас пробка, не будем **рисковать** и поедем на метро.

Дети, **нарисуйте** цветными карандашами ёлку!

В Москве бешеный **ритм** жизни.

Среди **ровесников** есть дети обычные и дети талантливые.

Приятно пройти по новой **ровной** дороге!

Извините, в номере есть **розетка** для электроприборов?

Все знают Олега Погудина, который прекрасно исполняет **романсы**.

В сегодняшнем мире прогресса становится всё меньше **романтиков**.

А Б В Г Д Е Ё Ж З И Й К Л М Н О

рома́шка	카모마일 (국화과)	실례합니다. 카모마일 차 부탁드립니다.
россия́нин, россия́нка, россия́не	러시아 국민	위기로 러시아 국민들은 돈을 절약하기 시작했다.
рост	1) 성장 2) 신장, 키	유가 상승이 보이고 있다. 키가 큰 사람들은 잘 맞는 옷을 사기가 어렵다.
руга́ться поруга́ться	언쟁하다, 말다툼하다, 잔소리하다	잔소리 하지 마. 더 이상 그렇게 안 할게!
рука́в	소매	소매가 짧은 셔츠는 여름에 적합하다.
руле́т	롤케이크	나는 디저트로 열매와 견과류가 들어간 롤케이크가 좋아.
руль 🔟	운전대	나 술 안 마실래. 차 가지고 왔거든.
румя́ный	붉은	아이들은 산책을 마치고 볼이 빨개져서는 신나게 돌아왔다.
ру́сый	밝은 금발 머리의	사진에는 아름다운 밝은 금발 머리의 아가씨가 있었다.

| П | Р | С | Т | У | Ф | Х | Ц | Ч | Ш | Щ | Ъ | Ы | Ь | Э | Ю | Я |

Будьте добры, чай из **ромашки**.

В связи с кризисом **россияне** стали экономить деньги.

1) Наблюдается **рост** цен на нефть.
2) Людям высокого **роста** трудно купить подходящую одежду.

Не **ругайся**, я больше так не буду!

Рубашка с короткими **рукавами** подходит для лета.

Из десертов мне нравятся **рулеты** с ягодами и орехами.

Я не пью, я за **рулём**.

Дети вернулись с прогулки **румяные** и довольные.

На фотографии была красивая **русая** девушка.

А Б В Г Д Е Ё Ж З И Й К Л М Н О

ры́жий	적황색의	너는 어떤 여자를 좋아하니? 금발? 흑발? 아니면 빨간머리?
рюкза́к	배낭	우리는 관광객 같았다. 청바지에 반팔 티를 입고 등에는 큰 배낭을 메고 있었기 때문이다.
рю́мка	작은 술잔	보드카 한 잔 가져다주세요!
ряби́на	마가목	새빨간 마가목 열매는 눈 속에서 아름다워 보인다.

П **Р** С Т У Ф Х Ц Ч Ш Щ Ъ Ы Ь Э Ю Я

Какие девушки тебе нравятся: светловолосые, темноволосые или **рыжие**?

Мы были похожи на туристов: в джинсах, футболках, с большими **рюкзаками** за спиной.

Принесите **рюмку** водки!

Ярко-красные ягоды **рябины** красиво смотрятся на фоне снега.

С

сажа́ть посади́ть	심다	집 앞에 누군가가 어린 나무들을 심었다.
салфе́тка	티슈	레스토랑 식탁 위에 티슈와 식기가 있다.
самолюби́вый	자존감이 높은	나는 거만하고 자존심 센 사람들이 싫어.
самостоя́тельный	독립적인, 자주적인	나의 독립적인 삶은 혼자 모스크바에 온 19살에 시작됐다.
санато́рий 명	요양소, 휴양소	교외 요양소에서 몸을 회복하고 쉴 수 있다.
санте́хник	배관공	수도꼭지가 또 망가졌다. 배관공을 불러야한다.
сарде́лька	(굵고 짧은) 소시지	오늘 점심에 소시지를 곁들인 퓨레가 나온다.
сатири́ческий	풍자의	체호프의 책에 중편소설과 풍자소설이 실렸다.
са́харница	설탕그릇	식탁 위에 소금통과 설탕통이 있다.
сбе́гать СВ [НСВ бе́гать]	뛰어 다녀오다	빵 사러 가게 좀 다녀와!

Перед домом кто-то **посадил** молодые деревья.

На столе в ресторане лежат **салфетки** и столовые приборы.

Мне не по душе гордые, **самолюбивые** люди.

Моя **самостоятельная** жизнь началась в 19 лет, когда я один приехал в Москву.

Полечиться и отдохнуть можно в загородном **санатории**.

Опять кран сломался, надо вызвать **сантехника**.

Сегодня на обед пюре с **сардельками**.

В книгу А.П. Чехова вошли повести и **сатирические** рассказы.

На столе стоят солонка и **сахарница**.

Сбегай в магазин за хлебом!

А Б В Г Д Е Ё Ж З И Й К Л М Н О

сбега́ть сбежа́ть	도망치다	범죄자 두 명이 탈옥했다.
Сберба́нк	스베르방크(러시아국영은행)	엄마가 스베르방크에서 계좌를 개설했다.
сва́дьба	결혼식	7월에 내 친구가 결혼한다. 그가 나를 결혼식에 초대했다.
свекро́вь	시어머니	며느리는 시어머니와 관계가 좋지 않았다.
све́рху 부	위로부터, 위에서	참새언덕 위에서 모스크바 전체가 잘 보인다.
свети́ть СВ만	비치다	오늘은 흐리다. 해가 비치지 않는다.
светофо́р	신호등	자동차들이 신호등의 빨간불에 멈춰섰다.
свеча́	초	초를 켜놓고 먹는 저녁식사는 매우 낭만적이다.
свёкла	비트(사탕무)	보르쉬는 고기, 감자, 비트, 당근, 양파로 만든다.
свёкор	시아버지	내 남편은 시아버지를 매우 닮았다.

Из тюрьмы **сбежали** два преступника.

Мама открыла счёт в **Сбербанке**.

В июле мой друг женится, он пригласил меня на **свадьбу**.

У невестки не сложились отношения со **свекровью**.

Сверху, на Воробьевых горах, хорошо видна вся Москва.

Сегодня пасмурно, не **светит** солнце.

Машины остановились из-за красного сигнала **светофора**.

Ужин при **свечах** – очень романтично.

Борщ готовится из мяса, картофеля, **свёклы**, моркови, лука.

Мой муж очень похож на моего **свёкра**.

А Б В Г Д Е Ё Ж З И Й К Л М Н О

свиде́тель свиде́тельница	증인	결혼식에는 증인 두 명이 참석해야 한다.
свини́на	돼지고기	돼지고기와 소고기 커틀렛은 전형적인 러시아 음식이다.
свинья́	돼지	쓰레기를 바닥에 버리는 사람을 돼지(지저분한 사람)라고 부른다.
свободолю- би́вый	자유를 좋아하는	자유를 사랑하는 사람은 가정을 꾸리기 힘들다.
сво́йство	성질, 특성	얼음은 주변 온도 상승 시 녹는 성질이 있다.
свя́зывать связа́ть	1) 묶다, 자유를 제한하다 2) 연결하다	범인을 두꺼운 줄로 묶었다. (포박했다) 오랜 우정이 우리를 연결해주고 있다.
свято́й 명	성인	세르기 라도네쥐스키는 유명한 러시아 성인이다.
свято́й 형	성스러운	우리는 성지를 여행 다녔다.
свяще́нник	사제	젊은 사제가 우리 결혼식을 치뤄줬다.
сда́ча	거스름돈	젊은이, 거스름돈 12루블 가져가세요.

На венчании должны присутствовать два **свидетеля**.

Котлеты из **свинины** и говядины – типичное русское блюдо.

Того, кто бросает мусор на пол, называют **свиньей**.

Свободолюбивому человеку трудно создать семью.

У льда есть **свойство** таять при повышении окружающей температуры.

1) Преступника **связали** толстой верёвкой.

2) Нас **связывает** давняя дружба.

Сергий Радонежский – известный русский **святой**.

Мы ездили в путешествие по **святым** местам.

Нас венчал молодой **священник**.

Молодой человек, возьмите **сдачу** – 12 рублей.

А Б В Г Д Е Ё Ж З И Й К Л М Н О

сеа́нс	상영	영화관 조조 상영은 9시다.
сего́дняшний	오늘의	오늘 뉴스 읽어보셨어요?
седина́	흰머리	마흔이 되어가니 새치가 보이기 시작한다.
секре́т	비밀	당신 젊음의 비결은 어디에 있나요?
секре́тный	비밀의	사적인 편지는 비밀 정보를 담고 있다.
секс	성, 성관계	현대 영화는 안타깝게도 종종 섹스나 마약을 조장한다.
сексуа́льный	성적인, 섹시한	패션잡지 표지에는 항상 수영복 입은 섹시한 금발 여성들이 실린다.
сельдь 여	청어	가장 잘 알려진 러시아 샐러드는 '셀지 포드 슈보이'이다.
сенса́ция	센세이션	학자들의 발견이 엄청난 센세이션이 됐다.
сентимента́льный	감상적인	젊은 아가씨들은 감성적인 소설을 좋아한다.
серди́тый	화난	우리 학교 경비는 항상 심각하다 못해 심지어 화난 얼굴을 하고 있다.

Утренний **сеанс** в кинотеатре – в 9 часов.

Вы читали **сегодняшние** новости?

Уже к сорока годам появляется первая **седина**.

В чём **секрет** вашей молодости?

Личные письма содержат **секретную** информацию.

Современные фильмы, к сожалению, часто пропагандируют **секс** и наркотики.

На обложках модных журналов всегда есть какие-то **сексуальные** блондинки в купальниках.

Самый известный русский салат – «**Сельдь** под шубой».

Открытие учёных стало настоящей **сенсацией**.

Юным девушкам нравятся **сентиментальные** романы.

Лицо охранника нашего университета всегда серьёзное, даже немного **сердитое**.

А Б В Г Д Е Ё Ж З И Й К Л М Н О

серди́ться рассерди́ться +на кого-что(4)	화내다	선생님이 유리창 깬 것에 대해 학생들에게 화를 냈다.
серебри́стый	은빛의	스마트폰 신형 모델은 밝은 은빛이다.
сериа́л	드라마	이 드라마는 매일 저녁 9시에 'STS' 채널에서 방영된다.
се́рия	시리즈	할머니는 좋아하는 드라마의 새 시리즈를 목이 빠져라 기다리신다.
сибиря́к, сибиря́чка	시베리아 사람	시베리아 사람들은 매우 건강한 것이 특징이다.
сигна́л	신호	러시아 혁명은 유럽 혁명의 시발점이 됐다.
сигнализа́ция	신호장치	은행이 강도들이 들어오자 경보장치가 울렸다.
симфо́ния	교향곡	베토벤 5번 교향곡이 모두에게 울려 퍼지고 있다.
сире́невый	연보라색의	마샤, 너의 얼굴에 연보라색이 잘 어울린다!

Учитель **сердился** на школьников за разбитое окно.

Новая модель смартфона – светлого **серебристого** цвета.

Сериал показывают ежедневно на канале СТС в 21.00.

Бабушка с нетерпением ждёт новую **серию** любимого сериала.

Сибиряки отличаются крепким здоровьем.

Русская революция стала **сигналом** для революций на Западе.

Когда в банк вбежали воры, сработала **сигнализация**.

Пятая **симфония** Бетховена у всех на слуху.

Маша, **сиреневый** цвет тебе к лицу!

А Б В Г Д Е Ё Ж З И Й К Л М Н О

сире́нь 여	라일락	봄이 왔고, 라일락이 만발했다.
сирота́ 남 여	고아	우리 지역에 고아원이 문을 열었다.
систематизи́-ровать НСВ и СВ	체계화하다	졸업 논문을 쓸 때에는 정보를 체계화해야 한다.
систематиче́ски 부	체계적으로, 상습적으로	공장에서는 상습적으로 임금을 체불한다.
скаме́йка	벤치	우리는 공원 전체를 돌아봤지만, 잠시 앉아 쉴 벤치를 찾을 수 없었다.
сканда́л	스캔들, 논란	한 유명 여배우의 결혼소식이 논란이 됐다.
ска́терть 여	테이블보	테이블 위에 그물 모양의 흰 테이블보가 깔려있다.
сквер	소공원	신축 건물들 사이에 벤치가 있는 작은 공원이 있다.
сквозня́к	틈새 바람	창문을 닫아주세요. 웃풍이 심하네요!
сквозь 전 что(4)	~을 관통하여	큰 소리는 닫힌 창을 통해서도 잘 들렸다.

П Р С Т У Ф Х Ц Ч Ш Щ Ъ Ы Ь Э Ю Я

Пришла весна, расцвела **сирень**.

В нашем районе открылся интернат для детей-**сирот**.

При написании дипломной работы нужно **систематизировать** информацию.

На заводе **систематически** задерживают зарплату.

Мы обошли весь парк, но так и не нашли **скамейку**, чтобы можно было посидеть и отдохнуть.

Новость о замужестве известной певицы стала **скандалом**.

На столе лежит ажурная белая **скатерть**.

Между новостройками располагается небольшой **сквер** со скамейками.

Закройте окна, сильный **сквозняк**!

Громкий звук был хорошо слышен даже **сквозь** закрытое окно.

А Б В Г Д Е Ё Ж З И Й К Л М Н О

ске́птик	회의론자	회의론자들은 아무것도, 아무도 믿지 않는다.
ски́дка	할인	겨울에는 할인된 가격으로 여행할 수 있다.
скла́дывать сложи́ть	넣다, 쌓다	나는 내일 떠나니 이제 짐을 싸야 한다.
склеро́з	경화, 동맥경화	할아버지는 말년에 동맥경화를 앓으셨다.
сковорода́	후라이팬	블린이 기름 두른 후라이팬 위에서 구워지고 있다.
ско́льзкий	미끄러운	조심하세요. 길이 미끄럽습니다!
ско́рый	빠른	'상트페테르부르크–모스크바'행 고속 열차가 2번 레일로 들어온다.
скрипа́ч, скрипа́чка	바이올리니스트	모스크바 바이올리니스트들의 음악회는 그야말로 대단했다!
ску́льптор	조각가	'러시아전시컨벤션센터'에 있는 조각은 조각가 무히나의 작품이다.
скульпту́ра	조각품, 조각상	'러시아 미술관'에서 여러분은 많은 그림과 조각품을 보시게 될 겁니다.

П Р **С** Т У Ф Х Ц Ч Ш Щ Ъ Ы Ь Э Ю Я

Скептики никому и ничему не доверяют.

Зимой можно путешествовать со **скидками**.

Завтра улетаю, пора **складывать** вещи в чемодан.

В конце жизни дедушка страдал **склерозом**.

Блины готовятся на **сковороде** с добавлением масла.

Осторожно: **скользкая** дорога!

Скорый поезд «Санкт-Петербург - Москва» прибывает ко второму пути.

Концерт московских **скрипачей** был просто великолепный!

Московский монумент на ВВЦ – работа **скульптора** В.И. Мухиной.

В Русском музее вы увидите многочисленные картины и **скульптуры**.

А Б В Г Д Е Ё Ж З И Й К Л М Н О

скуча́ть **НСВ만**	1) 심심해하다	나는 할 일이 많아서 지루할 틈이 없다.
	2) 그리워하다	나는 네가 아주 그립다.
+по кому-чему(3)		
+без кого-чего(2)		
ску́чный	지루한	영화가 길고 지루해서 관객들이 내내 하품했다.
слабе́ть ослабе́ть	약해지다	개가 병을 앓은 후 많이 약해져 항상 구석에 누워있었다.
сла́ва	명예, 영광	젊은 시절 푸쉬킨에게 영광의 날들이 찾아왔다.
следи́ть последи́ть **+за кем-чем(5)**	~를 주시하다	아빠는 항상 최신 국제뉴스를 보신다.
слеза́	눈물	그녀의 하얀 얼굴을 따라 굵은 눈물이 흘렀다.
сле́пнуть осле́пнуть	눈멀다	전쟁 중 한 군인의 눈이 멀기 시작하더니 2년 후 시력을 완전히 잃었다.
слепо́й	눈먼, 장님	앞이 안보이는 이탈리아의 가수 안드레아 보첼리가 서울에서 음악회를 연다.

П Р С Т У Ф Х Ц Ч Ш Щ Ъ Ы Ь Э Ю Я

1) У меня море дел, некогда **скучать**.

2) Я очень **скучаю** по тебе.

Фильм был длинный и **скучный**, зрители всё время зевали.

После болезни собака совсем **ослабела**, всё время лежала в углу.

Слава к А.С. Пушкину пришла в юности.

Папа всегда **следит** за последними мировыми новостями.

По её белому лицу катились крупные **слёзы**.

Во время войны солдат начал **слепнуть** и через два года совсем потерял зрение.

Слепой итальянский певец Андреа Бочелли даст концерт в Сеуле.

А Б В Г Д Е Ё Ж З И Й К Л М Н О

сли́ва	자두	시장에는 사과, 오렌지, 배, 바나나, 자두 등 없는 과일이 없다.
сли́вки 복수만	크림	생일을 맞아 우리는 딸기 생크림케익을 샀다.
слу́жащий 명	직장인	공무원은 파업할 권리가 없다.
случа́йный	우연한	그녀와의 우연한 만남이 그의 모든 인생을 바꿔놨다.
сме́лость 여	용기	나는 밖에 나가서 시위할 용기가 없다.
смета́на	스메타나, 사워크림	한국에는 스메타나 말고 크림과 요거트만 판다.
смех	웃음	강의실에서 목소리와 웃음소리가 들렸다.
сни́ться присни́ться	꿈에 보이다	오늘 밤 꿈에 나의 고향 시골이 나왔다.
собесе́дник	대화 상대자	언어학자는 문학에 대해 몇 시간이고 대화할 준비가 되어 있는 흥미로운 대화 상대자다.

П Р **С** Т У Ф Х Ц Ч Ш Щ Ъ Ы Ь Э Ю Я

Каких только фруктов нет на рынке: яблоки, апельсины, груши, бананы, **сливы**...

Ко дню рождения мы купили торт с клубникой и **сливками**.

Государственный **служащий** не имеет права участвовать в забастовках.

Случайная встреча с ней изменила всю его жизнь.

У меня нет такой **смелости**, чтобы выйти с протестом на улицу.

В Корее не продаётся **сметана**, а только сливки и йогурт.

Из аудитории слышались голоса и **смех**.

Сегодня ночью мне **приснилась** моя родная деревня.

Филолог – интересный **собеседник**, готовый часами говорить о литературе.

А Б В Г Д Е Ё Ж З И Й К Л М Н О

со́бственник, со́бственница	소유자	이 아파트 소유자는 3인 가족이다.
со́бственность 여	재산	내게는 재산이 많지 않다. 집, 차가 전부다.
со́бственный	자기소유의	자기소유의 집을 갖는 것은 내 인생의 소원이다.
соверше́нствовать усоверше́нствовать	개선하다, 완성시키다	교사들이 교육시스템을 어떻게 개선시킬지 결정하기 위해 컨퍼런스에 모였다.
со́весть 여	양심	견학에서 우리 가이드는 양심적으로 일했다.
совреме́нник, совреме́нница	현대인, 동시대인	푸쉬킨과 고골은 같이 시대를 살았던 사람들이다.
согла́сно 전 кому-чему(3)	~에 따르면, ~에 따라	흡연 관련 법에 따라 레스토랑, 호텔, 기차에서는 담배를 필 수 없다.
соглаше́ние	협정	국가들이 휴전 협정에 서명했다.
со́да	소다	블린 요리법에는 소다가 들어간다.

Собственники этой квартиры – семья из трёх человек.

У меня не много **собственности**: только дом и машина.

Иметь свой **собственный** дом – вот мечта всей моей жизни.

Педагоги собрались на конференции, чтобы решить, как **усовершенствовать** систему образования.

На экскурсии наш гид работал на **совесть**.

Пушкин и Гоголь были **современниками**.

Согласно закону о курении, нельзя курить в ресторанах, гостиницах, поездах.

Страны подписали **соглашение** о перемирии.

В рецепт приготовления блинов входит **сода**.

А Б В Г Д Е Ё Ж З И Й К Л М Н О

содержа́ние	내용, 목차	우리 교과서의 목차를 보면 총 10개의 장으로 이루어져 있다.
соединя́ть соедини́ть	연결하다	새로 지은 다리는 두 나라를 이어준다.
созна́ние	의식, 인식	지진 피해자들은 몇 시간째 의식 없이 누워 있었다.
созрева́ть созре́ть	성숙하다, 익다	7월에 다차에는 딸기가 익는다.
сокраща́ть сократи́ть	줄이다	의사 임금을 2배 낮췄다.
сокраще́ние	감소	'И т. д.'는 'И так далее(등등)'의 공식적인 줄임말이다.
солёный	1) 짠 2) 소금에 절인	짠 음식은 건강에 해롭다. 할머니가 만든 오이지가 세상에서 제일 맛있다.
солида́рность 여	연대, 단결	파리 테러사건 이후 연대의 표시로 전 세계 많은 건물들에 프랑스 국기 색깔을 조명으로 비췄다.
соли́ть посоли́ть	간하다	죽이 너무 달다. 간을 조금 해야한다.

П Р **С** Т У Ф Х Ц Ч Ш Щ Ъ Ы Ь Э Ю Я

В **содержании** нашего учебника всего десять глав.

Новый мост **соединяет** две страны.

Люди, пострадавшие от землетрясения, пролежали без **сознания** несколько часов.

В июле на даче **созреет** клубника.

Зарплату врачей **сократили** в два раза.

«И т. д.» – официальное **сокращение** «и так далее».

1) **Солёная** пища вредна для здоровья.
2) Бабушкины **солёные** огурцы - самые вкусные в мире.

После терактов в Париже в знак **солидарности** многие здания в мире светились цветами французского флага.

Каша слишком сладкая, нужно **посолить** немного.

А Б В Г Д Е Ё Ж З И Й К Л М Н О

со́лнечный	해가 뜬	오늘은 놀랍도록 맑다. 하늘에 구름 한 점 없다!
соловей́	꾀꼬리	꾀꼬리는 세상에서 노래를 가장 잘 하는 새다.
сомне́ние	의심	자동차를 새로 사야 할지 나는 아직도 의심이 든다.
сообща́ (부)	함께, 공동으로	힘을 합쳐, 함께 행동합시다.
соотве́тствовать (НСВ만) кому-чему(3)	부합하다, 일치하다	당신의 영어수준은 우리 요구에 부합하지 않는다.
соотéчественник	동포	서울에서 러시아 동포들의 모임이 있었다.
соотноше́ние	상호관계, 비율	우리 제품은 가성비가 좋다!(가격과 질의 비율이 좋다)
сопоставля́ть сопоста́вить	대조하다	도시에서의 삶과 시골에서의 삶을 비교해봅시다. 어디가 더 장점이 많을까요?
сопротивля́ться (НСВ만) кому-чему(3)	저항하다	군대는 적의 공격에 저항했습니다.

Сегодня удивительно **солнечный** день: на небе ни облачка!

Лучше всех в мире поёт птица **соловей**.

У меня ещё остаются **сомнения**: стоит ли покупать новую машину.

Давайте будем действовать **сообща**, вместе.

Ваш уровень английского языка не **соответствует** нашим требованиям.

В Сеуле прошла встреча российских **соотечественников**.

У нашей продукции идеальное **соотношение** цены и качества!

Давайте **сопоставим** жизнь в городе и жизнь в деревне. Где больше плюсов?

Армия **сопротивлялась** нападению врага.

А Б В Г Д Е Ё Ж З И Й К Л М Н О

сори́ть насори́ть	더럽히다	공원을 더럽히는 것이 금지되어 있다.
сорт	품종	안토노프카는 사과의 한 품종이다.
соси́ска	소시지	독일에서 우리는 구운 전통 소시지를 먹어봤다.
соску́читься **СВ만**	1) 심심해하다	당신에게는 재미있는 것들이 엄청 많네요! 당신과 함께 있으면 심심할 틈이 없어요.
	2) 그리워하다 **+по кому-чему(3)**	우리 두 달째 못 봤어. 정말 보고싶어!
сосна́	소나무	우리집 마당에 키 큰 소나무들이 자란다.
сосредота́чи- ваться сосредото́- читься **+на ком-чём(6)**	집중하다	너는 3일 뒤에 시험이니 학업에 전념하렴.
составля́ть соста́вить	작성하다	선생님이 견학 갈 학생 명단을 작성하셨다.
состоя́ние	상태	지금 그의 건강상태가 위중하다.

П **Р** С Т У Ф Х Ц Ч Ш Щ Ъ Ы Ь Э Ю Я

В парке запрещено **сорить**.

Антоновка – **сорт** яблок.

В Германии мы попробовали традиционные жареные **сосиски**.

1) У вас так много интересного, с вами не **соскучишься**!

2) Мы не виделись два месяца, я так **соскучилась**!

Во дворе нашего дома растут высокие **сосны**.

У тебя экзамен через три дня, **сосредоточься** на учёбе.

Преподаватель **составил** список студентов, которые поедут на экскурсию.

Состояние его здоровья сейчас тяжёлое.

А Б В Г Д Е Ё Ж З И Й К Л М Н О

состоя́ться **СВ만**	진행되다	문화센터에서 문학의 밤 행사가 진행됐다.
со́товый	1) 벌집의 2) 무선통신의	벌집꿀은 제일 맛있다. 무선 전화기는 유선을 대체하여 나타났다.
сотру́дничать **НСВ만**	협력하다	우리 회사는 유명 독일 기업들과 협력하고 있습니다.
сотру́дник	동료, 관계자	동료가 병이 났을 때, 내가 그의 일을 수행했다.
сотру́дничество	협력	여러 국가들이 무역 협력을 계속해 나갈 계획이다.
социо́лог	사회학자	사회학자들은 남성과 여성 중 누가 더 행복한가에 대한 설문조사를 진행했다.
социоло́гия	사회학	사회와 관련된 문제를 연구하고 싶다. 사회학자가 되고 싶다.
со́чный	즙이 많은	여름철 과일은 색이 선명하고 과즙이 많다.
сочу́вствие	동정, 공감	아프리카의 굶주린 아이들은 동정심을 불러일으킨다.

П Р **С** Т У Ф Х Ц Ч Ш Щ Ъ Ы Ь Э Ю Я

В культурном центре **состоялся** литературный вечер.

1) **Сотовый** мёд самый вкусный.
2) **Сотовые** телефоны пришли на смену стационарным.

Наша компания **сотрудничает** с известными немецкими фирмами.

Когда **сотрудник** заболел, я выполнял его работу.

Страны планируют продолжать **сотрудничество** в сфере торговли.

Социологи провели опрос: кто счастливее – мужчины или женщины.

Хочу разбираться в вопросах, связанных с обществом, хочу стать **социологом**.

Фрукты летом очень яркие, **сочные**.

Голодные дети стран Африки вызывают **сочувствие**.

А Б В Г Д Е Ё Ж З И Й К Л М Н О

сочу́вствовать посочу́вствовать кому-чему(3)	동정하다, 공감하다	당신의 고통에 공감할 수 있습니다.
сою́зник	동맹자, 협력자	동맹국들이 회담 개최를 준비하고 있다.
спаге́тти	스파게티	이탈리아 레스토랑에서는 스파게티와 피자를 판다.
спа́льня	침실	우리 아파트에는 거실과, 침실, 이렇게 방이 두 개 있다.
спаса́ться спасти́сь	구조되다	'타이타닉'의 많은 승객들이 구조됐다.
спаса́тель	구원자, 구조대원	해변에 구조팀이 일하고 있다.
специализи́роваться НСВ и СВ	전문화되다	우리 회사는 스마트폰 판매에 특화돼 있습니다.
спе́ция	향신료	헝가리 전통 음식에는 다양한 향신료가 들어간다.
специ́фика	특성, 특징	모든 직업은 저만의 특징이 있다.

Вашему горю можно **посочувствовать**.

Страны-**союзники** готовятся к проведению переговоров.

В итальянском ресторане подают **спагетти** и пиццу.

В нашей квартире две комнаты: гостиная и **спальня**.

Многие пассажиры «Титаника» **спаслись**.

На пляже работает группа **спасателей**.

Наша фирма **специализируется** на продаже смартфонов.

Национальная кухня Венгрии включает разнообразные **специи**.

У каждой профессии есть своя **специфика**.

А Б В Г Д Е Ё Ж З И Й К Л М Н О

СПИД	에이즈	러시아에서 공부 중인 외국인 학생들은 에이즈 검사 결과를 제출해야 한다.
спирт	알콜	주사 놓기 전에 내 팔을 알코올로 문질러줬다.
спи́сок	목록	우리는 모스크바 여행 희망자 목록을 작성하고 있다.
спо́нсор	스폰서	축구팀 스폰서는 석유회사다.
спор	논쟁, 다툼	논쟁을 하다보면 진리가 보인다.
спо́соб	방법	이 보기 문제를 어떤 방법으로 풀었는지 설명해 주세요.
спосо́бность 여	능력	그는 시를 표현력 있게 읽는 능력이 있다.
спотыка́ться споткну́ться	걸려 넘어지다	아이가 돌에 걸려 바닥에 넘어졌다.
справедли́вый	정의로운, 공정한	현대사회에서는 공정 거래 규정을 준수하는 것이 중요하다.

Иностранные студенты, учащиеся в России, должны сдать анализ на **СПИД**.

Перед уколом мою руку намазали **спиртом**.

Мы составляем **список** желающих поехать в Москву.

Спонсор футбольной команды – нефтяная компания.

В **споре** рождается истина.

Объясните, каким **способом** вы решили этот пример.

У него есть **способность** выразительно читать стихи.

Ребёнок **споткнулся** о камень и упал на землю.

В современном мире важно соблюдать правила **справедливой** торговли.

А Б В Г Д Е Ё Ж З И Й К Л М Н О

спра́вка	1) 정보, 자료 2) 증명서	이 책에 대한 모든 정보는 출판사에서 받을 수 있다. 당신은 건강검진 진단서를 가져오셔야 합니다.
спра́вочник	안내서	나는 주머니에 쏙 들어가는 러시아어 참고서를 샀다.
спуска́ться спусти́ться	내려가다	산은 올라가는 것보다 내려가는 것이 훨씬 쉽다.
сре́дство	1) 수단 2) 약 **+от чего(2)**	지하철은 가장 편리한 교통 수단이다. 감기에 가장 좋은 약은 레몬을 띄운 뜨거운 차다.
срок	기간	당신의 비자 기간은 60일입니다.
срыва́ть сорва́ть	따다, 꺾다	아이들이 나무에서 빨간 사과를 땄다.
ссо́риться поссо́риться	말다툼하다	쓸데 없는 일로 싸우지 맙시다.
ссыла́ться сосла́ться	인용하다	논문에는 당신이 참고한 자료의 모든 저자를 인용해야 한다.
стаби́льный	안정적인	우리는 우리 직원들에게 안정적인 임금을 보장한다.

П Р **С** Т У Ф Х Ц Ч Ш Щ Ъ Ы Ь Э Ю Я

1) Получить полную **справку** об этой книге можно в издательстве.
2) Вам необходимо принести **справку** о состоянии здоровья.

Я купил карманный **справочник** по русскому языку.

Спускаться с горы намного легче, чем подниматься.

1) Метро - самое удобное транспортное **средство**.
2) Лучшее **средство** от простуды – горячий чай с лимоном.

Срок действия вашей визы – 60 дней.

Ребята **сорвали** с дерева красные яблоки.

Давайте не будем **ссориться** из-за ерунды.

В статье необходимо **сослаться** на всех авторов цитат, которые вы приводите.

Мы гарантируем нашим работникам **стабильную** зарплату.

А Б В Г Д Е Ё Ж З И Й К Л М Н О

ста́до	무리	목초지에서 소떼가 풀을 뜯어먹고 있다.
стально́й	강철로 만든	추운 날 바닷물은 철빛이다.
станда́рт	기준, 표준	제품의 질은 국가표준에 부합한다.
станда́ртный	기준의, 표준의	기본 사진은 가로 세로 10X15cm다.
старе́ть постаре́ть	늙다, 노후하다	나의 학창시절 여선생님은 많이 늙으셨다.
стари́нный	오랜, 옛	음악원에서 고음악 연주회가 열릴 예정이다.
старомо́дный	촌스러운, 진부한	나이 든 선생님들은 항상 그렇듯 고리타분하다.
старт	시작, 출발, 이륙	로켓 발사까지 몇 분 남았다.
стару́ха	할머니, 노파	젊은 사람이 버스에서 손에 지팡이를 든 할머니께 자리를 양보해 드렸다.

На лугу пасётся **стадо** коров.

В холодную погоду вода на море **стального** цвета.

Качество продукции соответствует государственному **стандарту**.

Стандартое фото – 10 на 15 сантиметров.

Моя школьная учительница сильно **постарела**.

Концерт **старинной** музыки пройдёт в консерватории.

Пожилые преподаватели, как правило, **старомодные**.

До **старта** ракеты осталось несколько минут.

Молодой человек уступил место в автобусе **старухе** с палкой в руке.

АБВГДЕЁЖЗИЙКЛМНО

старшекла́ссник, старшекла́ссница	고학년 학생	고학년 학생들이 '직업을 선택하는 법'이라는 세미나에 참석했다.
ста́туя	동상	관광객들은 자유의 여신상을 보러 미국으로 간다.
станови́ться стать	되다, ~하기 시작하다	시험보기 일주일 전에 학생들은 공부를 더 많이 하기 시작했다.
ста́я	무리, 떼	파란 하늘에 새 떼가 날아간다.
стекло́	유리	얘들아, 누가 공으로 방 유리창을 깨뜨렸니?
стекля́нный	유리로 된	유리병 속 우유는 종이팩에 있는 것보다 맛있어 보인다.
стесня́ться постесня́ться	부끄러워하다	귀빈 여러분. 부끄러워 마시고 드세요.
стиль 🈵	스타일	카페가 컨트리 스타일로 만들어졌다.
сти́мул	촉매, 자극	높은 임금은 직원들에게 좋은 자극제다.

Старшеклассники приняли участие в семинаре «Как выбрать профессию».

Туристы приезжают в Америку посмотреть на **Статую** Свободы.

За неделю до экзамена студенты **стали** больше заниматься.

По голубому небу летит **стая** птиц.

Дети, кто разбил мячом **стекло** в комнате?

Молоко в **стеклянных** бутылках кажется вкуснее, чем в коробках.

Дорогие гости, кушайте, не **стесняйтесь**.

Кафе было оформлено в **стиле** кантри.

Высокая зарплата – хороший **стимул** для работников.

А Б В Г Д Е Ё Ж З И Й К Л М Н О

стихотворе́ние	시	우리에게 푸쉬킨의 '나는 당신을 사랑했소'를 외워오는 숙제를 내 주셨다.
страда́ть пострада́ть	1) (안 좋은 일을) 겪다, 고생하다 **+от чего-кого(2)** 2) 앓다, 병이 있다 **чем(5)**	이 책은 제2차 세계대전 중 사람들이 얼마나 고통을 받았는지에 대한 내용이다. 그녀는 당뇨병이 있다. (그녀는 당뇨병을 앓고 있다.)
столб	기둥	유럽과 아시아의 경계인 우랄에는 '유럽-아시아'라고 적혀있는 기둥이 있다.
стомато́лог	치과의사	사람들은 보통 치과 가기 무서워한다.
стра́стный	열정적인	그의 말투는 생동감 있고 열정적이다.
страх	두려움	나는 뱀을 보고 무서워 멈춰섰다.
страхо́вка	보험	우리는 새 자동차 보험을 들었다.
стреля́ть вы́стрелить	쏘다	동네 주민들은 숲 속에서 누군가가 총을 쏘는 소리를 들었다.
стри́жка	이발, 헤어커트	머리 어떻게 잘라 드릴까요?

П Р **С** Т У Ф Х Ц Ч Ш Щ Ъ Ы Ь Э Ю Я

Нам задали выучить **стихотворение** А.С. Пушкина «Я вас любил...».

1) Эта книга о том, как **страдали** люди во время Второй мировой войны.

2) Она **страдает** диабетом.

На Урале, где проходит граница между Европой и Азией, есть **столб** с надписью «Европа – Азия».

Обычно люди со страхом идут к **стоматологу**.

Стиль его рассказов очень живой, **страстный**.

Увидев змею, я от **страха** остановился.

Мы оформили **страховку** на новую машину.

Жители деревни слышали, как в лесу кто-то **стрелял** из ружья.

Какую **стрижку** вы хотите сделать?

А Б В Г Д Е Ё Ж З И Й К Л М Н О

стри́чься постри́чься	이발하다	저는 머리를 짧게 깎고 싶습니다.
стро́гий	1) 단정한 2) 엄한	신랑은 단정한 검은 양복과 넥타이를 메고 있었다. 연세가 많으신 선생님은 매우 엄하셨다.
строи́тельство	건설	다층 건물 건설이 시작됐다.
стро́йный	날씬한	발레리나들은 모두 일반적이지 않게 날씬하다.
стро́чка	1) (글자)행 2) 박음질, 박음새	나는 유명한 시 구절을 외우고 있다. 저렴한 옷에는 가끔 곧지 않은 박음질이 있다.
структу́ра	구조	러시아의 기본 문장 구조는 주어 – 동사 – 목적어 순이다.
стуча́ть постуча́ть	두드리다	어제 저녁 누군가 문을 두드렸지만 우리는 열어주지 않았다.
стюа́рд, стюарде́сса	승무원	승무원이 오더니 주스를 먹겠냐고 물었다.

П Р **С** Т У Ф Х Ц Ч Ш Щ Ъ Ы Ь Э Ю Я

Я бы хотел коротко **постричься**.

1) На женихе был **строгий** чёрный костюм и галстук.

2) Пожилой учитель был очень **строгим**.

Началось **строительство** многоэтажного дома.

Все балерины необычайно **стройные**.

1) Я знаю наизусть **строчки** из известного стихотворения.
2) На дешёвой одежде иногда бывают неровные **строчки**.

Стандартная **структура** русского предложения такая: субъект – глагол – объект.

Вчера вечером кто-то **постучал** в дверь, но мы не открыли.

Подошла **стюардесса** и предложила сок на выбор.

А Б В Г Д Е Ё Ж З И Й К Л М Н О

субъекти́вный	주관적인	이것은 당신의 주관적 의견이다. 나는 동의할 의무가 없다.
суверените́т	주권	주권은 국가임을 보여주는 것이다.
сувере́нный	주권을 가진	러시아는 주권국가이다.
суд	1) 법원 2) 재판	법원의 판결에 따라 범죄자는 구속된다. 우리 일과 관련된 재판이 한 달 연기되었다.
суди́ть	1) 재판하다 2) 평가하다 3) 판단하다	이 재판관은 항상 정직하게 재판한다. 아이들을 엄격하게 평가하지 마세요, 그들은 아직 배우는 중이에요. 외모만 보고 사람을 판단해서는 안된다.
судья́ 남 여	판사	판사가 피고의 무죄를 선고했다.
сумасше́дший	1) 미친 2) 굉장한, 믿을 수 없는	서류 정리, 전화, 회의 때문에 하루종일 사무실에서 미친 사람처럼 뛰어다니고 있다. 이 책은 엄청난 성공을 거두었다.
су́мма	총액, 합계	집 구매에 가족이 엄청난 액수의 돈을 썼다.

П Р **С** Т У Ф Х Ц Ч Ш Щ Ъ Ы Ь Э Ю Я

Это ваше **субъективное** мнение, я не обязан с ним соглашаться.

Суверенитет – это признак государства.

Россия – **суверенное** государство.

1) Согласно решению **суда**, преступник должен отправиться в тюрьму.
2) **Суд** по нашему делу отложен на месяц.

1) Этот судья всегда **судит** справедливо.
2) Не **судите** детей строго, они же ещё учатся.

3) Не стоит **судить** о человеке только по его внешности.

Судья принял решение о невиновности подсудимого.

1) Целый день бегаю на работе, как **сумасшедшая**: документы, звонки, переговоры...

2) Эта книга имела **сумасшедший** успех.

На покупку дома семья потратила огромную **сумму** денег.

А Б В Г Д Е Ё Ж З И Й К Л М Н О

суши́ть вы́сушить	말리다	샤워 후에는 머리를 말려야 한다.
су́шка	1) 건조, 말리는 것 2) 가락지빵	습도가 높은 한국에서 세탁물을 건조하는 것은 큰 문제이다. 차와 가락지빵을 드세요!
схе́ма	1) 도표, 약도 2) 계획, 일의 순서	지하철 노선표 챙기는 것을 잊지 마세요. 고객을 찾고, 그 후에 상품을 만들고, 그런 다음에 고객에게 판매하는 방식으로 일하자.
сходи́ть сойти́	내려가다	길을 따라 아래쪽으로 내려가신 후 왼쪽으로 꺾으면 당신이 가야할 정류장이 있을 겁니다.
сходи́ть **СВ만** +за чем(5)	(걸어서) 다녀오다	딸아, 우유 사러 가게 좀 다녀오렴.
схо́дство	유사, 유사성	이 사람들 사이에는 특별한 비슷한 점이 있다.
счита́ться **НСВ만**	간주되다	선물을 받은 후 '감사합니다'라고 말하는 것은 예의 바른 것으로 간주된다.

После душа нужно хорошо **высушить** волосы.

1) **Сушка** белья влажным корейским летом — это целая проблема.
2) Угощайтесь чаем с **сушками**!

1) Не забудьте взять с собой **схему** метро!

2) Работаем по такой **схеме**: ищем клиентов, затем производим товар, потом продаём клиентам.

Сойдёте с дороги вниз, поверните направо, там и будет ваша остановка.

Дочка, **сходи** в магазин за молоком.

Между этими людьми есть необыкновенное **сходство**.

Считается вежливым говорить «спасибо» после получения подарка.

А Б В Г Д Е Ё Ж З И Й К Л М Н О

съе́здить **СВ만**	(교통 수단을 타고) 다녀오다	지난 주에 친구들이 바다에 다녀왔다.
съезжа́ть съе́хать	1) 내려가다 2) 집을 비우고 나가다	길이 미끄러우면 산을 내려가는 것이 어렵다. 세입자들이 집을 떠났다. 그리고 현재 그 집은 비어있는 상태이다.
сыро́й	날 것의	이것은 익히지 않은 채소, 즉 토마토, 오이, 양파로 만든 샐러드다.
сы́тый	배부른	배부른 자는 배고픈 자의 친구가 될 수 없다.(속담)

П Р **С** Т У Ф Х Ц Ч Ш Щ Ъ Ы Ь Э Ю Я

На прошлой неделе друзья **съездили** на море.

1) Трудно **съезжать** с горы, если дорога мокрая.

2) Жильцы **съехали**, и сейчас квартира пустая.

Это салат из **сырых** овощей – помидоров, огурцов, лука.

Сытый голодному не товарищ.

T

табáк	담배	공공장소 흡연 금지가 도입됐다.
таблúца	표	5페이지에 있는 표를 채우세요. 동사를 현재와 미래 시제로 쓰세요.
таз	대야	할머니는 습관 대로 대야에 빨래를 하신다.
тайгá	타이가, 밀림	시베리아 타이가 지대에 은둔자가 산다.
тáйный	비밀의	자신의 비밀스러운 꿈을 아무에게도 알리지 마.
таксúст, таксúстка	택시운전사	택시운전사가 길을 잘 모르고 있었다.
тактúчный	기민한, 요령있는	재치있는 사람은 매너를 잘 안다.
тамóженник, тамóженница	세관원	세관원이라는 직업은 국가 간 경제 협력 체결 후 인기가 많아졌다.
танк	탱크	군사 퍼레이드에 탱크 열 대가 참여했다.

Введены ограничения на курение **табака** в общественных местах.

Заполните **таблицу** на странице 5. Напишите формы глагола в настоящем и будущем времени.

Бабушка по привычке стирает в **тазу**.

В сибирской **тайге** живёт отшельница.

Никому не открывай свои **тайные** мечты.

Таксист плохо знал дорогу.

Тактичный человек прекрасно знает нормы этикета.

Профессия **таможенника** стала популярна после установления экономического сотрудничества между странами.

В военном параде приняли участие десять **танков**.

А Б В Г Д Е Ё Ж З И Й К Л М Н О

та́почки 복 [단 та́почек]	슬리퍼	내 슬리퍼는 항상 침대 밑에 있다.
тарака́н	바퀴벌레	집에 바퀴벌레가 생기지 않게 하려면 매일 쓰레기는 밖에 내 놓으세요.
тащи́ть (НСВ만)	끌다	소녀가 교과서가 든 커다란 책가방을 겨우 끌고갔다.
театра́льный	연극의	10월에 공연 시즌이 시작된다.
те́зис	논제, 명제	당신 논문의 주요 논제를 말해주세요.
телеви́дение	방송국	방송국이 출현하면서 제품 광고가 더 수월해졌다.
телегра́ф	전신기	전신기는 전화기가 나오기 훨씬 전에 생겼다.
телохрани́-тель 남	호위병, 보디가드	대통령이 보디가드들에 둘러싸여 가고 있다.
темне́ть потемне́ть	어두워지다	나는 반지를 15년 꼈는데, 그것은 시간이 흐른 만큼 색이 어두워졌다.
темпера́мент	기질, 성품, 열정	사람을 이해하려면 그가 어떤 타입의 사람인지 아는 것만으로도 충분하다.

П Р С **Т** У Ф Х Ц Ч Ш Щ Ъ Ы Ь Э Ю Я

Мои **тапочки** всегда стоят под кроватью.

Выносите мусор каждый день, чтобы избежать появления **тараканов** в доме.

Девочка с трудом **тащила** огромный портфель с учебниками.

Театральный сезон откроется в октябре.

Назовите основные **тезисы** вашей диссертации.

С появлением **телевидения** рекламировать товары стало проще.

Телеграф появился задолго до телефона.

Президент идёт в окружении **телохранителей**.

Я носила кольцо 15 лет, и оно **потемнело** от времени.

Чтобы понять человека, достаточно знать тип его **темперамента**.

темпера́мент-ный	정열적인	스페인 남자들이 뜨겁고 정열적이라고들 한다.
тенде́нция	추세	러시아에는 사망률 감소추세가 보이고 있다.
тенниси́ст, тенниси́стка	테니스선수	러시아 테니스선수가 토너먼트 경기에서 우승했다.
тень 여	그늘	이런 더위에는 그늘에 숨는 것이 더 좋다.
тепле́ть потепле́ть	따뜻해지다	오늘 밖이 눈에 띄게 따뜻해졌다.
терапе́вт	내과의사	내과의사가 주사와 약을 처방했다.
тере́ть потере́ть	문지르다, (강판에)갈다	샌드위치에 넣을 치즈를 갈아야 한다.
термо́метр	온도계	바깥 온도계가 영하 12도를 가리키고 있다.
терпели́вый	인내심 있는	러시아 여자는 인내심이 강하고 침착하다.

П Р С **Т** У Ф Х Ц Ч Ш Щ Ъ Ы Ь Э Ю Я

Говорят, что испанские мужчины очень **темпераментные**, страстные.

В России наблюдается **тенденция** снижения смертности.

Российский **теннисист** выиграл турнир.

В такую жару лучше скрываться в **тени**.

Сегодня на улице заметно **потеплело**.

Терапевт назначил уколы и выписал таблетки.

Нужно **потереть** сыр для бутербродов.

Уличный **термометр** показывает 12 градусов ниже нуля.

Русская женщина **терпелива** и спокойна.

А Б В Г Д Е Ё Ж З И Й К Л М Н О

терпе́ть потерпе́ть	1) 인내하다 2) 당하다, 겪다	길이 막혀 서 있는 것을 참지 못하겠어! 홍수 피해를 입은 사람들이 계속해서 상실의 아픔을 겪고 있다.
террори́зм	테러리즘	테러 문제를 함께 해결하기 위해서 여러 국가가 하나가 돼야 한다.
террори́ст, террори́стка	테러리스트	테러리스트가 도시 메인 광장에 폭탄을 설치했다.
теря́ться растеря́ться	쩔쩔매다	그 정치인의 대답은 예상 밖이어서 기자가 다소 당황했다.
те́сный	긴밀한, 좁은, 촘촘한	이 구두는 나에게 작아. 새 것을 살거야.
тест	테스트, 시험	문법 시험이 금요일에 있다.
те́сто	반죽	펠메니를 만들려면 반죽과 만두 속이 필요하다.
течь **НСВ만**	흐르다	일할 때는 시간이 아주 빨리 흐른다.
тигр	호랑이	동물원에서 아이들은 특히 호랑이를 마음에 들어 했다.

П Р С **Т** У Ф Х Ц Ч Ш Щ Ъ Ы Ь Э Ю Я

1) **Терпеть** не могу стоять в пробке!

2) Пострадавшие от наводнения продолжают **терпеть** лишения.

Странам необходимо объединиться, чтобы совместно решить проблему **терроризма**.

Террорист положил бомбу прямо на главной площади города.

Ответ политика был неожиданным, и журналист немного **растерялся**.

Эти туфли мне **тесные**, куплю новые.

Тест по грамматике пройдёт в пятницу.

Для приготовления пельменей нам нужны **тесто** и начинка.

На работе время **течёт** очень быстро.

В зоопарке детям особенно понравился **тигр**.

А Б В Г Д Е Ё Ж З И Й К Л М Н О

типи́чный	전형적인, 고유한	한국 사람들 성격의 특징은 성실하다는 것이다.
ткань 여	천	여배우의 드레스는 비싼 원단으로 만들어졌다.
толка́ть толкну́ть	밀다	버스에서 누군가가 나를 아프게 밀쳤다.
толпа́	무리	출퇴근 시간에 모스크바 지하철은 인파로 가득하다.
тонне́ль 남	터널	자동차 터널이 산을 가로질러 나있다.
тону́ть утону́ть	가라앉다, 물에 빠지다	구조대가 물에 빠진 사람을 즉시 구해줄 것이다.
торже́ственный	성대한, 화려한	새 상점 개업식이 주말에 크게 진행될 것이다.
тормози́ть затормози́ть	제동걸다	자동차가 신호등 앞에서 급제동을 걸었다.
тост	건배사	오늘의 축일을 위해 건배사를 하겠습니다.
то́чность 여	정확성, 정확도	학자들은 최대 정확성(최소 오차)으로 행성의 크기를 측정했다.

П Р С **Т** У Ф Х Ц Ч Ш Щ Ъ Ы Ь Э Ю Я

Типичная черта характера корейцев – трудолюбие.

Платье актрисы сшито из дорогой **ткани**.

Кто-то больно **толкнул** меня в автобусе.

В час-пик в московском метро **толпа** народа.

Через гору проходит **тоннель** для автомобилей.

Спасатели немедленно помогут тому, кто **тонет**.

Торжественное открытие нового магазина состоится в выходные.

Машина резко **затормозила** перед светофором.

Разрешите произнести **тост** в честь праздника.

Учёные рассчитали размер метеорита с предельной **точностью**.

тошни́ть стошни́ть	**НСВ** 멀미하다 **СВ** 토하다	비행기에서 옆 사람이 멀미했다.
тра́вма	트라우마, 외상	운동선수가 심각한 부상을 입어 경기에 갈 수 없었다.
траге́дия	비극	일본 후쿠시마 현에서 비극이 일어났다.
траги́ческий	비극적인	이 소설의 결말은 비극적이다.
традицио́нный	전통적인	궁 근처에서 한국 전통 의상인 한복을 입고 사진 찍을 수 있다.
тра́ктор	트랙터	수확기에는 들판에서 트랙터들이 작업한다.
тра́ур	상, 상복	국가 차원의 비극으로 삼일장을 치르기로 발표됐다.
тре́бование	요구	소장직 지원 요건: 대졸, 5년 이상 경력, 스트레스 대처 능력.
тре́бовательный	요구가 많은, 까다로운	우리 선생님은 너무 까다롭다.

В самолёте моего соседа **тошнило**.

Спортсмен получил серьёзную **травму** и не смог поехать на соревнования.

Трагедия случилась в японской префектуре Фукусима.

У этого романа **трагический** финал.

Около дворца можно сфотографироваться в **традиционной** корейской одежде – ханбоке.

Во время сбора урожая на полях работают **тракторы**.

В связи с трагедией в стране объявлен трёхдневный **траур**.

Требования к кандидатам на должность директора: высшее образование, опыт работы 5 лет, стрессоустойчивость.

Наш учитель слишком **требовательный**.

А Б В Г Д Е Ё Ж З И Й К Л М Н О

тре́боваться потре́боваться	요구되다	그림을 그리려면 종이와 물감, 액자가 필요하다.
трево́жный	걱정스러운	공포 영화에는 긴장감 도는 음악이 자주 나온다.
тре́нер	트레이너	지난 1년 간 팀 코치가 두 번 바뀌었다.
треска́	대구(생선)	메인 요리는 대구 구이와 퓨레이다.
треть **여**	3분의 1	학생 3분의 1이 시험에 떨어졌다.
тре́щина	틈	집이 오래돼 벽에 틈이 생겼다.
три́жды	세 번	체조선수가 3관왕을 차지했다.
тро́гать потро́гать	만지다, 건드리다	저 좀 내버려 두세요!
тро́гаться тро́нуться	출발하다	기차가 출발해서 천천히 속도를 올리기 시작했다.
тротуа́р	인도, 보도	자동차는 인도로 다니면 안 된다.
труба́	파이프	주택단지 건설이 시작됐고, 철골과 파이프가 이미 설치됐다.

Для того, чтобы написать картину, нам **потребуются** бумага, краски, рамка.

В фильмах ужасов часто бывает **тревожная** музыка.

За последний год в команде дважды сменился **тренер**.

На второе – жареная **треска** и пюре.

Треть студентов не сдала экзамен.

От старости на стенах дома появились **трещины**.

Гимнаст **трижды** получил золотую медаль.

Не **трогайте** меня!

Поезд **тронулся** и стал медленно набирать скорость.

Машинам запрещено ездить по **тротуару**.

Началось строительство жилого комплекса, уже появился фундамент и **трубы**.

А Б В Г Д Е Ё Ж З И Й К Л М Н О

тру́бка	1) 수화기	아무도 전화를 받지 않는다. 아마 집에 아무도 없나보다.
	2) 담뱃대, 파이프	할아버지는 하루 종일 안락의자에 앉아 담배파이프를 피웠다.
труди́ться	노력하다, 고생하다	게으른 사람은 노력하기를 싫어한다.
тру́дность 여	어려움	우리는 어떠한 어려움도 함께 극복할 것이다.
трус	겁쟁이	겁쟁이가 되지 말고 용감하게 앞으로 나가라!
трусли́вый	겁많은	옛날 옛적에 숲 속에 교활한 여우와 겁쟁이 토끼가 살았어요.
трусы́ 복수만	팬티	수영 팬티를 '플라프키'라고 한다.
тря́пка	걸레	엄마가 큰 걸레로 바닥을 닦으신다.
туале́т	화장실	화장실에 가도 될까요?
ту́мбочка	협탁	호텔 침대 옆에 협탁이 있다.
тупи́к	막다른 길, 교착, 곤경	이 곳은 길이 막혀 지나갈 수 없습니다. 되돌아가세요.

П Р С **Т** У Ф Х Ц Ч Ш Щ Ъ Ы Ь Э Ю Я

1) Никто не берёт **трубку**, может быть, никого нет дома.
2) Дедушка целый день сидел в кресле и курил **трубку**.

Ленивый не любит **трудиться**.

Мы вместе преодолеем любые **трудности**.

Не будь **трусом**, смело иди вперёд!

Жили-были в лесу хитрая лиса и **трусливый** заяц.

Трусы для плавания называются плавки.

Мама моет пол большой **тряпкой**.

Можно выйти в **туалет**?

В отеле около кровати стоит небольшая **тумбочка**.

Здесь **тупик**, проезда нет, поворачивайте обратно.

А Б В Г Д Е Ё Ж З И Й К Л М Н О

тупо́й	둔한, 멍청한	칼이 전혀 들지 않는다. 칼이 둔해졌다.
тури́зм	관광	여행에는 사업, 학업, 관광, 친척 방문 등 여러 목적이 있다.
туристи́ческий	관광의	여행회사 '노란 캐리어'의 상트페테르부르크 투어에 여러분을 초대합니다.
туши́ть потуши́ть	끄다	소방관들이 상점의 화재를 꽤 빨리 진압했다.
тща́тельный	치밀한, 면밀한	집 대청소 할 때가 됐다.
ты́ква	호박	어떤 수프가 더 좋으세요? 양배추 수프요, 아니면 호박 수프요?
тюльпа́н	튤립	5월에 공원에 튤립축제가 열린다.
тяну́ть потяну́ть	잡아당기다	시간 그만 끌고 일 시작해!

П Р С Т У Ф Х Ц Ч Ш Щ Ъ Ы Ь Э Ю Я

Нож совсем не режет, стал **тупой**.

Есть разные цели поездок: деловая поездка, обучение, **туризм**, посещение родственников...

Туристическая компания «Жёлтый чемодан» приглашает вас на экскурсию в Санкт-Петербург!

Пожарные довольно быстро **потушили** пожар в магазине.

Пришло время провести **тщательную** уборку в доме.

Какой суп вы предпочитаете – из капусты или из **тыквы**?

В мае в парке будет фестиваль **тюльпанов**.

Хватит **тянуть** время, начинай работать!

у

убеди́тельный	설득력있는, 간절한	제발 부탁드립니다. 문을 꼭 닫아주세요. 밖에 춥습니다!
убежда́ться убеди́ться	확신하다	나는 오늘 흠뻑 젖었다. 다시 한번 항상 우산을 가지고 다녀야겠다고 다짐했다.
убеждён (-á, -ó, -ы́)	확신하다	나는 우리가 일을 빨리 마무리 할수록 돈도 더 빨리 받을 수 있다고 확신한다.
уби́йство	살인	어제 가까린 거리에서 살인 사건이 있었다.
уби́йца 남 여	살인자	경찰이 살인범을 체포했다.
убо́рка	청소	청소, 빨래, 식사 준비까지 모든 집안일은 내 차지다.
убо́рщик, убо́рщица	청소부	저녁에 대학교에는 경비와 청소부만 남아 있었다.
уваже́ние	존중, 존경	나는 퇴역군인들을 아주 존경한다.
увели́чивать увели́чить	증가시키다, 확대하다	공장이 생산량을 늘렸다.

Убедительная просьба: закрывайте за собой дверь, на улице холодно!

Сегодня я промок и ещё раз **убедился**: всегда надо носить с собой зонт.

Я **убеждён**, что чем раньше мы закончим работу, тем быстрее сможем получить деньги.

Вчера на улице Гагарина было совершено **убийство**.

Полиция поймала **убийцу**.

Все домашние дела на мне: **уборка**, стирка, приготовление еды...

Вечером в университете остались только охрана и **уборщицы**.

Я отношусь к ветеранам с большим **уважением**.

Завод **увеличил** количество выпускаемой продукции.

А Б В Г Д Е Ё Ж З И Й К Л М Н О

увéренность **여**	확신	현대인들은 100년 전보다 훨씬 자유롭고 개방적이라고 확신을 가지고 말할 수 있다.
увéренный	확신에 찬	사람들은 일할 때 있어서 자신감을 중요하게 생각한다.
увлекáтельный	흥미로운	우리 여행은 흥미로웠다.
уводи́ть увести́	끌어가다, 데려가다	저녁에 엄마가 딸을 밖에서 집으로 데리고 들어왔다.
увольня́ть уво́лить	해고하다	– 무슨 일이야? 너 창백해! – 나 해고됐어.
увольня́ться уво́литься	해고되다, 일을 그만두다	안 좋은 사람들과 일하는 것보다는 일을 그만두는 것이 낫다.
угáдывать угадáть	알아맞히다, 추측하다	맞춰 봐! 어느 손에 사탕이 들었을까?
угова́ривать уговори́ть	설득하다	아빠, 엄마가 나한테 새 인형 사주도록 설득해 주세요.
угоня́ть угна́ть	(자동차 등을) 훔치다	좀도둑들이 매일 같이 자동차, 오토바이, 자전거를 훔친다.

С **уверенностью** можно сказать, что современые люди более свободные и открытые, чем сто лет назад.

На работе ценятся **уверенные** в себе люди.

Наше путешествие было очень **увлекательным**!

Вечером мама **увела** дочь с улицы домой.

– Что случилось? Ты весь бледный!
– Меня **уволили** с работы...

Лучше **уволиться**, чем работать в плохом коллективе.

Угадай, в какой руке у меня конфета!

Папа, **уговори** маму купить мне новую куклу!

Ежедневно мошенники **угоняют** машины, мотоциклы и велосипеды.

А Б В Г Д Е Ё Ж З И Й К Л М Н О

угоща́ть угости́ть кого(4) чем(5)	대접하다	우리 집에 놀러오세요. 차와 블린을 대접할게요.
удаля́ть удали́ть	제거하다, 빼내다	컴퓨터에서 필요 없는 파일은 지울 필요가 있다.
ударя́ться уда́риться +обо что(4)	부딪히다	아이가 넘어지면서 돌에 아프게 부딪혔다.
уда́ча	행운	로또에서 백만 루블을 따는 것은 정말 큰 행운이다!
уда́чливый	운이 좋은	내 친구는 정말 운이 좋다. 여러 번 사고를 당했지만 항상 살아남았다.
уда́чный	성공적인, 좋은, 잘된	성공적인 쇼핑을 축하드립니다!
удовлетвори́тельный	만족스러운, C학점(3점)	시험에서 3점을 받는 것은 안타까운 일이다.
у́дочка	낚싯대	삼촌은 빵, 낚싯대, 통을 챙겨 낚시터에 가셨다.
у́жас	공포	공포영화는 내가 좋아하는 장르가 아니다.

П Р С Т **У** Ф Х Ц Ч Ш Щ Ъ Ы Ь Э Ю Я

Приходите ко мне в гости, я **угощу** вас чаем с блинами.

Нужно **удалить** ненужные файлы из компьютера.

Ребёнок упал и больно **ударился** о камень.

Выиграть в лото миллион рублей – настоящая **удача**!

Мой друг очень **удачливый**: несколько раз он попадал в аварии, но всегда оставался жив.

Поздравляю вас с **удачной** покупкой!

Жаль получить на экзамене **удовлетворительную** оценку.

Дядя взял хлеб, **удочку**, ведро и пошёл на рыбалку.

Фильмы **ужасов** – это не для меня.

А Б В Г Д Е Ё Ж З И Й К Л М Н О

указа́тель 😀	목록, 지표, 색인	공항에서 당신은 길을 쉽게 찾을 겁니다. 곳곳에 영어로 된 표지판이 있기 때문입니다.
укла́дывать уложи́ть	눕히다	엄마가 아이를 재우기 위해 눕혔다.
украша́ть укра́сить	장식하다	당신 가족 중 누가 성탄절 트리를 장식하나요?
украше́ние	장식, 장신구	보석가게에는 결혼반지 선택의 폭이 넓다.
укрепля́ть укрепи́ть	강화하다	우리는 미래에 다른 나라와의 관계를 강화하고자 한다.
укрепле́ние	강화	우리의 목표는 국가 간 교류 강화다.
у́ксус	식초	오이절임에는 식초를 넣는다.
уку́сывать укуси́ть	물다	작년 여름에 친구가 벌에 쏘였다.
улучше́ние	개선	우리는 국제시장 상황이 나아지길 기대한다.
ум	지혜, 머리	사랑은 머리가 아닌 마음이 이끈다.

В аэропорту вы легко найдёте дорогу, потому что везде есть **указатели** на английском языке.

Мама **уложила** ребёнка спать.

Кто в вашей семье **украшает** ёлку на Рождество?

В магазине ювелирных **украшений** большой выбор свадебных колец.

В будущем мы планируем **укреплять** наши связи с другими странами.

Нашей целью является **укрепление** связей между государствами.

В маринованные огурцы добавляют **уксус**.

Прошлым летом друга **укусила** пчела.

Мы надеемся на **улучшение** ситуации на международном рынке.

В любви правит сердце, а не **ум**.

А Б В Г Д Е Ё Ж З И Й К Л М Н О

уме́ние	숙련, 숙달	시험에서는 일상 및 사회적 주제를 러시아어로 말하는 능력이 평가된다.
умоля́ть умоли́ть	간청하다	제발 부탁할게. 진실을 말해줘!
универса́льный	일반적인, 다방면의	백화점에서는 말 그대로 모든 것을 살 수 있다.
унижа́ть уни́зить	모욕하다	우리 상사는 부하 직원들에게 거칠게 대하고 사람들을 무시하는 데 익숙해졌다.
униже́ние	모욕	나는 모욕을 참지 못하고 퇴사했다.
уничтожа́ть уничто́жить	없애다, 폐지하다	필요 없는 서류는 폐기해도 됩니다.
уноси́ть унести́	가져가다	여기에서 쓰레기 좀 가져가 주세요.
упако́вывать упакова́ть	포장하다	선물은 예쁘게 포장해야 한다.
употребля́ться употреби́ться	이용되다, 쓰이다	'сомнева́ться(의심하다)'라는 동사는 ся가 없는 형태로는 사용되지 않는다.

П Р С Т **У** Ф Х Ц Ч Ш Щ Ъ Ы Ь Э Ю Я

На экзамене проверяется **умение** говорить по-русски на бытовые и социальные темы.

Умоляю тебя, скажи правду!

В **универсальном** магазине можно купить буквально всё.

Наш начальник привык относиться к работникам жёстко, **унижать** людей.

Я не смог пережить **унижение** и уволился с работы.

Ненужные документы можно **уничтожить**.

Унесите, пожалуйста, отсюда мусор.

Подарок следует красиво **упаковать**.

Глагол «сомневаться» без частицы ся- не **употребляется**.

А Б В Г Д Е Ё Ж З И Й К Л М Н О

управле́ние	운영, 관리, 통치	국가 운영은 똑똑한 사람만 할 수 있는 일이다.
управля́ть упра́вить **кем-чем(5)**	운영하다, 관리하다	나의 아빠는 작은 공장을 운영하신다.
упрека́ть упрекну́ть **кого(4) в чём(6)**	나무라다, 비난하다	그는 이상적인 직원이다. 그는 어느 한구석 비난할 데가 없다.
упроща́ть упрости́ть	간소화하다	당신이 만든 문장은 너무 복잡합니다. 더 간단하게 만들어 보세요.
упря́мый	고집이 센, 완강한	너는 고집이 세.
урага́н	태풍, 폭풍	주의! 도시 내 태풍이 예상되니, 외출을 삼가십시오.
у́рна	함, 통	러시아에는 한 걸음 걸을 때마다 쓰레기통이 있다.
у́ровень 🔖	수준	당신의 러시아어 구사 능력이 높습니다.
уса́дьба	농촌의 대저택	많은 유명 작가들의 농촌 저택에 지금은 박물관이 열렸다.

Управление страной под силу только умному человеку.

Мой папа **управляет** небольшим заводом.

Он идеальный работник, его не в чем **упрекнуть**.

Ваше предложение слишком сложное, попробуйте **упростить** его.

У тебя такой **упрямый** характер.

Внимание: в городе **ураган**, просьба не выходить из домов.

В России на каждом шагу есть **урны** для мусора.

У вас высокий **уровень** владения русским языком.

В **усадьбах** многих известных писателей сейчас открыты музеи.

А Б В Г Д Е Ё Ж З И Й К Л М Н О

уси́ливаться уси́литься	강화되다	저녁이 되자 비가 거세졌다.
уси́ливать уси́лить	강화하다	우리는 국제시장에서의 입지를 강화해야 한다.
ускоря́ть уско́рить	가속화하다	비자 발급은 4일이 걸리며 더 빠르게는 불가능하다.
усложня́ть усложни́ть	복잡하게 만들다	상황을 복잡하게 만들지 마.
услу́га	서비스	호텔에는 세탁 서비스가 제공된다.
успе́шный	성공적인	전체 팀의 성공적인 프로젝트 마무리를 축하합니다.
устана́вливать установи́ть	1) 세우다, 설치하다 2) 확증하다, 밝히다 3) 제정하다, 규정하다	이 운동 선수는 세계 신기록을 세웠다. 우리는 가장 먼저 일어난 일의 원인을 밝혀야 한다. 이번 해부터 새로운 교통 법규가 제정되었다.
устарева́ть устаре́ть	낡아지다	일반 휴대폰은 이미 구식이다. 이제 일반 휴대폰 대신 스마트폰이 나왔다.

П Р С Т **У** Ф Х Ц Ч Ш Щ Ъ Ы Ь Э Ю Я

К вечеру дождь **усилился**.

Мы должны **усилить** позиции на международном рынке.

Процесс оформления визы занимает 4 дня, и его невозможно **ускорить**.

Не **усложняй** ситуацию.

В гостинице есть **услуга** стирки одежды.

Поздравляю всю команду с **успешным** завершением проекта.

1) Этот спортсмен **установил** новый мировой рекорд.

2) Прежде всего мы должны **установить** причины случившегося.
3) С этого года установлены новые правила дорожного движения.

Обычные мобильные телефоны уже **устарели**, на смену им пришли смартфоны.

А Б В Г Д Е Ё Ж З И Й К Л М Н О

устра́ивать устро́ить	1) 짓다, 만들다 2) 차리다, 베풀다 3) 정돈(정리) 하다	폐교에 관광객을 위한 호스텔이 지어졌다. 종강을 기념하는 파티를 진행합시다. 이사한 이후로 일상생활로 돌아오기가 참 힘들다.
уступа́ть уступи́ть что(4) кому(3)	양보하다	아이와 함께 탄 승객과 장애인들에게 자리를 양보하세요.
утвержда́ть утверди́ть	1) 굳게하다 2) 주장하다 3) 허락하다, 승락하다	이번 승리를 통하여 우리 팀의 우월함을 증명했다. 학자들은 잠을 덜 자는 것은 불면증보다 더 나쁘다고 주장한다. 우리 팀이 준비한 프로젝트를 사장님이 승락했다.
утвержде́ние	주장	내 생각에 이 주장은 옳지 않아.
у́тка	오리	중국 식당에서는 '북경오리'를 주문할 수 있다.
уточне́ние	정확하게 하는 것	당신은 어제 저녁에 산책했다고 하셨죠. 어디에서 누구와 산책했는지 정확하게 말해 주시겠습니까?

1) В старой школе был **устроен** хостел для туристов.

2) Предлагаю **устроить** вечеринку в честь окончания учебного года.

3) Никак не могу **устроить** свою повседневную жизнь после переезда.

Уступайте места пассажирам с детьми и инвалидам!

1) Этой победой наша команда **утвердила** своё превосходство.

2) Учёные **утверждают**, что короткий сон хуже бессонницы.

3) Директор **утвердил** проект, подготовленный нашим отделом.

На мой взгляд, это **утверждение** неверно.

В китайском ресторане можно заказать «**Утку** по-пекински».

Вы сказали, что вчера вечером вы гуляли. Внесите **уточнения**: где гуляли, с кем гуляли...

А Б В Г Д Е Ё Ж З И Й К Л М Н О

уточня́ть уточни́ть	정확하게 하다	당신이 탄 기차 도착시간을 정확하게 알려주세요.
утю́г	다리미	엄마는 최신 다리미로 옷을 다리신다.
уха́живать **НСВ만** +за кем(5)	돌보다, 구애하다	결혼 전까지 그는 나를 일년 반 정도 구애했다.
ухудше́ние	악화	환자의 건강악화가 나타나고 있다.
ухудша́ть уху́дшить	악화시키다	불평만으로는 상황을 악화시킬 뿐이야.
ухудша́ться уху́дшиться	나빠지다	날씨가 안좋아져서 우리는 산에 가기로 한 계획을 취소했다.
уча́стие	참여	러시아 합창단이 이탈리아 뮤직 페스티벌에 참가한다.
уча́стник	참여자	우리 경연대회 첫 참가자는 모스크바에서 온 이고리 스테파노프입니다.
учи́ть научи́ть кого(4) чему(3)	가르치다	삶은 나에게 강해지는 법을 알려주었다.

| П | Р | С | Т | **У** | Ф | Х | Ц | Ч | Ш | Щ | Ъ | Ы | Ь | Э | Ю | Я |

Уточните, пожалуйста, время прибытия вашего поезда.

Мама гладит одежду современным **утюгом**.

До свадьбы он **ухаживал** за мной полтора года.

У пациента наблюдается **ухудшение** здоровья.

Своими жалобами ты только **ухудшаешь** ситуацию.

Погода **ухудшилась**, и мы отменили запланированную поездку в горы.

Хор из России примет **участие** в итальянском музыкальном фестивале.

Первый **участник** нашего конкурса – Игорь Степанов из города Москва.

Жизнь **научила** меня быть сильным.

А Б В Г Д Е Ё Ж З И Й К Л М Н О

учи́ться научи́ться	배우다	외국인이 러시아어로 말하는 법을 빨리 배웠다.
учрежде́ние	기관	시 행정부는 국가 기관이다.
ую́тный	아늑한	우리 프로그램은 집을 예쁘고 아늑하게 만드는 방법에 대한 것이다.

Иностранец быстро **научился** говорить по-русски.

Администрация города – это государственное **учреждение**.

Наша программа о том, как сделать дом красивым и **уютным**.

Ф

фальши́вый	잘못된, 위조의	위조지폐로 지불하려다가 감옥에 갈 수도 있다.
фанта́стика	1) 놀라운 일, 믿기 힘든 것 2) 공상, 환상, 존재하지 않는 것 3) 공상 소설, SF소설	정말 아름다운 해돋이다! 정말 말도 안된다! 민화에는 기적, 공상적 존재 등 허구적인 요소가 많다. 나는 어린 시절에 공상 소설 읽는 것을 좋아했다.
фарфо́р	자기	중국 자기 찻잔 세트는 매우 비싸다.
федера́льный	연방의	우랄 연방 대학교는 러시아의 가장 큰 규모의 대학 중 하나이다.
федера́ция	연방, 연맹	러시아의 공식 명칭은 러시아 연방이다.
фен	헤어드라이어	우리 호텔은 방마다 냉장고, 텔레비전, 헤어드라이기가 있습니다.
филе́	뼈와 기름을 발라 낸 질 좋은 덩어리 고기, 필렛	닭고기 커틀렛은 닭가슴살로 만들어진다.

За попытку расплатиться **фальшивыми** деньгами могут посадить в тюрьму.

1) Какой красивый восход! Просто **фантастика**!

2) В народных сказках много элементов **фантастики**: чудеса, сказочные существа.

3) В детстве я очень любила читать **фантастику**.

Чайный набор из китайского **фарфора** стоит очень дорого.

Уральский **федеральный** университет – один из крупнейших университетов России.

Официальное название России – Российская **Федерация**.

В каждом номере нашего отеля есть холодильник, телевизор, **фен**.

Куриные котлеты готовятся из **филе** курицы.

А Б В Г Д Е Ё Ж З И Й К Л М Н О

филиа́л	지점, 지부	옆 건물에 은행 지점이 문을 열었다.
финанси́ровать **НСВ и СВ**	자금을 공급하다	이 프로젝트는 거대 건설회사가 투자하고 있다.
фи́ниш	결승선	프랑스 선수가 1등으로 피니쉬 라인에 도착했다.
фиоле́товый	보라색의	보라색은 베이지색에 어울린다.
фи́рменный	1) 회사의 2) 특산의	식당에서 종업원들이 식당 이름이 새겨진 유니폼을 입고 있다. 스메타나 소스를 얹은 만두는 우리의 대표 메뉴이다.
флот	함대	매년 7월 마지막 주에 러시아에서는 해군의 날을 기념한다.
фойе́	로비, 홀	관객들이 극장 로비에서 연극이 시작하기를 기다리고 있었다.
фона́рь 🔔	등, 가로등	서울에서 등불 축제가 열릴 것이다.
форма́льный	형식적인, 공식적인	회담이 공식적인 이유로 취소됐다.
формирова́ние	편성, 형성	가격 형성에 몇 가지 요인이 직접적인 영향을 미친다.

П Р С Т У **Ф** Х Ц Ч Ш Щ Ъ Ы Ь Э Ю Я

В соседнем доме открылся **филиал** банка.

Этот проект **финансирует** крупная строительная компания.

Первым на **финиш** пришёл спортсмен из Франции.

Фиолетовый цвет подходит к бежевому.

1) В ресторане официанты одеты в **фирменную** одежду с названием ресторана.
2) Пельмени под сметанным соусом - наше **фирменное** блюдо.

Каждое последнее воскресенье июля в России отмечается День Военно-Морского **Флота**.

Зрители ждали начало спектакля в **фойе** театра.

В Сеуле состоится фестиваль **фонарей**.

Переговоры отменены по **формальным** обстоятельствам.

На **формирование** цены влияет сразу несколько факторов.

А Б В Г Д Е Ё Ж З И Й К Л М Н О

формировать сформировать	형성하다, 구성하다	사람의 생활 환경은 그 사람의 성격을 형성한다.
формулировать сформулировать	공식화하다, 요약하다	이 글의 중심 생각을 요약하세요.
фрагмент	단편, 발췌한 것	'안나 카레니나'에서 발췌한 글을 읽고 질문에 대답하세요.
французско-русский	프랑스-러시아의	수업에서 우리는 불-러 사전이 필요하다.
фундамент	기초	미하일 로모노소프는 러시아 학문의 기초를 세웠다.
функционировать **HCB만**	기능하다, 작동하다	한 회사가 파산해 운영되지 않는다.
футболка	반팔티	내가 반팔티와 청바지를 입고 나서 우리는 산책하러 갔다.

П Р С Т У **Ф** Х Ц Ч Ш Щ Ъ Ы Ь Э Ю Я

Условия жизни человека **формируют** его характер.

Сформулируйте основную идею этого текста.

Прочитайте **фрагмент** романа «Анна Каренина» и ответьте на вопросы после текста.

На уроках нам понадобится **французско-русский** словарь.

Михаил Ломоносов заложил **фундамент** российской науки.

Из-за банкротства компания перестала **функционировать**.

Я надел **футболку**, джинсы, и мы пошли прогуляться.

Х

хала́т	가운	샤워 후 부드러운 가운을 입으면 기분이 좋다.
характеризова́ть охарактеризова́ть	특징짓다	이 소설의 주인공은 강하고 결단력있는 사람으로 특징지을 수 있다.
характери́стика	특징	설명서에 스마트폰의 기본 특징이 적혀 있다.
характе́рный	특유한, 고유한	러시아 사람들의 전형적인 특징은 모순적이라는 것이다.
хва́стать похва́стать **кем-чем(5)**	자만하다, 뽐내다	나는 내가 좋은 주부라 자신할 수 없다.
хво́йный	침엽수의	침엽수림에서 산책하는 것은 건강에 특히 좋다.
хвост	꼬리	동물원 방문객들이 공작새의 화려한 꼬리깃을 마음에 들어했다.
химчи́стка	세탁소	더러운 코트를 세탁소에 맡겨야겠다.

Приятно после душа надеть мягкий **халат**.

Героя романа можно **охарактеризовать** как человека сильного, решительного.

В инструкции описаны основные **характеристики** смартфона.

Характерная черта русских – противоречивость.

Не могу **похвастать** тем, что я хорошая хозяйка.

Гулять в **хвойном** лесу – особенно полезно для здоровья.

Посетителям зоопарка понравился шикарный **хвост** павлина.

Пора отдать грязное пальто в **химчистку**.

А Б В Г Д Е Ё Ж З И Й К Л М Н О

хи́трый	야비한, 교활한	러시아 동화에 항상 출연하는 등장인물은 교활한 여우, 악한 늑대, 겁 많은 토끼다.
хло́пать хло́пнуть	치다, 두드리다, 박수치다	음악회에서 관객들이 크게 박수를 쳤다.
хло́пок	목화, 솜, 면	나는 면으로 된 옷을 사려고 노력한다.
холл	홀, 로비	죄송합니다만, 로비에서 의사가 올 때까지 기다려 주십시오.
хо́лод	추위	강추위로 일부 피해자가 발생했다.
холоди́льник	냉장고	수프를 냉장고에 넣어라.
хорони́ть похорони́ть	묻다, 매장하다	할머니를 고향에 묻어 드렸다.
хотя́	~에도 불구하고	경기 시작까지 한 시간이나 남았지만, 경기장 근처에는 사람이 많았다.
храм	사원, 절, 교회	성당에 가서 기도하고 초를 꽂고 와야겠다.

Типичные герои русских сказок – это **хитрая** лиса, злой волк и трусливый заяц.

На концерте зрители громко **хлопали** в ладоши.

Я стараюсь покупать одежду из **хлопка**.

Будьте добры, подождите врача в **холле**.

Из-за сильного **холода** пострадали несколько человек.

Поставь суп в **холодильник**.

Бабушку **похоронили** на её родине.

Хотя до начала матча оставался час, около стадиона было много народа.

Хочется сходить в **храм**, помолиться, поставить свечу.

А Б В Г Д Е Ё Ж З И Й К Л М Н О

хранить
сохранить
	1) 잘 거두어두다,
	   보호하다
	2) 보관하다
	3) 지키다,
	   준수하다
		나를 떠올리며 이 반지를 간직해줘.
		
		고기는 냉동실에 보관하는 것이 좋다.
		한국인들은 전통을 소중히 보관한다.

христианин, христианка	기독교인	기독교인들은 가슴에 십자가를 지니고 다닌다.
христианство	기독교	기독교는 10세기에 받아들여졌다.
хромать **НСВ만**	절뚝거리다	전쟁 후 할아버지는 평생 오른쪽 다리를 저셨다.
хроника	연대기, 일지, 뉴스	아나운서가 오늘의 뉴스에 대해 말했다.
худеть похудеть	살빠지다	여가수가 두 달 만에 4킬로를 감량했다.
художествен- ный	예술의	예술 박물관이 러시아 화가전에 여러분을 초대합니다.
художник, художница	화가	나는 러시아 화가 일리야 레핀의 그림에 관심이 있다.

П Р С Т У Ф **Х** Ц Ч Ш Щ Ъ Ы Ь Э Ю Я

1) **Сохрани** это кольцо на память обо мне.

2) Мясо лучше **хранить** в морозилке.

3) Корейцы бережно **хранят** свои традиции.

Христиане носят на груди крест.

Христианство было принято в 10 веке.

После войны дедушка всегда **хромал** на правую ногу.

Телеведущий рассказал **хронику** сегодняшнего дня.

За два месяца певица **похудела** на четыре килограмма.

Художественный музей приглашает на выставку картин русских художников.

Мне интересны картины русского **художника** Ильи Репина.

А Б В Г Д Е Ё Ж З И Й К Л М Н О

худо́й	1) 야윈, 살빠진	마르고 키가 큰 아가씨들은 모델이 된다.
	2) 헌, 낡은, 나쁜	나쁜 평화가 선한 전쟁보다 낫다.
хулига́н	불량배, 악동	불량배들이 소년에게서 시계와 전화기를 빼앗았다.

1) Моделями становятся **худые** и высокие девушки.

2) **Худой** мир лучше доброй ссоры.

Хулиганы отобрали у мальчика часы и телефон.

Ц

цвести́ **НСВ만**	꽃피다	5월에 라일락이 핀다.
целеустре-млённый	목적지향적인	목적지향적인 사람은 살면서 많은 것을 이룬다.
целико́м 부	통째로, 완전히	아빠가 케익 조각을 통째로 다 드셨다.
цени́ться **НСВ만**	높이 평가되다	군대에서는 용기를 가치있게 여긴다.
цепо́чка	사슬, 목걸이	자기야, 나 생일 선물로 금 목걸이 사줘!
цивилиза́ция	문명	문명은 자연에 해를 입힌다.
цини́чный	시니컬한, 냉소적인	식탁에 앉아서 냉소적인 농담을 하는 것은 교양이 없는 것이다.
цита́та	인용	모든 인용문은 따옴표 안에 적혀 있어야 한다.
цити́ровать процити́ровать	인용하다	유명 시인의 시를 인용하겠습니다.
цыплёнок	병아리	병아리는 하루종일 어미 닭 뒤를 따라다닌다.

В мае **цветёт** сирень.

Целеустремлённый человек многого добивается в жизни.

Папа съел кусок торта **целиком**.

В армии **ценится** мужество.

Дорогой, подари мне на день рождения золотую **цепочку**!

Цивилизация вредит природе.

Некультурно за столом рассказывать **циничные** анекдоты.

Каждая **цитата** должна быть написана в кавычках.

Разрешите **процитировать** стихотворение известного поэта.

Цыплёнок целыми днями ходит за курицей.

Ч

ча́стный	개인의, 사적인, 민간의	사설 병원은 서비스가 좋다.
чек	영수증	구매 후에 영수증 챙기는 것을 잊지 마세요.
чепуха́	터무니 없는 말, 실없는 소리	나는 외계인을 믿지 않는다. 그것은 정말 터무니 없는 말이다.
чере́шня	체리	지금은 체리 시즌이다. 여기저기에서 체리를 팔고 있다.
черне́ть почерне́ть	검게 되다	귀걸이가 시간이 흘러 검게 변했다.
черта́	1) 선 2) 특징, 특성	여행 일정의 노선은 지도에 빨간 선으로 그어져 있다. 나는 정직함 같은 성품을 좋아한다.
чеса́ться	1) 자기 몸을 긁다 2) 가렵다	강아지가 뒷다리로 몸을 긁었다. 모기에 물리면 오랫동안 가렵다.
чесно́к	마늘	마늘은 감기를 이길 수 있게 해준다.
честолюб-и́вый	야심있는, 욕망있는	야망있는 사람은 반감을 산다.

В **частной** клинике хороший сервис.

Не забудьте после покупки взять **чек**.

Я не верю в инопланетян, это полная **чепуха**.

Сейчас сезон **черешни**: её продают повсюду.

Серьги **почернели** от времени.

1) Маршрут поездки был обведён на карте красной **чертой**.
2) Мне по душе такая **черта** характера, как честность.

1) Собака **чесалась** задней лапой.
2) Укус комара долго **чешется**.

Чеснок помогает победить грипп.

Честолюбивые люди вызывают неприязнь.

А Б В Г Д Е Е Ё Ж З И Й К Л М Н О

чёрствый	1) 딱딱한, 굳은 2) 무정한, 냉담한	빵이 식탁 위에 이틀 있었더니 딱딱해 졌다. 무정한 사람은 좋은 선생님이 될 수 없다.
чётный	짝수의	병원은 짝수 날에만 문을 연다.
чини́ть почини́ть	수리하다, 수선하다	모두가 망가진 TV를 직접 고칠 수 있는 것은 아니다.
чино́вник	관료	공무원이 되려면 어려운 시험을 봐야 한다.
чи́стить почи́стить	닦다	밖에 나가기 전에 그는 단화를 정성스럽게 닦았다.
чиха́ть чихну́ть	재채기하다	의사 선생님. 저는 열도 나고, 콧물도 나고, 재채기도 합니다.
чрезвыча́й-ный	비상한, 위급한	홍수가 나자 이 지역에 비상 상황이 선 선포됐다.
чуде́сный	기적 같은, 훌륭한	오늘 나는 기분이 매우 좋다.
чу́ткий	감각이 예민한	나는 잘 때 예민하다. 소리가 날 때마다 깬다.

П Р С Т У Ф Х Ц **Ч** Ш Щ Ъ Ы Ь Э Ю Я

1) Хлеб пролежал на столе два дня и стал **чёрствым**.

2) **Чёрствый** человек не может быть хорошим учителем.

Клиника работает по **чётным** дням.

Не каждый сможет сам **починить** сломанный телевизор.

Чтобы получить работу **чиновника**, нужно сдать серьёзный экзамен.

Перед выходом на улицу он хорошенько **почистил** ботинки.

Доктор, у меня температура, насморк, я **чихаю**.

После наводнения в регионе объявлена **чрезвычайная** ситуация.

Сегодня у меня **чудесное** настроение.

У меня **чуткий** сон, я просыпаюсь от любого звука.

Ш

шаг	걸음	러시아에는 가는 곳마다 약국과 꽃집이 있다.
шагáть	걷다	땅이 더럽고 질면, 걷기가 힘들다.
шампáнское 명	샴페인	부모님이 새해를 맞아 샴페인 한 병을 사셨다.
шампýнь 남	샴푸	이 샴푸는 머리카락을 부드럽고 빛나게 만들어준다.
шанс	기회	나에게 러시아 최고 명문대인 엠게우에서 공부할 엄청난 기회가 생길 것이다.
шахтёр	광부	광부들이 임금 체불로 파업했다.
шáшки	체커	할아버지. 체커 게임해요!
шептáть шепнýть	속삭이다	너 뭐라고 속삭이는 거니? 더 크게 말해봐. 아무것도 안 들려.
шерсть 여	털(포유류), 모직	고양이 때문에 온 집안에 털이 있다.
шёлк	비단	졸업파티에 여학생들이 실크 드레스를 입고 있었다.

В России на каждом **шагу** аптеки и цветочные магазины.

Когда на улице грязь и слякоть, трудно **шагать**.

Родители купили к Новому году бутылку **шампанского**.

Этот **шампунь** делает волосы мягкими и блестящими.

У меня будет отличный **шанс** учиться в самом престижном вузе России – МГУ.

Шахтёры устроили забастовку из-за задержки зарплаты.

Дедушка, давай сыграем в **шашки**!

Что ты **шепчешь**? Говори громче, я ничего не слышу.

Из-за кота по всему дому лежит **шерсть**.

На выпускном вечере девушки были в платьях из **шёлка**.

А Б В Г Д Е Ё Ж З И Й К Л М Н О

шёлковый	비단의	이 실크 숄이 너의 얼굴에 잘 어울린다.
ширина́	넓이	도로의 넓이가 총 8m다.
шок	쇼크, 충격	내가 처음 러시아에 왔을 때 어찌나 추웠는지 충격이었다.
шокола́дный	초콜렛의	스승의 날에 학생들은 선생님께 꽃과 초콜렛을 선물한다.
шо́рты **복수만**	반바지, 짧은 바지	해변에 쉬는 사람이 많다. 수영복 입은 사람도 있고, 반바지 입은 사람, 파레오(해변에서 허리에 두르는 천)를 입은 사람도 있다.
што́ры [**단** што́ра]	커튼	커튼을 쳐주세요. 오늘 해가 밝습니다.
шторм	폭풍	폭풍으로 크루즈여행이 취소됐다.
штраф	벌금	당신은 빨간불에 지나갔습니다. 벌금 500루블을 내세요.
штрафова́ть оштрафова́ть	벌금을 부과하다	버스 운전기사에게 과속으로 벌금을 물렸다.

Этот **шёлковый** платок тебе к лицу.

Дорога по **ширине** всего восемь метров.

Когда я впервые приехал в Россию, у меня был **шок**: так холодно!

На День учителя школьники дарят учителям цветы и **шоколадные** конфеты.

На пляже много отдыхающих: кто в купальнике, кто в **шортах**, кто в парео...

Закройте **шторы**, сегодня яркое солнце.

Круиз отменили из-за **шторма**.

Вы проехали на красный свет, заплатите **штраф** 500 рублей.

Водителя автомобиля **оштрафовали** за превышение скорости.

А Б В Г Д Е Ё Ж З И Й К Л М Н О

шту́ка	1) 개(단위) 2) 화자가 잘 모르는 또는 이상해 보이는 물건이나 현상	실례합니다. 토마토 세 개 주세요. 그건 뭐에요?
шу́ба	모피코트	러시아 여자들은 겨울에 모피코트를 입는다.

П Р С Т У Ф Х Ц Ч **Ш** Щ Ъ Ы Ь Э Ю Я

1) Будьте добры, дайте помидоры, три **штуки**.
2) Что это у вас за **штука**?

Русские женщины зимой носят **шубы**.

Щ Э

ще́дрый	관대한	관대한 사람은 진심으로 선물을 한다.
щено́к	(개, 늑대, 여우 등의) 새끼, 풋내기	정원에서 검은 새끼 강아지가 나에게 오더니 내 발 냄새를 맡아보고 가던 길로 뛰어갔다.
эвакуи́ровать	철수시키다, 대피시키다	화재 시 사람들을 건물 밖으로 대피시켜야 한다.
эгои́ст	이기주의자	너는 말도 안되게 이기적이야! 너는 네 생각밖에 안해!
экологи́ческий	환경의	학자들이 전 세계 환경문제를 우려하고 있다.
эколо́гия	환경, 생태학	우리 살던 지역 환경이 오염 돼 우리 가족은 다른 도시로 이사했다.
экспе́рт	전문가	당신의 질문에 우리 제품 전문가가 전화로 답변 드릴 겁니다.
эксплуати́ровать **НСВ만**	착취하다	고용주들은 직원들을 착취할 권리가 없다.
экспре́сс	급행, 익스프레스	어학센터에 '영어 2달이면 된다'라는 인텐시브 영어 코스가 있다.

Щедрый человек дарит от души.

В саду ко мне подбежал чёрный **щенок**, понюхал мои ноги и побежал дальше.

При пожаре людей необходимо **эвакуировать** из здания.

Ты невероятный **эгоист**! Думаешь только о себе!

Учёные обеспокоены **экологической** ситуацией в мире.

Из-за плохой **экологии** в регионе наша семья переехала в другой город.

На ваши вопросы по телефону ответит наш **эксперт** по продукции.

Работодатели не в праве **эксплуатировать** работников.

В лингвистическом центре есть **экспресс**-курс английского языка «Английский за два месяца».

А Б В Г Д Е Ё Ж З И Й К Л М Н О

элега́нтный	우아한	동료들이 그녀의 우아한 드레스들을 보며 감탄한다.
электри́чка	전기철도 (전철)	우리는 전철을 타고 다차에 갈 것이다.
элеме́нт	요소	칼슘은 멘델레예프 주기율표의 20번째 물질이다.
элемента́рный	기본이 되는, 최소한의	이 일을 하시려면 경제에 대한 기초 지식을 가지고 계셔야 합니다.
эли́та	엘리트, 귀족	브랜드 샵은 엘리트 계급을 위한 것이다.
эмбле́ма	상징, 로고	'메르세데스 벤츠' 로고는 동그라미 안에 빛이 세 개로 뻗어있는 별이다.
эмигра́нт, эмигра́нтка	망명자, 타국으로 떠나 사는 사람, 이민자	중국에는 많은 러시아 망명자들이 살아가고 있다.
эмигри́ровать	이주하다, 망명하다, 타국으로 떠나 살다	내전 때 많은 러시아인들이 유럽으로 이주했다.

Коллеги восхищаются её **элегантными** платьями.

На дачу мы поедем на **электричке**.

Кальций – **элемент** в таблице Менделеева под номером 20.

Для получения этой работы вам необходимо иметь **элементарные** знания по экономике.

Брендовые магазины предназначены для **элиты**.

Эмблема автомобиля «Мерседес-Бенц» представляет собой звезду с тремя лучами в круге.

В Китае проживает много русских **эмигрантов**.

Во время Гражданской войны многие русские **эмигрировали** на Запад.

А Б В Г Д Е Ё Ж З И Й К Л М Н О

эмоциона́-льный	감정적인, 감정의	이 연극을 보고 나서 나는 감정의 고양을 느꼈다.
эруди́рованный	박식한, 해박한	'백만장자가 되고자 하는 자'라는 프로그램에는 해박하고, 박식한 사람들이 참여한다.
эскала́тор	에스컬레이터	에스컬레이터가 움직일 때는 아이들 손을 잡고 계시길 부탁드립니다.
эстра́да	1) 경음악, 에스트라다 2) 무대	음악회에서 러시아 에스트라다 스타들이 공연을 할 것이다. 저녁 내내 유명한 그룹이 무대에서 공연을 했다.
этике́т	에티켓, 예절	만나고 헤어질 때 인사하는 것은 기본 예절이다.
этике́тка	라벨, 상표	병 라벨에 '러시아에서 만들어짐'이라고 쓰여 있었다.
эти́чный	윤리적인, 도덕적인	TV에서 공익 광고 좀 해 줬으면 좋겠어.
эффекти́вный	효과적인	러시아어를 배우는 가장 효과적인 방법은 러시아 친구를 사귀는 것이다.

Посмотрев этот спектакль, я почувствовал **эмоциональный** подъём.

В программе «Кто хочет стать миллионером» принимают участие начитанные, **эрудированные** люди.

Просьба держать детей за руку во время движения **эскалатора**.

1) На концерте выступят звёзды российской **эстрады**.

2) На **эстраде** весь вечер выступали известные группы.

Здороваться и прощаться – элементарные правила **этикета**.

На **этикетке** бутылки написано «Сделано в России».

Хочется, чтобы по телевизору показывали **этичную** рекламу.

Самый **эффективный** способ изучения русского языка – общаться с русскими друзьями.

| эффе́ктный | 인상을 주는 | 너의 헤어스타일이 참 인상적이야! 마음에 들어. |

У тебя **эффектная** причёска! Мне нравится.

Ю

юбиле́й	주기, 기념일 (보통 "0"으로 끝나는 주기)	우리 대학교는 90주년을 맞이한다.
ювели́рный	1) 보석의 2) 미세한, 섬세한	보석 가격이 매년 오른다. 피아니스트는 어려운 작품을 섬세하게 연주했다.
юмористи́ческий	유머러스한, 해학적인	안녕하세요! 여러분은 지금 '웃으며 삽시다'라는 개그 프로그램을 듣고 계십니다.

Наш университет отмечает **юбилей** – 90 лет!

1) Цены на **ювелирные** изделия растут с каждым годом.
2) Пианистка показала **ювелирное** исполнение сложного произведения.

Здравствуйте! Вы слушаете **юмористическую** программу «С улыбкой по жизни».

Я

явле́ние	현상	지진은 일본에서 자주 보이는 현상이다.
яд	독	담배는 인체에 독이다.
яи́чница	달걀프라이	나는 요리를 잘 못한다. 샌드위치와 달걀 프라이 밖에 할 줄 모른다.
я́кобы	아마도, 마치 ~와 같이	용의자가 자신이 그날 저녁 집에 있었고 어디도 나간 적이 없다는 식으로 말했다.
я́ма	구덩이, 함정	집의 기반을 다지기 위해서는 먼저 구덩이를 메워야 한다.
я́рмарка	장, 정기적으로 서는 장, 농촌의 큰 시장	광장에서 농산품 박람회가 진행된다.
я́сный	밝은, 분명한	오늘은 맑은 날이다. 하늘에 구름 한 점 없다.

Землетрясение – довольное частое **явление** в Японии.

Табак – **яд** для организма.

Я плохой повар, могу приготовить только сэндвич или **яичницу**.

Обвиняемый сказал, **якобы** он в тот вечер был дома и никуда не выходил.

Чтобы заложить фундамент дома, нужно сначала выкопать **яму**.

На площади проходит **ярмарка** сельскохозяйственной продукции.

Сегодня **ясный** день: на небе ни облачка.